21世纪旅游管理专业系列教材

新编旅游开发与规划

主 编 曹诗图 王衍用
副主编 邓祖涛 阚如良 崔 峰

Tourism Development and Planning

WUHAN UNIVERSITY PRESS
武汉大学出版社

图书在版编目(CIP)数据

新编旅游开发与规划/曹诗图,王衍用主编;邓祖涛,阚如良,崔峰副主编.—武汉:武汉大学出版社,2012.7
21世纪旅游管理专业系列教材
ISBN 978-7-307-09788-9

Ⅰ.新… Ⅱ.①曹… ②王… ③邓… ④阚… ⑤崔… Ⅲ.①旅游资源开发—高等学校—教材 ②旅游规划—高等学校—教材
Ⅳ.F590

中国版本图书馆CIP数据核字(2012)第100954号

责任编辑:柴 艺　　责任校对:黄添生　　版式设计:马 佳

出版发行:武汉大学出版社　(430072 武昌 珞珈山)
(电子邮件:cbs22@whu.edu.cn 网址:www.wdp.com.cn)
印刷:湖北民政印刷厂
开本:720×1000 1/16　印张:19.25　字数:372千字　插页:1
版次:2012年7月第1版　2012年7月第1次印刷
ISBN 978-7-307-09788-9/F·1673　定价:32.00元

前言

旅游业是当今世界上发展最为迅速的产业，早在1992年旅游业就已经跃升为全球第一大产业。专家们预测，在21世纪旅游业仍将是全世界的最大产业和全球服务业中增长最快的行业，旅游业将是未来推动全球经济发展的主要动力。

在旅游业发展过程中，旅游规划与开发是一项十分重要的工作。旅游规划与开发不仅是实现旅游业可持续发展的有效途径，也是旅游学理论研究和社会实践结合最为紧密的学科之一。可以说，旅游开发与规划是旅游业发展的第一要义和第一生产力，丰富的旅游资源只有经过规划才能开发成为有吸引力的旅游产品。然而，旅游规划却是我国旅游行业普遍存在的“软肋”。不少地方存在一流的旅游资源、二流的旅游开发、三流的旅游产品的可悲状况。究其原因，主要是忽视了旅游规划或规划失当。许多实例证明，无规划和“摸着石头过河”的旅游开发会造成很坏的影响，对经济、环境、社会文化等方面造成不可挽回的损失。一些无规划的旅游地现在不得不采取补救措施做规划，改变开发思路和发展模式。许多旅游景区和旅游企业经营失败都与旅游规划的缺失有关。目前我国旅游企业中非常缺乏合格的旅游开发与规划人才。

旅游开发与规划不仅是一门科学，更是一门艺术，它需要创造性的劳动，需要“点石成金”的本领和“架桥渡津”的能力。理所当然，合格的旅游规划者需要经过良好的学习和培养。旅游开发与规划的基本理论和技术方法是旅游专业学生知识体系的重要组成部分。旅游高等教育有责任有义务培养合格的旅游策划人才。为适应我国旅游业发展的新形势和旅游企业人才的需求、旅游高等教育培养人才的需要，我们编写了这本《新编旅游开发与规划》教材。

本教材主要是针对旅游专业本科生编写的，供开设“旅游开发与规划”专业课程使用，也可以作为旅游专业研究生教学参考用书。教材编写中吸取了现有同类教材的长处，内容涉及旅游开发与规划的主要理论、技术和方法，并力求反映当前旅游开发与规划的最新理论、方法和实践。追求体系完整、简明扼要、深入浅出、通俗生动、务实求真。教材中融入了大量的旅游开发与规划案例，书中不少内容是编写者长期从事旅游开发与规划的理论结晶和经验总结，并参考了不少同行专家的理论总结和一些经典案例，做到了理论与实践有机结合。由于我们的学识有限，教材的内容和质量可能存在一些问题，欢迎广大师生提出批评意见。

本教材的编写过程中，我们参考了孙文昌先生主编的《现代旅游开发学》（青岛出版社 1999 年版）等相关教材、著作与论文，在此对我们参考过的文献的所有作者表示谢意。

本教材的编写得到了武汉科技大学管理学院、武昌理工学院商学院领导以及郑宇飞、向士平、冯耕耘、黄华、林红珍、夏华丽诸位老师的帮助和支持；在本教材的出版过程中，武汉大学出版社的柴艺编辑付出了辛勤的劳动，在此一并表示谢意。

本教材共分为十三章，具体分工如下：曹诗图负责拟定全书的写作大纲和统稿工作，并完成了第一章、第四章（部分内容）、第六章（部分内容）、第八章（部分内容）和第十一章（部分内容）的编写；王衍用完成了第七章（部分内容）、第十章、第十二章（部分内容）的编写；邓祖涛、阚如良合作完成第五章、第九章的编写并协助统稿工作；丁晓娜、王淑芳、荀志欣合作完成第二章的编写；熊继红、孙伟合作完成第三章的编写；崔峰参与了第四章的编写；韩国威、夏华丽参与了第六章的编写；崔峰、杨万娟参与了第七章的编写；王坤、郑春霞参与了第八章的编写；张彪、邓念梅参与了第十二章的编写；殷成、葛英杰合作完成第十三章的编写。

作者

2012 年 6 月

目　录

第一章 旅游开发与规划的基本知识和理论基础

第一节 旅游开发与旅游规划的基本概念及内涵

一、旅游开发

（一）旅游开发的概念

“开发”在《汉语词典》中的解释是“通过垦殖、开采等劳动来利用资源”。“开发”一词在文献中最早见于《汉书·孙宝传》，是指“垦殖土地”的意思。在现代，我们可以把“开发”理解为将资源转变为产品的社会劳动过程。

所谓“旅游开发”可以解释为“根据当地条件，运用适当的资金、技术、文化手段，通过科学的调查、评价、规划、建设、经营管理等，使未被利用的资源得以利用，已被利用的资源在深度和广度上得到加强，并对资源、市场、产品、人力资源、经营管理等进行综合研究，确定旅游发展方向，搞好相应的设施配套，创造更佳的效益”。简言之，旅游开发是将旅游资源转变成为旅游产品并形成旅游产业的社会劳动过程。

（二）旅游开发的内涵

上述定义将旅游开发与区域旅游开发视为同义词，在理解这一概念时，应着重把握以下几点：

（1）旅游开发的核心（或对象、基础）是旅游资源。旅游资源只有经过开发才能转化成为对旅游者产生吸引力的旅游产品，旅游资源可以说是旅游开发最重要的物质前提与自然基础。

（2）旅游开发的出发点是市场或旅游消费者。旅游市场是旅游开发的先决条件，忽视目标市场的旅游开发是盲目的开发。

（3）旅游开发是综合工程。旅游开发既是一个技术过程，也是一个经济过程，还是一个文化过程（文化可以说是旅游开发的灵魂），并应兼顾相关产业，它是一项综合性的开发。

（4）旅游开发必须因地制宜。旅游开发应根据当地的情况，从地方实际出发。

旅游开发有定规，无定法。

(5) 旅游开发应注重创新。旅游开发必须突出特色和创新，它是“点子工程”。

(三) 旅游开发的特点

旅游开发与其他产业开发相比，具有以下几个特点：

1. 多元性（综合性）

旅游是由多种要素组成的复杂的物质体系，在旅游开发时，要对旅行、游览、住宿、餐饮、娱乐、购物等消费要素进行综合考虑、统筹规划。

2. 层次性

旅游开发空间是由大小不同的区域和景点组成，因而规划设计内容与标准上有不同层次的要求。如省域、县域、景区、景点不同层次的开发规划就有很大区别。

3. 关联性

旅游业是个关联度很高的产业，旅游规划编制成功与否，关键在于能否对旅游活动的社会关联性、旅游生产的经济关联性，以及旅游目的地的差异性等有实实在在的把握。在旅游开发中，旅游景区应注意行、住、食、游、购、娱六要素的整合，旅游区域应注意旅游业与相关产业（如交通运输业、商业、农业、文化产业等）的整合。

4. 动态性

旅游开发是一个动态的过程，它在时间段上有着不同的要求和规定，近期开发要搞好可行性论证，中期开发要搞好可靠性规划，远期开发要有科学性预测，并注意循序渐进、滚动发展。此外，旅游规划应根据形势的发展变化定期进行修编和不断调整、补充、完善。

二、旅游规划

(一) 旅游规划的概念

旅游规划是旅游业发展的纲领与蓝图，是促进旅游业可持续发展的重要条件，发展旅游，规划应先行。

不少实例证明，无规划的和“摸着石头过河”的旅游开发会造成很坏的影响，对经济、环境、社会文化等方面造成不可挽回的损失。一些无规划的旅游地现在不得不采取补救措施做规划，改变开发思路和发展模式。发展旅游，在规划上不能舍不得投入，有的旅游开发商在规划上吝啬地“节约”几万元，而造成的经济损失可能是几十万甚至数百万元。因此，在旅游界有“富规划”（规划要舍得投入资金）、“穷开发”（开发建设要注意节约资金）的说法。

“规”，即规定、确定范围和边界的意思。“划”，即划分、安排时空结构的意思。所以，规划是指在一定约束条件下（包括价值标准）对已有资源的时空结构方面的划分和安排。同时，“规划”一词具有“谋划”、“筹划”、“全面长远的发展计划”的含义。从广义上讲，规划是为了实现某些目标而对未来的一种谋划与安排。规划有很强的预测色彩，因为它力图描述未来。

旅游规划是以旅游市场为导向，以旅游项目设计为重点，按照社会经济发展的要求，根据当地的旅游业发展条件（如资源、区位、交通、市场、经济基础等），对旅游业（或旅游消费的行、游、住、吃、购、娱六大要素发展及相关产业）进行科学安排与部署（或布局）。简言之，旅游规划是对旅游业未来发展的设想与谋（筹）划。

规划的基本程序是：规划准备—确定规划的目的和目标—实地调查—分析研究—制定规划—评审—实施—监控。

由于旅游规划是一项非常专业的工作，所以一般由拥有国家旅游规划设计资质的专业科研机构完成。

旅游规划与开发是两个紧密联系的概念，二者的关系不可分割。

（二）国外旅游规划研究的发展

国外旅游规划研究的发展，大致可以分为如下四个阶段：

1. 初始阶段

旅游规划最早起源于20世纪30年代的英、法等国。最初的旅游规划只是为一些旅游项目或设施（如饭店、游乐场等）做一些简单的基本的市场评估和场地设计等。

2. 过渡阶段

20世纪70年代后期，旅游业的迅速发展使旅游规划研究得到进一步加强，其中一个显著特点是开始出现比较系统的旅游规划著作。1979年，世界旅游组织（World Tourism Organization，WTO）在全球范围内进行了规划调查，总结了旅游规划中的经验和问题。

3. 快速发展阶段

20世纪80年代旅游规划进入大发展时期，学者们发表了大量著作，提出了一些指导旅游规划的理论（如旅游地生命周期理论等）。这个时期，学术界基本上达成了共识，即认为旅游规划是一门综合性极强的交叉学科，任何其他学科的规划（如区域规划、城市规划、园林规划等）都不可能替代它。

4. 深入发展阶段

20世纪90年代初，出版了大量高水平的旅游规划方面的论著，如美国学者爱德华·因斯克普在1991年出版的《旅游规划——一种综合性的可持续的方法》等，为旅游规划标准程序框架的建立作出了巨大贡献。理论研究使旅游规划的内容、方法和程序日渐成熟。

(三) 国内旅游规划（研究）的发展

我国旅游规划是从20世纪80年代开始随着旅游业的发展，在一种没有理论框架指导的情况下被动发展起来的。由于没有旅游规划规范，规划编制者往往是从自己的专业背景出发进行编制，因此，出现了从内容到形式都不同的旅游规划。

1. 资源导向型的旅游规划

主要表现在发展观光产品的规划方面。地理学者参与主持的早期的旅游规划大多是资源导向型的旅游规划。随着旅游业的发展，这种单纯以资源为导向的规划模式已难以适应市场的需要。

2. 套用城市规划模式的旅游规划

主要表现在风景名胜区和旅游度假区的规划方面。这方面的规划，多数是由城市规划、园林规划方面的专家完成的，这种套用城市规划模式的旅游规划比较侧重于硬件建设规划，而对旅游地的定位、市场分析、形象策划、宣传促销、人力资源开发等一系列旅游规划的重要内容不够重视，甚至忽略，结果出现了一些非常城镇化的度假区规划和开发建设。这种“硬开发”有余、“软开发”不足的规划也显然不适应旅游业健康发展的需要。

目前的实际情况是，由于委托方要求的差异，我国旅游规划所表现出的多样性，已大大超过了城市规划的范畴。如发展目标规划，其重心常常是经济目标的预测和相应措施的计划，这应该是经济师的工作；而小地域景区景点规划，更接近于园林设计与规划，这应该是园林工作者和风景建筑师的特长；旅游市场分析与营销规划，实际上是市场营销专家的专长。很显然，这些规划工作都不是传统的规划方法和技能（地理、园林、城市规划等）所能完成的，规划内容已经对资源导向型和套用城市规划模式的传统提出了挑战。遗憾的是，我国的旅游规划在方法上至今仍深受城市规划的影响。直到近些年，一部分旅游规划者才慢慢认识到旅游规划的特殊性，认识到编制旅游规划时，要充分考虑旅游活动的社会关联性、旅游发展的经济关联性、旅游目的地的差异性、旅游需求的多变性等。

3. 综合型的旅游规划

20世纪90年代后期，针对旅游发展中出现的问题和旅游项目的盲目开发，专家学者们进行了理性的反思与总结。例如，1993年4月在北京召开了旅游规划理论与实践研讨会，国家旅游局于1997年10月在杭州举办了旅游规划培训班等。在实际规划工作中，人们也开始探讨市场经济条件下符合供求关系的综合旅游规划，即重视市场分析和市场开拓运营，重视产业的关联与互动以及区域整合，重视企业、旅游者、旅游地社区居民利益的协调，重视以人为本和可持续发展等。

旅游业的蓬勃发展，使旅游规划市场需求旺盛，而旅游业可进入性强、多学科兼容的特性，使各路大军（如资源派、园林派、文博派、城规派、市场派、洋务派、乡土派等）纷纷挺进旅游规划市场，于是出现了“群雄并起、硝烟弥漫”或“万类霜天竞自由”的“春秋战国”时期。这一时期，鱼龙混杂，规划市场有待规范。目前正在由“春秋战国”走向成熟时期。由城市规划、园林、地理等专业各自为政、独立进行规划的第一阶段已经基本过去；各专家在专业上相互结合、取长补短、共同合作的第二阶段已经到来；摆脱传统的规划方法，利用现代技术（如GIS等）与科学思维方法推动旅游规划的第三阶段（具有前瞻性、整体关联性和可操作性，突出重点、突出个性、突出创新的旅游规划）正在到来。

严格地讲，至今我们还缺乏真正的有创新意义的旅游规划思想，也缺乏真正有思想的、有创新意义的旅游规划。

我们认为，旅游规划导向应从目前经济（市场）导向型向生态导向型、文化导向型、品牌导向型转变；从狭隘的以物理规划为中心向广域的以人文规划为中心转变，广泛吸收社会学、人类学、政治学和行为科学知识。旅游规划不应该仅仅由专业人士来制定，要有社会各界的广泛参与。旅游规划的效率和效果在很大程度上取决于规划的路径与组织结构，传统的纵向的（自上而下的）等级式的方法应该被横向的灵活的方式所取代。

（四）旅游规划的分类

1. 按性质划分

（1）旅游业发展规划。旅游业发展规划是根据旅游业的历史现状和市场要素的发展变化所划定的目标体系，以及为实现目标体系在特定的发展条件下对旅游发展的要素所做的安排。按规划的范围和政府管理层次可以分为全国性旅游业发展规划、区域旅游业发展规划和地方性旅游业发展规划。其中地方性旅游业发展规划具体又分为省级、地市级、县级等不同层次。

旅游业发展规划一般为期限5年以上的中长期规划。其主要特点是：第一，属宏观指导性规划或战略性总体规划，无须过细的建设技术设计；第二，以资源为基础，以市场需求为导向；第三，具有前瞻性，体现可持续发展的思想。

（2）旅游开发规划。旅游开发规划是在旅游业发展规划的基础上，对旅游资源开发项目和建设项目所做的进一步安排，是旅游业发展规划的落实与细化。

旅游开发规划包括旅游区（地）规划、旅游线路规划和旅游项目规划等。其中，旅游区（地）规划按层次可以分为总体规划、控制性详细规划、修建性详细规划。

此外，有学者按旅游规划的性质，将旅游规划划分为旅游产业规划、旅游景区规划、旅游项目规划。

国家旅游局颁布的《旅游规划通则》将旅游规划分为旅游发展规划和旅游区

规划两大类别。

2. 按范围划分

可划分为：国际旅游规划（国际协调规划）、国家旅游规划（国家全面规划）、区域旅游规划（即区域综合规划，如长江三峡区域旅游发展规划、湖北省旅游发展总体规划等）、旅游景区（点）规划。

有学者按旅游规划要求的详细程度，将旅游规划划分为旅游总体规划、旅游详细规划。

（五）旅游规划的组成要素与特点

1. 旅游规划的组成要素

旅游规划的组成要素主要包括旅游吸引物和活动、交通设施和服务、住宿设施、其他旅游设施和服务、其他基础设施、机构要素、社会因素7个方面。

(1) 旅游吸引物和活动，即某旅游地吸引游客的自然景观、文化景观和特色活动。

(2) 交通设施和服务，即进入一个国家、地区或旅游地的交通设施；旅游开发区内连接景点的内部交通系统，包括各类陆路、水路和空中交通设施以及特殊交通运输设施。

(3) 住宿设施，即旅游者在旅行途中过夜的饭店及其他类型的住宿设施和相关服务。

(4) 其他旅游设施和服务，即发展旅游所需要的其他设施和服务，包括旅行社、餐馆、旅游商店、银行、邮局、医疗服务设施、旅游信息处、公安和消防等公共安全设施等。

(5) 其他基础设施，包括供水、供电、垃圾处理、电话、传真、广播等通信设施。

(6) 机构要素，指旅游开发和管理所需要的机构要素，包括人力资源规划和教育培训计划、营销战略和促销计划、公共和私营旅游部门的组织结构等。

(7) 社会因素，包括旅游相关法律法规和政策，旅游地的社区居民的利益，旅游与经济、文化、环境的相互影响及控制。

2. 旅游规划的特点

(1) 综合性。由于旅游业是一个产业群体，涉及面广，关联性强，旅游规划内容丰富，知识综合，需要多学科的专家（旅游、地理、经济、市场营销、人力资源、建筑设计、景观园林、环境艺术、旅游制图等）参与。

(2) 层次性。旅游规划在地域空间上和类型上具有不同的层次。如在地域空间上有全国、大区域、省域、县域、景区、景点不同层次的规划，在类型上有总体规划、控制性详规等。

(3) 创意性。旅游规划被称为“点子工程”，创意是旅游规划与旅游产品的灵魂。

(4) 前瞻性与动态性。旅游规划是对旅游业未来发展的设想与策划，因此应对旅游业未来发展作出前瞻性的预测、策划，并在实施的过程中根据情况的变化作出动态性的调整。

(5) 参与性。旅游规划不仅要聘请外面的专家(“飞鸽牌”) 主持，还要有地方的“土专家”(“永久牌”)、社区居民、旅游开发商的参与，避免出现专家叫好百姓不叫座的现象。

(6) 可操作性。旅游规划要注意便于实施操作，解决实际问题，不要出现“中看不中用”的现象。

(六) 旅游规划的原则

旅游规划的原则主要有整体化原则、实事求是原则、资源与市场相结合原则、可持续发展原则、动态调整原则、可操作性原则、利益相关原则等。

(七) 旅游规划的方法

旅游规划的方法主要有延续的、增长性的和灵活的方法，系统的方法（旅游是一个相互关联的系统，因此旅游规划应采用系统分析的方法)，全面综合的方法，可持续开发的方法（保护自然资源和文化资源，使之不受损或退化，使之可长远利用，注意承载力分析)，社区的方法（让社区最大限度地参与到旅游规划及其决策中去，以提高规划的可行性与可预期性；让社区最大限度地参与到旅游开发和管理中去，并从中获得社会经济效益)，可实施的方法等。

第二节 旅游规划的研究对象、研究内容与学习意义

一、旅游规划的研究对象

任何一门学科都是人类社会实践经验的概括与总结。旅游规划与开发，是旅游业发展到一定阶段才出现的对旅游业总体进行的规划与控制，是旅游业发展到一定层次的标志，是保证地区旅游业得以可持续发展的前提和基础。

旅游规划作为一门独立的学科，它的研究对象也是独立的。简单来说，旅游规划的研究对象就是“旅游系统”及其要素。

进入现代旅游时代后，在旅游市场发育的推动下，一些地区开始形成具有有序的时空结构、稳定的旅游功能的特种社会—经济—环境集聚体，成为旅游胜地。从旅游者、交通运输、商业贸易等非旅游企业以及社会其他要素与旅游业之间相互联系、相互依赖的现象中，人们开始认识到，在当今世界的旅游现象各要素之间，已

经开始形成具有强大的市场竞争能力、内部要素互为支持、具有特定结构和功能的有机整体。这个有机整体可称为“旅游系统”。①

旅游规划与开发的目的就是把旅游系统的各要素，按一定的目标，组合、调整成为更为有效的有机整体，使之具有更为理想的功能，从而缩短旅游系统的自组织发展过程，或者是使该旅游系统按更加符合地区经济发展需要的方向演进。对旅游系统的整体进行规划，是在现代社会经济条件下规避旅游发展风险、增加旅游发展机会的必然要求，也是旅游规划自身发展的大势所趋。以旅游系统以及系统内部各个要素作为旅游规划的对象，意味着要冲破历史形成的学科壁垒和行政条块分工，依靠科技与管理的进步来强化旅游系统的整体结构和功能，从根本上提高旅游系统的组合效率和整体竞争力。

二、旅游规划的研究内容

旅游规划的研究内容理应包括与地区旅游系统及其发展谋划有关的全部要素。这些要素涉及的部门、因素非常多，因此决定了旅游规划所包括的内容也十分广泛。主要内容包括如下几个方面：

（一）旅游开发的可行性研究

区域旅游业的发展，前提是具备旅游业发展的基础条件，可行性研究主要包括：旅游资源的丰度与组合情况，旅游区位的优劣，地区适宜旅游的气候条件等自然环境，地区社会经济发展现状及其潜力，旅游业发展基础评价，旅游业发展的优势、劣势、机遇与挑战研究（简称 SWOT 分析）等。从规划角度来看，SWOT 分析是旅游开发可行性研究的重点内容。

（二）旅游业发展前景预测

旅游业发展前景，是地区发展旅游业的动力，也是发展的目标，它建立在可行性研究基础之上。提出切实可行、符合实际情况的旅游业发展目标，是旅游规划工作最重要的内容之一，包括旅游经济目标的设计、客源地目标选择、对区域经济拉动效应的界定等方面。

（三）旅游业发展战略选择

旅游业发展战略是在一定时期内涉及旅游业长远发展的计划和策略。旅游业发展战略选择得当，是旅游业发展成功的保证，可以起到事半功倍的效果。地区旅游业性质定位、形象定位、市场定位、旅游发展思路、战略目标选择、旅游业发展任务等是其重点内容。

---

① 吴人韦．论旅游规划的性质．地理学与国土研究，1999（4）：51-54.

（四）旅游要素规划

旅游要素规划是在旅游业发展战略思想的指导下，以旅游业发展前景为目标，对旅游系统各要素的具体规划，主要包括：旅游功能分区的设置、旅游形象的设计、旅游产品设计及线路组合、基础设施及接待设施规划、旅游业发展保障体系规划等。

三、学习旅游开发与规划的意义

旅游管理专业的学生，需要在掌握多门学科知识的基础上，精通专业知识。以广而通、博而精的“T”形知识结构走向社会，为我国的旅游工作服务。旅游开发与规划这一学科，是在旅游学概论、旅游地理学、旅游资源学、旅游经济学、旅游心理学等学科基础上的一门专业主干课，综合性、创造性非常强，对于实际工作指导意义也非常大。通过学习这门课，学生可以掌握区域旅游规划的原理与方法，并通过各种规划案例的讲授开拓学生视野，锻炼学生的规划思维，培养学生的旅游开发与规划的基本素质，为今后成为旅游管理专业人才打下良好的基础。

第三节　旅游规划和其他学科、其他规划的关系

一、旅游规划与其他学科的关系

一门学科的发展、一项理论的形成，需要借鉴其他学科的经验和先进理念，这是科学研究的必然趋势。旅游规划与开发的发展也是如此。其原因主要在于旅游是一个整体系统，其发展需要涉及的部门和要素非常之多。而以旅游系统作为研究对象的旅游规划与开发研究，自然需要相应学科的介人。这些学科包括旅游学、经济学、管理学、生态学、地理学、风景园林学、城市规划学、建筑学、市场营销学、广告学、心理学、社会学、人类学、考古学、艺术学、未来学、统计学、系统学、工程学、环境学等。各学科（或学科群）在关于旅游发展的大量研究与规划实践中，对旅游规划与开发所应涉及的内容，还在不断地提出新的要求。由旅游系统的边缘组合本质所决定，旅游规划与开发和其他相关学科的关系是非常密切的。

（一）旅游学

旅游学是一门新兴的综合性学科。它是“将旅游作为一种综合的社会现象，以旅游活动中的各种矛盾因素为研究对象，研究旅游的本质特点、社会作用、内外条件和发生发展活动规律的新兴科学”，是每一门旅游专业课的基础课，对于旅游规划与开发也不例外。旅游学紧紧围绕旅游者、旅游资源、旅游业这三大要素，将旅游学的核心概念和基本理论进行了详细的阐述。这些核心概念和基本理论，都是

旅游规划与开发的基础知识。因此，旅游学是旅游规划与开发的先修学科。任何学习旅游规划与开发的人，必须先掌握旅游学的基础知识，了解旅游的基本规律，具备旅游思维，用旅游业发展的眼光分析问题，如此才能进行旅游规划与开发的学习。

（二）旅游地理学

旅游地理学是研究人类旅行游览、休憩疗养、康乐消遣同地理环境以及社会经济发展相互关系的一门学科。简言之，旅游地理学就是研究人类旅游活动与地理环境之间相互关系和旅游业布局规律的一门学科，其主要内容是研究旅游者时空分布规律、旅游资源的评价、旅游区位条件分析、旅游地的演变规律、旅游环境容量、旅游区划、区域旅游竞合等，同时也涉及旅游区划与旅游开发的内容。旅游地理学的这些相关内容同样也是旅游规划与开发的重要基础内容。主要原因在于，地理学家是我国最早一批介入并从事旅游规划与开发工作的专家学者。他们在实践过程中，积累总结了大量的宝贵经验，并将这些经验抽象、提升出来，形成旅游地理学与旅游规划方面的基础理论。到目前为止，很多成熟的旅游规划理念大多是一些旅游地理学家提出的。因此，旅游地理学的理论、观点，应当成为旅游规划与开发的前期知识储备。

（三）旅游经济学

旅游经济学是围绕着旅游经济部门中特有的矛盾运动而展开研究的。其内容主要包括旅游产品的开发与供给、旅游产品的市场开拓及销售、旅游产品的消费特征与经营效益、投入与产业分析、旅游产业结构与旅游经济发展战略等方面的内容。其中，旅游市场营销、旅游产业要素、旅游经济效益估算等方面，都是旅游规划需要重点设计的内容。因此，旅游规划与旅游经济学的关系非常紧密。

（四）其他相关学科

旅游活动涉及的内容极其广泛，旅游系统的要素众多，旅游规划与开发要整合旅游系统的诸多要素，使其能够协调发展，就必须了解其他相关学科的基本知识。除了美学、园林学、建筑学、经济学、管理学、市场学、环境学、交通运输学等关联度较强的学科之外，还有一些学科如人类学、社会学、心理学、文化学、景观学、生态学、考古学、历史学、宗教学、古典文学等知识也要具备。

二、旅游规划与其他规划的关系

长期以来，在人们的观念中，对旅游规划与城市规划、园林规划、风景名胜区规划、森林公园规划、文化遗产保护规划等的关系一直都存在误解。如一部分人认为，旅游规划的核心内容就是建设，建设各种级别各种形式的景区（点）。而城市规划、园林规划等应该是先于旅游规划而编制，旅游规划要参照城市规划的内容来制订。事实上这种看法是有失偏颇的。

从目前实际情况来看，我国的城市发展中存在很多问题。一些中心城市忽略旅游功能，造成了很多工作上的障碍；旅游城市的规划则偏重于城市建设规划……因此，非常有必要明确旅游规划与城市规划以及其他一些规划的关系。实践证明，凡是旅游城市，旅游规划先于城市规划或统领城市规划的，城市发展比较成功；而城市规划凌驾于旅游规划之上的，城市发展问题往往很多。

旅游规划根本上是一个产业规划，它涉及旅游业相关的方方面面。在旅游规划中，牵涉到相关部门的各种安排。其中，涉及园林、交通、城市建设、环境保护等许多方面。可以说，旅游规划的综合性是最强的。城市发展、园林规划等方面都应该是在区域旅游规划的基础上所做的后续规划。如果以一条河流做比喻，旅游规划属于中上游，而城市规划、园林规划等其他规划则是下游。下游的各项工作应该在中上游工作的基础之上而开展。其他规划应主动与旅游规划衔接和整合，而不是要求旅游规划来服从来适应其他规划。

第四节　旅游开发与规划的理论基础

旅游开发与规划的研究和实践是建立在理论基础上的，并以理论为指导。其主要基础理论有经济学理论、区位理论、美学理论、系统理论、地理学原理、旅游人类学与旅游行为科学理论、旅游空间行为理论、发展理论、旅游地和谐发展的社区思想、旅游地生命周期理论等。

一、经济学理论

旅游开发是把旅游资源转化成为旅游产品的技术过程，同时也是一种经济活动过程（市场调研—资源开发—产品设计—项目建设—设施配套—产品形成、经营和管理）。在这一过程中，旅游开发应遵循经济学的一般原理，为建立或完善不同大小区域内完整的旅游产业体系，满足旅游者的需求，产生较高的经济效益服务。

从经济学的角度看，旅游开发与规划必须进行产业投资机会分析和比较优势分析。旅游规划的核心是对一定区域空间的旅游构成要素进行空间组织和空间比较，最终选择其中具有比较优势的旅游产品进行开发，因此，比较优势理论的思想和方法在旅游规划中有广泛的运用空间。在旅游规划研究中，“比较优势”既是一种思想，也是一种方法。

旅游开发与规划还必须进行旅游市场调研和策略研究、旅游供给和需求研究及旅游经济效益评价（投入—产出分析）。旅游项目开发与规划一般来说最后一部分为“分期建设规划与效益分析”。

旅游属于依附型的经济产业，它依附于经济的发展、交通等基础设施相关产业的发展，如同经济学的“水桶效应”理论：某块桶板长出一块，并不会增加水桶的容量，容量是由最短的那块桶板决定的。“水桶效应”理论旨在说明，构成组织的各个部分往往决定着整个组织的水平，而构成组织的各个部分往往是优劣不齐的，而劣质部分往往决定了整个组织的水平。区域旅游发展规划就是要善于发现最短的那一块木板（要素），重点解决这一制约因素，并以最长的木板（要素）来统筹安排其他组成部分（要素），使“容量”（目标）最大化。因此，旅游业发展除旅游行业六要素（吃、住、行、游、购、娱）必须协调发展外，还必须与相关产业的发展有机衔接，优化配置产业结构，协调统筹发展。特别是当今的区域旅游发展规划是从大旅游和产业整合的角度进行研究，更需要经济学尤其是产业经济学的理论指导。

此外，经济学中的产业集群理论（旅游产业要素整合、聚集，形成规模效应、聚集效应）等对于区域旅游开发有一定的指导意义。

总之，运用经济学的原理与方法可以使旅游开发立足市场，面向消费者，合理开发资源，优化产品结构与项目，体现旅游开发的经济性与市场性，更好地达到开发与规划的目的。但中国的旅游业也应该反思单纯的经济导向，世界上的一些发达国家，并不是将旅游开发首先视为获取经济利益的手段，而更主要的是为了提高社会整体素质和人民生活质量。

二、区位理论

区位理论创始于19世纪初，迄今它的研究和应用范围已遍及农业、工业、商业、城市、旅游等领域。旅游区位论的研究相对较晚（始于20世纪50—60年代）。区位理论中的几个理论如中心地学说、距离衰减法则、聚集规模经济等对旅游开发布局具有重要的借鉴与指导意义。

旅游开发与规划，其实质是旅游产业及相关产业部门在一定地域的布局、配置过程，本身就是区位研究与实践的过程，需要采用区位论的原理与方法来指导。旅游开发与规划的区位研究应侧重于以下几个方面（区位论的指导作用）：

（一）旅游开发的区位选择

主要是指旅游开发选择什么样的地域进行，开发的地理位置如何（如离大中城市的距离），有哪些区位优势，面向怎样的客源市场，开发地（接待地）与客源地之间的空间关系是互补性还是替代性的，是否处于“影区”内，开发地的可进入性与可达性如何，其目的是为旅游活动确定最有利的场所，寻求区位优势。区位与场所的选择不仅应考虑区位理论，还应考虑旅游市场、旅游行为等理论。

（二）制定旅游发展战略

区位论对于旅游发展战略的制定具有重要的指导意义。区位条件的好坏直接影响到旅游市场的大小和可进入程度，决定来访游客的多少和进行旅游开发建设的力度，最终决定旅游经济效益的大小。区位论对区域旅游和旅游地发展战略的指导意义比较显著。结合旅游资源条件和区域经济背景条件分析，区位条件不同，开发战略有所不同。如北京、西安可以全方位开发，张家界、三峡可以适当超前开发，西双版纳、九寨沟、泸沽湖适合保护性开发。

（三）追求集聚效应

在进行区域旅游和旅游地的空间布局上，要充分运用集聚原理，合理布局，使其产生集聚经济效益。追求集聚效应，应以龙头景点（区）为核心，异质互补为前提。旅游景点集中布局，可以减少基础设施建设的投资，降低开发成本，并有利于旅游者有更多机会选择旅游目的地，减少交通时间。许多旅游点虽然旅游价值很高，但由于容量小，游时短，难以产生较强的吸引力。因此需要同周围的其他旅游点联合，共同开发，以形成整体优势，增加吸引力。同时，应避免同构竞争和过分集聚，否则将产生消聚效应。

三、美学原理

旅游是现代人对美的高层次的追求，是综合性的审美实践活动。旅游开发的任务就是在现实世界中发现美，并按照美学的规律去创造美的景观，去增添美的事物。美的最高境界是自然的纯真美与和谐美、文化的意境美、艺术的传神美、社会的崇高美，这也是旅游开发中所追求的最高目标。旅游空间和景物的美学特征越突出，观赏性越强，知名度越高，对旅游者的吸引力就越大。

例如美学原理中的“距离说”等对旅游规划与开发有着重要的参考和指导价值。在景观、景点的开发设计时，要为旅游者营造“距离感”（距离产生美，这包括物理距离和心理距离，要抛开功利关系）。距离往往能给人留下广阔的想象空间，获得更好的审美体验。例如，我国古代有一女子终年生活在家乡优美的景色中，朝夕与共却未感到它的美。一次乘船离家，在江上远眺家乡时，才发现家乡非常美丽，于是即兴赋了一首诗：“侬家住在两湖东，十二珠帘夕照红。今日忽从江上望，始知家在图画中。”这就涉及物理距离和心理距离的作用问题。有些旅游景观的设计，就不能过于直露，应追求含蓄，给游客预留一定的想象空间（如引景空间的设计等）。

四、系统理论

旅游业是一个结构复杂、功能综合、因素众多的产业系统，这一大系统由市场系统、通道系统、接待系统和支持系统组成。旅游开发规划的研究必须从建立旅游系统工程出发，坚持整体性原则、结构性原则、层次性原则、动态性原则和最优化原则。

（一）整体性原则

要认识到旅游业是个产业群体，同经济、社会、环境联系极为密切。产业中各部门、产业与环境之间存在着相互联系、相互制约和相互作用的关系。开发中既要看到产业整体功能与效率，又要让各个部门在整体中得到发展，成为地区经济中的新的增长点。旅游产业规划应研究旅游业和相关产业的互动与整合。旅游开发与规划还应把经济、社会、自然作为相互关联和相互依赖的要素在整体上予以考虑。

（二）结构性原则

对旅游开发进行产业结构的研究，可以增强产业之间的联系，获得最优的整体性能。旅游规划具有结构性特点，其包括空间结构、时序结构、要素结构三个维度。

（三）层次性原则

旅游开发是在一定空间范围内进行的，空间大小不同，内部组成产业也不同，从而构成不同空间层次、产业层次的网络体系。旅游规划具有层次性，省、地区、县（市）规划的要求应当有所不同。

（四）动态性原则

旅游产业系统受内部要素和外部环境的影响，有其发展、变化的过程。在旅游开发与规划时，要根据旅游业发展的不同阶段，确定不同的发展目标、规模和手段；同时掌握旅游业的发展趋势，使旅游开发与规划具有超前性和预测性。成功的旅游开发规划还必须根据形势发展的需要，不断吸取新的信息，进行补充、修改和完善，以适应未来各种可能的变化，体现预期的管理思想。

（五）最优化原则

由于旅游产业系统具有综合性、复杂性的特点，在进行旅游开发与规划时，可采用多种途径设计出多种各具特色的旅游开发规划方案，并从中选择最优的系统方案。开发者出于节约资金的考虑，一般只做一个规划方案。严格地讲，这种做法是不太适合的。例如，三峡大学校园建设规划是四选一，并将各方案有机融合，旅游规划也应该这样。

五、地理学原理

如前面讲的区位论，还有地域分异规律（其意义在于按自然规律和客观实际划分若干空间，建立区域空间体系，便于旅游产业布局，突出各空间的资源特色，形成自身的形象与优势等）、资源调查与评价方法、空间相互作用理论（旅游的空间竞争分析、旅游区的互动与整合研究）、人地关系分析（追求人与自然的和谐等）等地理学原理对旅游开发具有重要的指导作用。在美国、日本、韩国等发达国家，地理学对旅游开发的研究已经深入文化地理学的领域，而我国普遍只是停留在自然地理与经济地理的层面。

六、旅游人类学与旅游行为科学理论

旅游开发与规划的主要目的之一是为旅游者寻找和创造一个充满人文关怀的旅游社区。旅游人类学对于旅游开发规划来讲，其意义在于为旅游规划师提供了一种“以人为本”的规划哲学。而以人为本的旅游规划哲学，要求首先研究人，即旅游者、当地居民和开发商的特性及其相互关系，然后才是对景区、景点、基础设施等物质规划的考虑。旅游开发应充分考虑满足人的“自我实现”的需要，而不应仅仅是追求经济效益。

重视人的心理因素在旅游规划中的作用，是旅游规划师体现以人为本的观念的一种表现。旅游开发与规划应以旅游者为中心，以能否满足旅游者的需求为制定规划方案的依据。在进行旅游资源评价时，应注意与旅游者进行角色互换，换位思考问题，以旅游者的眼光进行评述。在规划项目设施、线路组织设计中，努力使方案符合旅游者的心理活动和行为规律，客源市场预测及市场营销则更应以旅游者为中心，不能做一厢情愿的事（如宜昌“三峡集锦”人造景观建设失败并被拆除的教训）。我们认为，将行为科学的理论用于旅游管理、旅游开发的研究，将是大有前途的。

七、旅游空间行为理论

旅游空间行为理论主要是由陈健昌、保继刚等学者提出的。

旅游者的空间行为是旅游者在地域上进行旅游的行为总和，由最大效益原则所决定。旅游空间行为理论根据所涉及的空间大小，可以把旅游空间行为划分为大、中、小三个尺度：大尺度一般涉及国际、全国、都市；中尺度涉及省内、地区（市）内；小尺度涉及县（市）内。各个空间旅行者有下列空间行为：

（1）大尺度旅游空间行为（线状旅游空间行为）。受旅游时间和最大信息收集量原则的影响，旅游者在大尺度的空间行为表现为以下特征：力图到级别较高的旅游点旅游（倾向于选择有高级别旅游点的地方作旅游目的地，到达目的地后只游玩目的地附近级别较高的旅游点）；尽可能游玩更多高级别旅游点（若时间允许）；力图采用环状路线旅游，避免走回头路，尽量多看景点；旅程终止点尽可能选在“购物天堂”；旅程匆匆，走马观花，游览效果较差（以观光游览为主，行程节奏较快，回头率较低）。

（2）中尺度旅游空间行为（面状旅游空间行为）。中尺度旅游一般为面状旅游空间行为，即以一点为中心向外辐射，整个空间行为过程在一个特定的区域范围内，通过数次向不同方向以一日游方式来完成旅游活动。其行为特征是：景点选择较灵活，并追求新颖、奇特；采用中心放射，往返节点状线路；日游夜宿，旅游精力旺盛，游览效果较好。

(3) 小尺度旅游空间行为（点状旅游空间行为）。主要指吃、住、游、娱、购均在一地的各类休闲度假旅游，其行为特征是：选择环境质量较高的旅游度假地（清洁、安静、优雅的环境）；选择娱乐性、运动性、参与性较强的休闲度假地；旅游效果受旅行路线的影响（应重视旅游景观通道的设计）；旅游回头率较高（应重视旅游服务质量和游客的感受，并注意更新旅游产品和服务项目）。

旅游空间行为理论对于资源评价和开发、旅游线路设计以及宾馆、饭店选址等有重要的指导意义。

八、发展理论

发展理论的几个主要原理有：增长极理论、梯级理论、点—轴系统模式等。

（一）增长极理论

增长极理论又称生长极理论、发展极理论、增长中心理论。增长是不均衡的，需要培育若干个区域增长极，通过增长极推动整个地区经济的增长。如“大三峡旅游经济圈”的构建，可以通过培育重庆、万州、宜昌等增长极推动三峡地区旅游经济的增长。

（二）梯级理论

区域经济发展水平呈现由高到低的梯度变化，梯度是事物的空间分布在一定方向上呈现有规律的递增或递减现象。梯度理论认为，极化效应的作用结果会使生产进一步向好的高梯度地区集中；扩散效应会促使生产向其周围的低梯度地区扩散；回程效应的作用则是削弱低梯度地区，促使高梯度地区进一步发展。旅游流一般是由高经济收入地区流向低收入地区。

（三）点—轴系统模式

该理论是我国经济地理学者陆大道院士 1995 年在中心地理论和增长极理论的基础上提出的。两个中心地之间建设交通干线，在聚集因素的作用下，资源和经济继续在两点集中，并在沿线得以辐射延伸，产生新的聚集中心，从而形成聚集带，如长江经济带、三峡旅游经济带等。点—轴系统模式对区域旅游开发有一定启示作用。

九、旅游地和谐发展的社区思想

这一思想的主要倡导者为墨菲（Peter E. Murphy），他在《旅游：一个社区方法》一书中较为详细地阐述了旅游业对社区的影响和社区对旅游业的响应，以及如何从社区角度去开发和规划旅游。他把旅游看做一个社区产业，作为旅游目的地的当地社区类似于一个生态社区。于是，他构筑了一个社区生态模型。社区的自然和文化旅游资源相当于一个生态系统中的植物生命，它构成食物链的基础，过分地索取会导致植物的减少和自然退化。当地居民被看做生态系统中的动物，他们作为社区吸引物总体中的一部分，既要过日常生活又要作为社区展示因素和提供服务。旅游业类似于生态系统中的捕猎者，而游客则是猎物。旅游业的收益来自游客，游客关心的是旅游吸引物（自然与文化旅游资源以及娱乐设施）和服务，这是“消费”的对象。这样吸引物和服务、游客、旅游业以及当地的居民便构成一个有一定功能关系（生物链）的生态系统，他们也就成为这个系统中的主要成分。他们的比例和关系是否协调，直接关系到旅游地系统的健康和稳定。按照这种思想方法去认识和组织社区旅游业便称为社区方法。

墨菲在运用生态社区方法时，同时引入了系统理论的思想方法，因为生态是一个系统。在系统分析时，他着重考虑如下四个基本部分：①人们的活动，即发生在特定的时空条件下有规律的行为模式；②交通（交流），如媒体、信息领域和运输；③空间，即活动和交通发生的空间；④时间因子。要控制这个动态系统的发展，还必须知道它在不同发展阶段的各种产出。

十、旅游地生命周期理论

根据文献资料，旅游地生命周期的概念最早由德国著名地理学家克里斯塔勒（Walter Christaller）于1963年提出。克里斯塔勒在研究地中海旅游乡村的发展与演化时得出这样的结论：旅游乡村生命周期分为三个阶段，即发掘、增长、衰落阶段。

1973年旅游营销专家普劳格（Plog）从市场营销学的角度解释了旅游地生命周期理论。普劳格根据目的地旅游活动对不同类型旅游者的吸引程度，以及旅游地发展过程中提供的环境和设施条件对旅游者的影响，解释了旅游地发育和成熟的过程。尽管他提出的模型和克里斯塔勒相近，但普劳格是从剖析游客着手的，而克里斯塔勒是从研究旅游地本身特性着手的，结果却殊途同归。

目前，被学者们公认并被广为引用的是1980年由加拿大地理学家巴特勒（R. W. Butler）建立的旅游地生命周期理论。巴特勒的旅游地生命周期理论认为旅游地的发展和演化要经过六个阶段，其各个阶段有如下特征：

（1）探索阶段：只有零散的游客或很少的探险旅游者进入；目的地少有或没有旅游基础设施；吸引来访者的是当地的自然吸引物；来访者属于被当地特定吸引物所吸引的游客类型。

（2）参与或起步阶段：当地居民在旅游接待与服务中开始发挥参与作用，地方能够为旅游者提供一些基本的服务；不断增加的广告触发了特定的旅游季节变化；开始形成一定的地区性市场。

(3) 发展阶段：旅游设施的开发在增加；人造景观出现，并取代了自然的或文化的吸引物；促销工作也在加强；旅游业务主要由外地客商控制；旺季游客远超出当地居民数，旅游活动对当地居民生活造成一些不利影响，诱发了当地居民对游客的反感。

(4) 稳固阶段：旅游业成为当地经济的主体，但是增长速率在下降；形成了较好的商业区；一些老设施沦为二流水准；当地人们力争延长旅游的季节并开发新市场。

(5) 停滞阶段：游客的数量和旅游地的容量达到高峰；已经建立了很好的旅游地形象，但是该形象已不再时兴；客房出租率较低，部分旅游设施移做它用，资产变动频繁。

(6) 后停滞阶段：有几种可能发展选择，极端情况是或者迅速衰落（旅游投资撤出等），或者快速复兴（全新的吸引物取代了原有的吸引物，或开发了新的旅游资源）。

巴特勒提出的旅游地生命周期理论，受到学术界的普遍关注，并广为世界各地的专家引用、验证和讨论。该理论主要用于对旅游地发展过程和历史的解析；预测旅游地的发展走势，指导市场营销；诊断和分析旅游地存在的问题，指导旅游地开发与经营对策的制定。因此，该理论对于旅游规划与开发有一定指导作用。

旅游地生命周期理论虽然是针对旅游地提出来的，但是对于具体旅游景区的发展同样具有重要的指导意义，利用旅游地生命周期理论，不难形成旅游景区生命周期理论。

第五节　旅游规划的基本理念、基本模式、程序与技术路线

一、旅游规划的基本理念

(一) T-BEC 旅游规划理念

旅游规划基于开发条件、旅游资源、旅游市场、竞争对手分析，建立经济、社会、文化与旅游相融合的四位一体的 T-BEC 旅游规划理念，即研究游客心理行为，遵循旅游经济规律，提高旅游文化品位，以品牌整合资源，以智慧创造财富，见图 1-1。

(二) “资源—市场—文化”三元论

正确的旅游开发的理念是，以资源为基础，以市场为导向，以文化为灵魂。坚持“资源—市场—文化”三元论。长期以来，我们在旅游开发上，比较忽视文化的

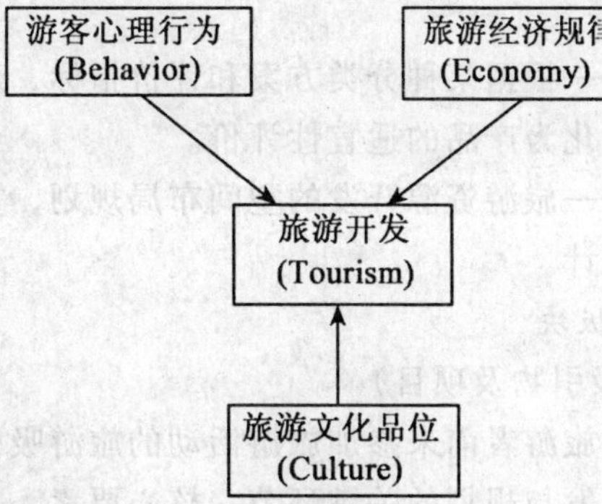

图 1-1

地位和作用。在落实科学发展观和推动文化大发展、大繁荣的当今时代，应在思想上确立文化在旅游开发导向上的重要地位。

（三）“软开发”与“以人为本”

在旅游开发理念上由“硬开发”向“软开发”转变，反对大兴土木，尽量减少环境破坏。努力挖掘旅游产品的文化内涵和美学价值、科学文化价值、历史文化价值。强调旅游开发中的经济、社会、文化协调并重，尊重本土文化，弘扬人文精神；在旅游开发目标上，由“经济至上”向“以人为本”转变，注重人文关怀；在旅游开发与规划设计上，由“技术主义”向“人本主义”转变。

二、区域旅游规划的基本模式

关于区域（省、市、县）旅游发展规划的主要内容和工作步骤，吴必虎教授认为，可以用“1234 工程模式”来表达，即“确定一个发展目标，进行两个基本分析，设计三个发展模块，构建四个支持系统”。

（一）确定一个发展目标

区域旅游规划的目标包括总体目标和分目标两个部分，总体目标提出规划期末规划地区希望实现的综合地位（如在 2015 年把宜昌建成“世界水电旅游名城”）；分目标则分别就旅游活动的经济、社会和环境影响提出需要实现的蓝图。

（二）进行两个基本分析——市场分析、资源分析

1. 市场分析

表层内容：识需求——国际、国内、本地客源市场的数量和特征的历史回顾，现状分析和未来预测。

里层内容：定调子——区域旅游形象定位、设计与传播，旅游目的地的营销与宣传。

2. 资源分析

表层内容：找供给——根据某种分类方案和评价指标，对区域旅游资源进行调查和评价，特别是资源转化为产品的适宜性评价。

里层内容：定盘子——旅游资源开发的空间布局规划，重点资源开发与保护地段的选择，旅游线路的设计。

（三）设计三个发展板块

1. 前位板块（旅游吸引物及项目）

前位板块指直接吸引旅游者前来参加旅游活动的旅游吸引物，即狭义的旅游产品和开发项目，是旅游开发与规划的关键环节、核心要素。

2. 中间板块（旅游相关行业、设施和服务）

中间板块指为前来的旅游者提供的各种旅游服务，包括交通、住宿、餐饮、娱乐、购物等服务的旅游相关行业、设施和服务，是旅游开发与规划的配套内容。

3. 后位板块（旅游环境）

后位板块指旅游区域内外的物质环境和社会环境，即硬环境与软环境。

以上三个板块层次紧扣，相互依存，构成了区域旅游发展的主要支撑。三个发展板块的方案的设定是旅游规划中的核心问题，是旅游规划付诸实施的主要操作内容。

（四）构建四个支持系统（或一个保障体系）

旅游业是一个集资源、环境、资金、智力于一体的综合产业，发展旅游业是一项涉及经济、社会、政治、文化、教育、环境等多种因素的系统工程，实现旅游业的可持续发展必须建立由政策法规、人力资源、投资与金融、生态环境、社会环境、科技与教育等综合组成的强有力的保障体系。上述旅游规划三个板块的规划方案能否得到有效的实施，有赖于规划的管理和支持保障措施的落实。支持系统主要包括以下四个方面的内容：

1. 政策与法规

区域旅游发展和旅游业的有序运行，区域旅游规划的有效实施，政策和旅游法规是保障。制定和实施正确的旅游产业政策，实行合理的管理体制，对旅游业的发展将会产生巨大的推动作用。有旅游产业政策的支持，能够促进重点旅游行业、重点旅游产品、重点旅游地区的迅速发展；能够缓解削价竞销的矛盾，建立合理有效的竞争秩序，促进旅游业市场机制和市场结构的完善；能够为旅游企业提供良好的发展环境。科学地制定并落实区域旅游产业政策，认真执行国家和地方制定的相关法规，有利于旅游业的健康、稳定、协调发展。

2. 人力资源

旅游业是向旅游者提供一段特殊经历和愉悦体验而进行面对面服务的行业，人情化是旅游服务的一大特点，员工的素质将最终决定其产品——服务的质量。切实加强旅游从业队伍的职业道德、文化素质和技能建设，努力建设一支业务精通、服务一流的从业队伍，是培育和壮大旅游产业的基础工程，是旅游产业可持续发展的根本措施。鉴于人力资源是旅游业最宝贵的资源，区域旅游规划应对旅游区域的人力资源的开发利用做出前瞻性的规划，提出有效的措施。

3. 投资与金融

区域旅游的发展，旅游景区（点）的开发，旅游基础设施的建设，资金是重要的保障。旅游开发，没有大投入就没有大产出。区域旅游规划应对区域的投资与金融问题进行研究，提出对策。

4. 环境

环境主要是指发展旅游的软环境（社会文化氛围）以及社区支持、科学技术条件、教育与培训保障等。它是区域旅游发展的重要保障之一。

三、旅游规划的程序

旅游规划的程序可用图 1-2 表示。

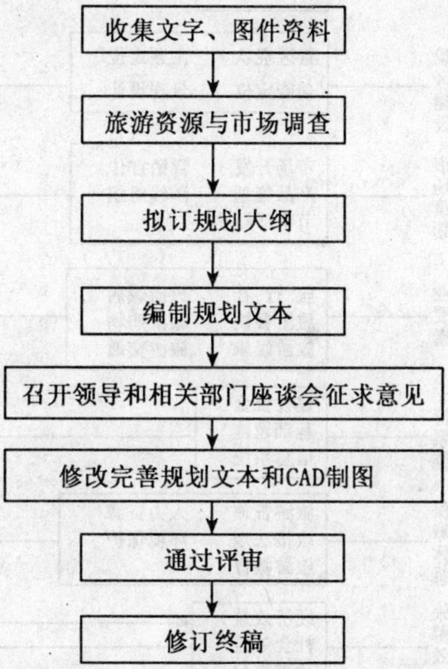

图 1-2

四、旅游规划的技术路线

旅游规划应遵循一定的技术路线。旅游规划的技术路线可用图 1-3 表示。

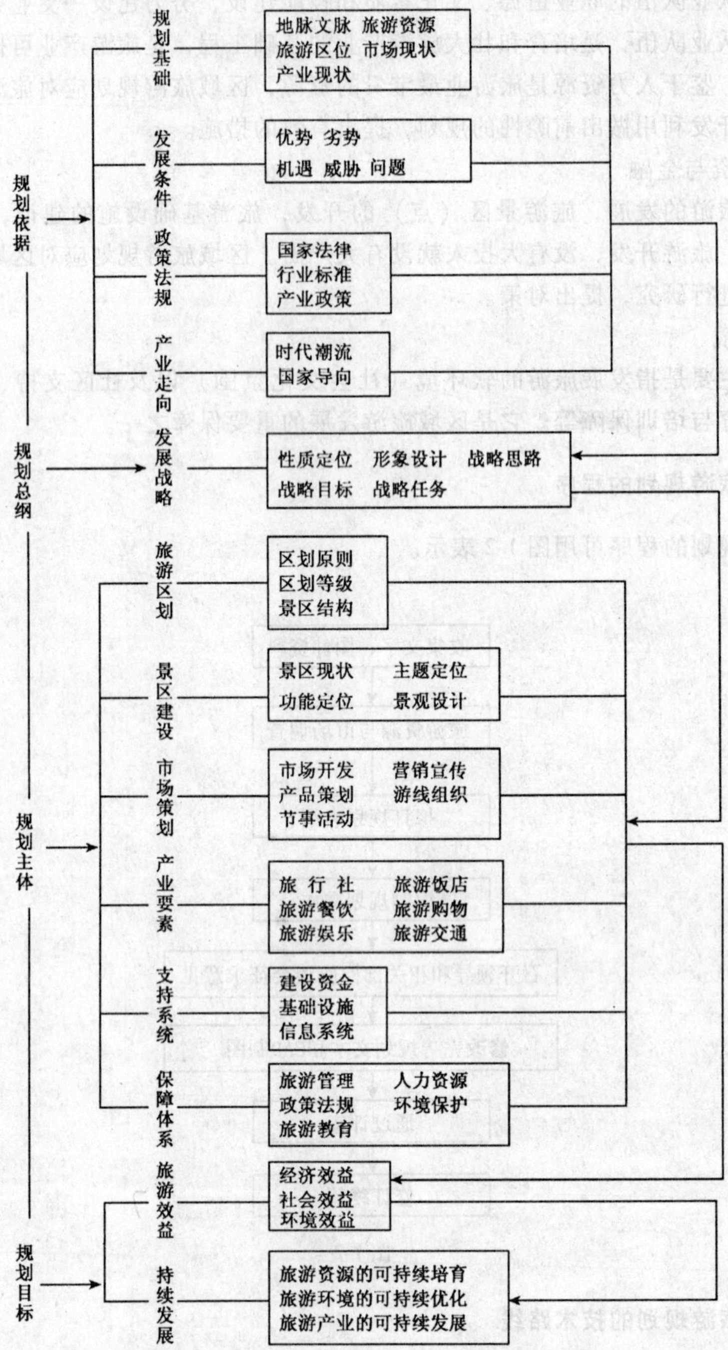
规划依据
规划总纲
规划主体
规划目标
规划基础
发展条件
政策法规
产业走向
发展战略
旅游区划
景区建设
市场策划
产业要素
支持系统
保障体系
旅游效益
持续发展
地脉文脉 旅游资源
旅游区位 市场现状
产业现状
优势 劣势
机遇 威胁 问题
国家法律
行业标准
产业政策
时代潮流
国家导向
性质定位 形象设计 战略思路
战略目标 战略任务
区划原则
区划等级
景区结构
景区现状 主题定位
功能定位 景观设计
市场开发 营销宣传
产品策划 游线组织
节事活动
旅 行 社 旅游饭店
旅游餐饮 旅游购物
旅游娱乐 旅游交通
建设资金
基础设施
信息系统
旅游管理 人力资源
政策法规 环境保护
旅游教育
经济效益
社会效益
环境效益
旅游资源的可持续培育
旅游环境的可持续优化
旅游产业的可持续发展

图 1-3

第六节　旅游规划的发展趋势、评价标准与问题反思

一、旅游规划的发展趋势

（一）多样化趋势

此处的多样化主要指的是旅游规划形式上的多样化，有两个层面的意思：一是编制旅游规划的区域逐渐走向多样。由原先的省级单位编制旅游规划，到地区编制旅游规划，再到县级制定旅游规划，再详细到某个景区编制旅游规划，发展趋势是规划区的形式越来越多样。二是指旅游规划的门类越来越多样。由最初的旅游业发展总体规划发展到现在种类越来越多，如出现了旅游营销规划、五年行动计划、旅游投资融资可行性规划、某个具体的旅游项目规划等。无论是区域多样化还是旅游规划门类的多样化，都说明旅游规划在旅游业发展过程中发挥的作用越来越大，其重要性不言而喻。

（二）综合化趋势

旅游规划与开发需综合安排自然生态、社会文化、经济和社会管理等诸多因素，促使它们围绕旅游形成相互配合的整体，以提高旅游系统的组合效率。从部门规划走向综合规划，已成为旅游规划进一步发展的大趋势。我国的旅游规划，也正从众多部门各显神通的竞争阶段，迈向综合规划的新阶段。

（三）系统优化趋势

旅游系统的动态发展，本质上是一种系统状态向另一种系统状态的过渡。旅游规划通常被看做旅游系统中促使旅游系统按预期目标发展，并获得系统支持的目的性施控行为，称之为正反馈。由于认识和预测环境随机干扰的能力总是有限的，持续单向的正反馈所引起的后果，往往在客观上加剧旅游系统的发展偏离期望目标，导致旅游系统内部结构失衡，甚至发生系统崩溃。旅游规划的进一步发展将趋于重视负反馈的作用，即通过获得偏离感应信息，输回决策体，影响和修正系统的自我决策，以便在系统发展的过程中保持内部结构的稳定性和对外部环境变化的适应性。旅游规划系统的发展趋势是预见并及时地扩展、修复和调节旅游系统的耦合结构，以维持旅游系统发展所必需的内部稳定性、环境变化适应性，并朝预期的方向发展；指导旅游系统不断地提高内部各因素之间的方向协同性和结构高效性，以增强旅游系统的整体竞争力，促进旅游系统的优化。

（四）可持续发展趋势

在旅游发展过程中，生态环境和传统习俗常要为之付出巨大的代价。因此，环境损耗和地方文化特色的消退是旅游业发展的通病。1990 年加拿大温哥华全球可

持续发展大会旅游组织行动策划委员会会议提出的旅游可持续发展行动战略草案认为：旅游可持续发展的目的是保护环境，维护当代和后代人之间的公平关系；旅游可持续发展的目标是让人们更加了解旅游能给环境和经济带来效益，在发展中维护公平、提高当地居民生活水平、为游客提供优质的经历、保护环境质量。1995 年西班牙兰沙罗可持续旅游发展国际会议通过了《可持续旅游发展宪章》和《可持续旅游发展行动计划》两个文件。旅游可持续发展，是以保持生态系统、环境系统和文化完整性为前提的，在保持和增加未来旅游发展机会的条件下所实现的现时的旅游发展。旅游可持续发展的内部特征是生态环境压力与社会压力小于旅游系统的承载力，外部特征是增长连续性、系统稳定性和代际公平性。旅游可持续发展战略将不断地内化于旅游规划之中。旅游规划更加注重旅游的可持续发展、生态化设计、绿色饭店建设、旅游循环经济设计。用可持续发展等科学发展观指导旅游规划，是旅游规划未来发展的大趋势。

(五) 产业化趋势

旅游业作为一个高速发展的产业已经为世人瞩目。实践证明，旅游业的发展要力求从高的起点进行定位，只有站在产业的高度，才能真正做到规划的科学性、合理性和可操作性的完美结合。今后的旅游规划将更加注重产业的互动与整合、产业结构的调整与优化。

(六) 创新化趋势

未来旅游规划的编制要求编制者注重对旅游规划理念的创新，规划内容的创新，规划方法的创新，规划项目的创新。创新性是核心竞争力的核心指标，只有不断追求创新的旅游规划，才能使旅游开发的产品具备较强的竞争力。

(七) 品牌化趋势

未来的旅游规划将更加注重特色产品的品牌化、主导企业的品牌化、优势资源的品牌化。

(八) 科技化趋势

随着世界科学技术日新月异的发展，未来的旅游规划更加注重规划手段的科技化、设施配置的科技化。

(九) 人本化趋势

未来的旅游规划将在科学的旅游发展观指导下，更加注重以人为本，注重游客和社区居民的利益，并更加注重人本管理。

(十) “小”而“实”趋势

目前旅游规划已经出现这样的趋势，对于一些旅游业发展比较快的地区，旅游规划的编制开始变“小”，规划涉及的地域面积变小，如景区规划、度假区规划等；另一方面，规划制定得更加实用，多为具有较强操作性的专项旅游规划。

二、旅游规划的评价标准

一个旅游规划做得是否好，主要评价标准是：旅游规划的方法与技术路线是否科学合理，旅游规划是否解决了旅游地的根本问题，旅游规划是否科学合理地利用当地的优势旅游资源，旅游规划是否提升了旅游地的旅游品位，旅游规划是否具有系统性的新思想、新观点，旅游规划是否具有可操作性等。

三、旅游规划“热”的问题、“冷”的思考与问题反思

当前旅游规划“热”的问题：浮躁的倾向（规划邀请者崇洋媚外，迷信洋人和外地特别是名牌大学的专家，领导好大喜功、图虚名，旅游开发商“醉翁之意不在酒”，规划者批量生产，“克隆”现象严重，缺乏创意和创新），理念有误（项目设计贪多、求大、崇洋、媚俗，城市化与商业化现象严重），决策不到位（由于体制、利益等客观原因和智慧、敬业精神等主观原因，规划缺少解决实际问题的“硬招”），执行难度大（旅游规划与各级政府的认识难以统一，与各行业发展规划难以协调，旅游开发资金问题）。

当前旅游规划“冷”的思考：旅游规划必须由数量增长型转为质量提高型，旅游规划必须与本土文化相结合，旅游规划必须讲求实效，旅游开发必须与保护并举，旅游规划必须与社会经济发展相适应，旅游规划必须考虑经济效益和可持续发展。

郭康、王衍用等曾经尖锐地批评了当前旅游规划中存在的主要问题，即追逐明星，自我贴金；不做不用，我行我素；贪图便宜，适得其反；有求必应，质量难保；又虚又玄，难以操作；不伦不类，名不副实；关系评审，捧场作戏。呼吁规划人员树立社会责任感，实现社会监督，整顿规划队伍，提高规划水平，修改完善《旅游规划通则》。

复习思考题

1. 简述旅游开发、旅游规划的概念与含义，并说明这二者的关系。
2. 了解旅游开发与规划的理论基础，并说明各个理论基础的核心观点。
3. 简述区域旅游规划的基本模式。
4. 了解旅游开发与规划的发展趋势。
5. 为什么要学习旅游开发与规划这门课程？你打算怎样学好旅游开发与规划这门课程？

第二章　旅游资源调查与评价

自然界和人类社会凡能对旅游者产生吸引力，可以为旅游业开发利用，并可产生经济效益、社会效益和环境效益的各种事物和因素，均称为旅游资源。简单地说，旅游资源是吸引人们前来游览、娱乐的各种事物的原材料。它具有审美性、多样性、综合性、地域性、稀缺性等特点。

旅游资源是开发旅游业的物质前提，其品位高低、质量等级深刻影响着旅游业发展的水平，因此对旅游资源进行客观、公正、科学的评价是进行旅游规划工作的重要一步。

第一节　旅游资源调查

一、调查内容

按照国家标准《旅游资源分类、调查与评价》(GB/T 18972—2003）有关内容进行登记，除其中规定的地文景观、水域风光、生物景观、天象与气候景观、遗址遗迹、建筑与设施、旅游商品、人文活动8个大类之外，还应关注资源组合，因为大区域旅游规划是以资源综合体——旅游区为单位而不是以资源单体为单位的。

（一）资源概况

资源概况主要是指已发现的各类旅游资源（含资源组合）的数量、类型、特点。

（二）资源地域结构

资源地域结构包括旅游资源的分布、类型组合、景观结构、密集度、互补特点、整体结构优势、与邻近旅游区的比较优势和劣势等。在资源景观结构具体分析中可以从核心层次、基础层次、辅助层次三个层次进行分析。

二、调查要点

调查中应清楚记录资源（或产品）及资源组合的位置、类型、规模、级别、特点、美学与科学文化价值、可游赏性、交通条件、用地条件、设施配套、资源结构等。

三、旅游开发与资源利用现状

（一）开发条件分析

（1）景点特色和文化品位，发掘和转化的条件；

（2）景点的基础设施配套状况；

（3）与主要客源地的交通条件和区位；

（4）近期内可能改善的开发条件；

（5）资源是否符合旅游的主流和趋势。

（二）旅游开发现状

（1）已开发并开放的旅游景区、景点；

（2）旅游开发投资；

（3）配套状况、经济效益和社会效益；

（4）旅游开发、景点建设、经营管理、旅游组织等发展状况；

（5）开发的合理性与存在的问题。

四、旅游资源公众评价

主要针对游客进行抽样调查，了解游客到游率、重游次数、最喜欢的旅游点、对旅游环境、景观与旅游活动的比较评价以及对旅游产品的个人偏好等。

第二节　旅游资源的单项评价①

一、山地旅游资源评价

对风景名山主要从以下几个方面进行评价：

高度：从旅游角度看，海拔 1000 ~ 2500m 的中山旅游价值较高（生物群落复杂，季相变化明显，夏可避暑，冬可赏雪），相对高度大的山地旅游价值较高（如泰山）。

坡度：山地坡度陡峭，能增加险峻感，构成险景地带。许多风景名山都以坡度

① 本节的部分内容参考了孙文昌主编的《现代旅游开发学》（青岛出版社 1999 年版）第三章第二节。

陡而著称，如华山（见图 2-1）。

图 2-1　西岳华山

山体总体轮廓和各种形象的造型：山地轮廓线曲折，富于变化且形象感强为佳，如峨眉山、三峡黄牛岩毛公山、湖北兴山的高岚睡佛山（见图 2-2）。

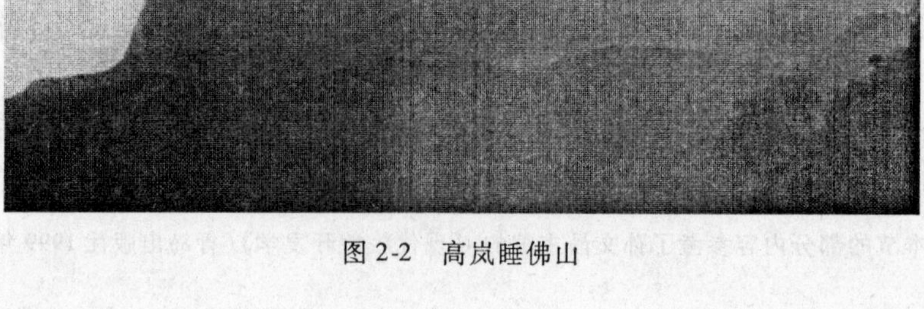

图 2-2　高岚睡佛山

山顶夷平面的面积：山顶平坦地面可形成“天上人间”、“人间仙境”气氛；受水面积大，会形成众多泉水和瀑布；有利于修建旅游设施等（如庐山、五台山）。

山地脉络状况：山地脉络，蜿蜒起伏，使人产生深远不尽之感；层次多，使山峦重叠，增加层次感、厚重感（横看成岭侧成峰，远近高低各不同）。

奇峰怪石：山地最好具有较多的奇峰怪石，如张家界、黄山（见图 2-3）、丹霞山等。

图 2-3　黄山奇峰

生物状况：具有较高旅游价值的山地应植被繁茂，生物资源丰富，如庐山、峨眉山等。

二、石景旅游资源的评价

（一）*石景旅游资源评价需考虑的因素*

（1）造型地貌丰富，如黄山的奇峰怪石。

（2）组合景。组合景丰富了石景的文化内涵，增加了旅游价值，如雁荡山的灵猫捕鼠，张家界的夫妻峰、金鞭岩等。

（二）*石景旅游资源评价*

由于岩石的性质、分布及内外营力作用形式不同，不同岩石的旅游价值也不一样，需分别进行评价。

1. 花岗岩风景地貌

花岗岩岩石质地坚硬，受断块作用，多上升形成高山和峰丛、峰林地貌。自然雕塑具有质朴、深厚、线条简洁和形象大方的特点。花岗岩节理发育，往往形成块状，易风化形成巨大的花岗岩石蛋（如海南岛的“天涯海角”石）。花岗岩区洞穴较多，主要有裂隙崩塌洞和石蛋叠置洞两种类型。洞穴多可增加景区的神秘感。花岗岩风景地貌的旅游评价可以围绕上述内容进行评价。

2. 喀斯特地貌

喀斯特地貌又称岩溶地貌，即地表水和地下水对可溶性的碳酸盐类岩石进行溶蚀和冲刷过程产生的特殊类型的地貌。

岩溶作用的化学原理是：H_2CO_3（H_2O+CO_2）$+CaCO_3 \rightleftharpoons Ca^{2+}+2HCO_3^-$。

岩溶过程强弱取决于岩性（层厚、质地）、构造（断层、节理）、气候（温度、降水）三个条件。

岩溶造型地貌特点：线条曲折柔和，玲珑精细，形象生动，真实感强；多发育形成石芽、峰丛、石林（如云南的路南石林，见图 2-4）、洞穴、天坑（即岩溶漏斗，如重庆的奉节小寨天坑）、天生桥等；岩溶洞穴中多钟乳石、石笋、石柱、石幔、鹅管、石花、云盆等。

图 2-4　路南石林

评价溶洞主要应考虑的因素：长度、层次、结构、钟乳石等景物丰富程度、色彩、洞内通风状况和安全程度以及科学价值等。

3. 砂岩地貌

砂岩为古海滨相或湖相堆积物，其0.05～2mm的碎屑物成分大于50%以上。

砂岩风景地貌类型主要有：

嶂石岩地貌：位于河北省赞皇县太行山深山区，由红色石英砂岩组成，受流水切割，形成险峻壮观的地形，如嶂、石、套、栈等。“雄壮”为其主要特点。

张家界地貌：位于湘西，由红色、白色石英砂岩组成，主要地貌形态有峰林、岩壁、天然桥、小石景等。“奇特”为其主要特点。

丹霞地貌：由红色砂砾岩组成的一种顶平、坡陡、麓缓的山体或石体。如广东仁化丹霞山、福建武夷山（见图2-5），丹山碧水，色彩鲜明，层次丰富，刚柔兼济，“秀丽”为其主要特点。

图2-5　福建武夷山

评价砂岩地貌主要考虑的条件：分布面积较大，石柱和景石较多，岩石色彩以红色、白色价值较高。如果按这几个条件评价，张家界砂岩地貌旅游价值最高，见图2-6。

图 2-6 张家界的御笔峰

三、水景旅游资源评价

有水体的景区，才有生气，才有神韵。人有亲水的秉性，水体中可以开展多种参与性项目。

（一）一般水体的旅游评价

一般水体评价要点：水面大小；水面形状（以水岸曲折为美）；水态（静态的水、动态的水）；水声（如流水潺潺，泉水丁冬）；水色（湖水五光十色，水面有季相变化，典型的如九寨沟五花海、黄龙彩池）；透明度；水味；水质（水上游乐、游泳要求Ⅱ级水质以上）。

（二）湖泊（水库）的旅游评价

湖泊（水库）评价要点：面积（旷度）与深度；湖水水质与透明度；湖中景象组合（湖中是否有岛，是否有分割，风景层次如何）；湖泊与周围山石的和谐程度；湖泊特产的知名度，见图 2-7。

（三）江河的旅游评价

江河的旅游价值主要在中上游河段，可以分为漂流河段、观赏河段。

漂流河段一般条件：河道弯曲，暗礁险滩少，流速比较快，水不宜过深，一般 0.5～1.2m 为宜，两岸植被覆盖率高，野趣浓，有惊无险，富有刺激性，如宜昌九畹溪漂流。

观赏河段一般条件：河道迂回曲折，两岸奇峰罗列，山水比例适宜，山光水影，如同一幅美丽的画卷，见图 2-8。

图 2-7　北京颐和园昆明湖

图 2-8　桂林山水

（四）瀑布的旅游评价

瀑布评价要点主要是落差、宽度、流量、形状、声音以及周围景色，见图 2-9。

图 2-9　贵州黄果树大瀑布

（五）泉的旅游评价

泉水评价要点：涌水量；温度（冷泉在25℃以下，温泉在34～37℃，热泉在38～42℃）；含矿物成分（康疗价值、佳酿与品尝功能）；感官指标（颜色、混浊度、嗅味等）；污染物与微生物指标；泉水形状；奇特性。

四、生物旅游资源评价

生物旅游资源评价要点：以古老、稀少为贵；形态（以姿态奇特为贵）；色彩；嗅味（芬芳、幽香等）；声音（松涛、猿啼、鸟鸣、蝉噪等）；风韵（象征美，如松、竹、梅“岁寒三友”）。

五、气候和天象

气候的评价要点：舒适度或宜人度；小气候。

天象的评价要点：景观特色；天象景观出现的季节与频率。

六、名胜古迹的旅游评价

名胜古迹评价要点：时代的久远性；历史考古价值；文化艺术价值；科研价值；保存的完整性，见图2-10。

七、园林的旅游评价

园林是在一定地域内，通过筑山、叠石、理水、种植花草树木，营造建筑等工

图 2-10　洛阳龙门石窟

程艺术手段，创造出再现自然的艺术综合体。它有“无声的诗、立体的画、凝固的音乐”之称，见图 2-11。

图 2-11　苏州网师园

园林评价时应抓住以下几点：

(1) 主题和主景，如个园的竹、拙政园的水、沧浪亭的山、留园的建筑。

（2）设计手法。如借景与对景、动与静、开与合、明与暗、曲与直、虚与实、藏与露、幽与朗等，充分利用地形、水体进行点、凸、跨、飘、引的设计手法。

（3）工艺水平。具体到一块石、一株花、一个建筑小品都需精心设计，如扬州个园、无锡寄畅园，园林虽小，但在造园艺术上都达到了较高的水平。

（4）意境。意境即理念与存在、感情与景物的结合，是造园艺术家追求的最高目标，是衡量园林艺术水平的最主要标志。

（5）规模和容量。应根据园林的规模确定合理的环境容量。2004 年 1 月 5 日（农历正月十五）北京密云县公园元宵灯会由于游人过多，造成在桥上（瓶颈地段）拥挤死伤 35 人的悲剧。苏州园林也出现过挤伤游客的事件。

（6）园林与周围环境的关系。即园林与周围环境的关系是否和谐。

八、民俗旅游的评价

民俗是人们在共同地域、共同历史作用下形成的积久成习的传承的社会文化现象，它是一种重要的人文旅游资源。对其评价应注意以下几点：

（一）民俗特征的地域性

不同地区的民俗如居住、服饰、饮食、婚姻、丧葬、工艺、交通等方面各不相同。这种地域文化特征是一种旅游吸引力。

（二）民俗参与的群众性

一种风俗参与性越强，就越具有旅游吸引力和市场生命力，如傣族的泼水节、潍坊的风筝会、宜昌的巴山舞等。

（三）民俗内容的文化性

民俗内容以历史悠久、文化积淀深厚者旅游价值为大，如端午节以纪念爱国诗人屈原为文化内容。

（四）民间传统、故事的贴切性

如三峡的神女峰、路南石林的阿诗玛的民间传说故事。

九、城市旅游资源评价

对城市旅游资源评价应抓住以下几点：历史遗迹、古城风貌、市政建设新貌、自然风光、市井风情、节事庆典、博物娱乐设施、市民素质。

十、饮食购物旅游资源评价

饮食购物旅游资源评价的内容主要包括：特色佳肴、民间工艺、名店老铺、地方特色旅游商品。

第三节　旅游资源的整体评价

旅游资源评价除上述单体评价的方法外，更多的是对旅游资源进行整体评价。在编制旅游规划文本时，对旅游资源的整体评价一般通过四个方面来评价：总体定性评价、总体定量评价、旅游资源的产品与市场关系评价、资源—产品转化适宜性评价。

一、总体定性评价

尽管目前学术界特别流行用数字、模型来做量化研究，但是对于旅游资源的评价，定性描述仍然是一个行之有效的方法。在旅游规划前期准备中实地考察环节结束之后，规划编制人员可以得到有关旅游资源方面比较全面的资料，这其中包括旅游资源单体调查表、旅游资源影像资料、各种地方文献中有关旅游资源的描述，等等。这些资料对于旅游资源的总体定性评价提供了基本素材。将这些基本素材进行分析研究后，即可对旅游资源总体进行定性评价。定性评价的内容主要有以下几个方面：

（一）主导性旅游资源的等级评价

在旅游规划区内，数量较多且类型相似的旅游资源可以称为主导性旅游资源。主导性旅游资源往往是规划区“地脉与文脉”的表现，其等级高低、影响大小、知名度如何代表了规划区旅游资源整体的水平。主导性资源级别高，知名度大，影响广泛，优势突出，能够代表规划区主体形象，甚至能够代表更高等级行政区旅游的主体形象，那么规划区的旅游资源开发潜力巨大；如果主导性旅游资源级别低，影响小，且分布较散，那么该区的旅游资源开发就要比较慎重了。

值得一提的是，主导性旅游资源如果是历史文化资源，则往往可以在凸显规划区厚重的历史底蕴和文化氛围的基础上，有效提升规划区的旅游形象。

（二）旅游资源的密度评价

如果说对主导性旅游资源等级的评价是对规划区旅游资源的质量进行评价的话，那么旅游资源数量与密度方面的评价就属于数量方面的评价，评价的是规划区旅游资源的丰度。评价方法可以将规划区放到高一级的行政区域内与平均水平进行比较，以获得在大区内规划区的密度地位；也可以将规划区与同等类型的区域进行比较，从世界遗产系列、各级文保单位、各级历史文化名城等几个方面进行数量与密度之间的比较。由此可以得出规划区的旅游资源数量的多少及密度的大小。

（三）旅游资源的价值评价

无论对旅游资源进行哪个层面的评价，最终都要落实到其价值评价，可以从旅游资源的特色、内涵、结构体系、相对价值等几个方面进行分析。规划区内旅游资源的特色是否突出，内涵是否丰富，结构体系是否完整，都会直接影响规划区旅游资源的整体价值。

（四）旅游资源的潜力评价

旅游资源的潜力评价是从旅游业可持续发展的角度提出来的一个评价方面。由于旅游资源的吸引力会随着时间的流逝而逐渐发生变化，旅游地的生命力也会随之发生变化，因此在旅游规划中有必要对旅游资源的潜力进行评价。这里所说的潜力评价，包括两个层面的意思：首先是对现有旅游资源是否具有广阔的开发空间进行评价；其次要分析规划区内是否存在一些“后备”旅游资源。若回答是肯定的，那么应该可以认为，规划区的旅游资源具有一定的开发潜力；若没有潜在的旅游资源，那么就要提醒委托方，要注意随着旅游开发工作的进展，及时调整开发方向，对旅游资源进行优化整合，开发新型的旅游产品，以保证旅游地的吸引力。

在旅游资源的总体定性评价中，除了以上提到的四个方面之外，还有很多其他方面的定性评价，如对旅游资源能否开发成多层次旅游产品、旅游资源的地域优势等方面。在旅游规划实际编制过程中，可以根据地方特色，有针对性地对旅游资源进行定性评价。

二、总体定量评价

《旅游资源分类、调查与评价》中对旅游资源的评价给出了具体的定量评价方法。该标准主要采用了打分评价方法。这种定量评价方法目前应用范围比较广，且适用性较强，操作起来也比较简单易行，在此作重点介绍。

（一）评价项目

评价项目为“资源要素价值”、“资源影响力”、“附加值”，其中，“资源要素价值”含“观赏游憩使用价值”、“历史文化科学艺术价值”、“珍稀奇特程度”、“规模、丰度与几率”、“完整性”5项评价因子；“资源影响力”含“知名度和影响力”、“适游期或使用范围”2项评价因子；“附加值”含“环境保护与环境安全”1项评价因子。

（二）计分方法

评价项目和评价因子用量值表示。资源要素价值和资源影响力总分值为100分，其中：

“资源要素价值”为85分，分配如下：“观赏游憩使用价值”30分、“历史文化科学艺术价值”25分、“珍稀奇特程度”15分、“规模、丰度与几率”10分、“完整性”5分。

“资源影响力”为15分，分配如下：“知名度和影响力”10分、“适游期或使用范围”5分。

“附加值”中“环境保护与环境安全”，分正分和负分。

每一评价因子分为4个档次，其因子分值相应分为4档。

（三）旅游资源评价赋分标准

具体的旅游资源评价赋分标准见表2-1。

表2-1　**旅游资源评价赋分标准**

评价项目	评价因子	评价依据	赋值
资源要素价值（85分）	观赏游憩使用价值（30分）	全部或其中一项具有极高的观赏价值、游憩价值、使用价值	22～30
		全部或其中一项具有很高的观赏价值、游憩价值、使用价值	13～21
		全部或其中一项具有较高的观赏价值、游憩价值、使用价值	6～12
		全部或其中一项具有一般观赏价值、游憩价值、使用价值	1～5
	历史文化科学艺术价值（25分）	同时或其中一项具有世界意义的历史价值、文化价值、科学价值、艺术价值	20～25
		同时或其中一项具有全国意义的历史价值、文化价值、科学价值、艺术价值	13～19
		同时或其中一项具有省级意义的历史价值、文化价值、科学价值、艺术价值	6～12
		历史价值，或文化价值，或科学价值，或艺术价值具有地区意义	1～5
	珍稀奇特程度（15分）	有大量珍稀物种，或景观异常奇特，或此类现象在其他地区罕见	13～15
		有较多珍稀物种，或景观奇特，或此类现象在其他地区很少见	9～12
		有少量珍稀物种，或景观突出，或此类现象在其他地区少见	4～8
		有个别珍稀物种，或景观比较突出，或此类现象在其他地区较多见	1～3
	规模、丰度与几率（10分）	独立型旅游资源单体规模、体量巨大；集合型旅游资源单体结构完美、疏密度优良级；自然景象和人文活动周期性发生或频率极高	8～10
		独立型旅游资源单体规模、体量较大；集合型旅游资源单体结构很和谐、疏密度良好；自然景象和人文活动周期性发生或频率很高	5～7
		独立型旅游资源单体规模、体量中等；集合型旅游资源单体结构和谐、疏密度较好；自然景象和人文活动周期性发生或频率较高	3～4
		独立型旅游资源单体规模、体量较小；集合型旅游资源单体结构较和谐、疏密度一般；自然景象和人文活动周期性发生或频率较小	1～2

续表

评价项目	评价因子	评价依据	赋值
资源要素价值（85分）	完整性（5分）	形态与结构保持完整	4~5
		形态与结构有少量变化，但不明显	3
		形态与结构有明显变化	2
		形态与结构有重大变化	1
资源影响力（15分）	知名度和影响力（10分）	在世界范围内知名，或构成世界承认的名牌	8~10
		在全国范围内知名，或构成全国性的名牌	5~7
		在本省范围内知名，或构成省内的名牌	3~4
		在本地区范围内知名，或构成本地区名牌	1~2
	适游期或使用范围（5分）	适宜游览的日期每年超过300天，或适宜于所有游客使用和参与	4~5
		适宜游览的日期每年超过250天，或适宜于80%左右游客使用和参与	3
		适宜游览的日期超过150天，或适宜于60%左右游客使用和参与	2
		适宜游览的日期每年超过100天，或适宜于40%左右游客使用和参与	1
附加值	环境保护与环境安全	已受到严重污染，或存在严重安全隐患	–5
		已受到中度污染，或存在明显安全隐患	–4
		已受到轻度污染，或存在一定安全隐患	–3
		无污染，有工程保护措施，环境安全得到保证	3

（四）计分与等级划分

根据对旅游资源单体的评价，得出该单体旅游资源共有综合因子评价赋分值。

依据旅游资源单体评价总分，将其分为五级，从高级到低级为：

五级旅游资源，得分值域≥90分。

四级旅游资源，得分值域≥75~89分。

三级旅游资源，得分值域≥60~74分。

二级旅游资源，得分值域≥45~59分。

一级旅游资源，得分值域≥30~44分。

未获等级旅游资源，得分值域≤29分。

其中，五级旅游资源称为“特品级旅游资源”；四级、三级旅游资源通称为

“优良级旅游资源”；二级、一级旅游资源通称为“普通级旅游资源”。

三、旅游资源的产品与市场关系评价

旅游资源的产品与市场关系评价包括两部分：其一为 R-P 关系评价，指的是从旅游产品开发角度看旅游资源的开发潜力，主要是看旅游资源将来可以开发成哪种类型的旅游产品；其二为 R-M 关系评价，指的是从旅游市场层次角度看旅游资源的等级。

（一）旅游资源的 R-P 关系评价

旅游产品从类型上包括观光型、休闲度假型、历史文化型、绿色生态型、健身康复型、猎奇刺激型、主题公园等。从档次上也可以划分为大众型、专业型、经济型、豪华型等类别。R-P 关系评价可以根据规划区目前资源现状，将资源与产品的对应层次划分为几种比较适当的类型。

通过 R-P 关系评价的结果，我们可以看出规划区的旅游资源主要可以开发成哪种类型的旅游产品。一般来说，大众型、经济型旅游产品是最基础的旅游产品，虽然开发难度不大，但开发后取得的效益很难取得很大的成功；专业型的旅游产品吸引的旅游者范围较小，若规划区的旅游资源大多只能开发成专业型的旅游产品，则开发难度是比较大的，但只要细分好市场，往往能获得较好的经济效益；豪华型的旅游产品开发潜力很大，且带来的经济效益很好，但是要慎重开发。

（二）旅游资源的 R-M 关系评价

旅游市场层次可以划分为四种类型：广域旅游市场、中域旅游市场、狭域旅游市场、偏域旅游市场。R-M 关系评价主要评价旅游资源能够吸引哪种类型的旅游市场。

通过 R-M 关系评价的结果，我们能够看出旅游区的旅游资源品位等级如何以及它们相应的吸引力市场怎样。一般来说，能够吸引广域旅游市场的旅游资源品位等级相当高，中域旅游市场的旅游资源品位等级较高，狭域旅游市场的旅游资源品位等级就比较低，而偏域旅游市场的旅游资源则一般吸引力比较独特，具有特殊的旅游市场范围。

四、资源—产品转化适宜性评价

吴必虎教授在《区域旅游规划原理》一书中论述了如下三种模式：

（一）资源—产品关系模式

R-P 共生模式：这类旅游资源是老天爷（造物主）的恩赐（如三峡、张家界）或老祖宗留下来的（如长城、苏州园林），资源丰富且品位高，旅游吸引力强。对这类旅游资源的开发投入不需要很大，主要应侧重于基础设施、服务设施的规划，解决通达性、食宿、娱乐等问题，搞好资源保护。

R-P提升模式：这类旅游资源的品位比较低或虽然品位较高但将资源转化成旅游产品难度较大，在开发上一般需要大手笔、高投入，同时具有高风险、高产出的特点，如建设主题公园（如深圳的“锦绣中华”）、人造景观（如黄鹤楼的复建），开发地域文化旅游产品（如三国文化、三峡民俗文化、名人文化）等。

R-P伴生模式：原本不是为了旅游而开发建设的设施或场所，但具有很强的旅游吸引力，如三峡工程等。在旅游开发上主要是增加资源的旅游附加值，搞好基础设施、服务设施的配套建设。

（二）资源—产品转化中的机会成本

旅游产品转化中的机会成本主要是指同一种资源在旅游业内外之间，以及旅游业内部不同旅游产品之间，存在着选择性的机会成本问题。

（三）资源—产品转化中的兼容性

如水库、寺庙在旅游开发的兼容性上就有很大不同。水域可以开发多种旅游项目，兼容性强；寺庙、道观等宗教地附近就不适合开发娱乐性、商业性强的旅游产品，旅游兼容性弱。

第四节　旅游资源和旅游地的体验性评价

体验性评价是基于评价者（旅游者或专家）对于评价客体的质量体验。可分为一般体验性评价和美感质量评价两种方法。

一、一般体验性评价

一般体验性评价是由旅游者根据自己的亲身体验对某旅游地或某系列的旅游地（旅游资源）就其整体质量进行定性评估。

这种评价多由传播媒介（如报纸、电视台等）或行政管理机构发起，且集中在已经接待游客的旅游地，评价的目的多着眼于推销和宣传，通常采用群众投票评选的方法和专家问卷征询（或召集专家讨论评议）。例如《中国旅游报》1985年主持的“中国十大名胜”评选、国家旅游局1991年主持的“中国旅游胜地四十佳”评选就属于这种评价类型。

二、美感质量评价

具有专业性质的旅游美感质量评价大多有着旅游规划和管理上的实用目的。这类评价一般是基于对旅游者或专家体验的深入分析，建立规范化的评价模型。评价的结果多具有可比性的定性尺度或数量值。其中对于自然风景质量的视觉美评估技术已比较成熟。

关于自然风景的视觉质量评估，目前较为公认的有四个学派，即专家学派、心理物理学派、认知学派（心理学派）、现象学派（经验学派）。

（一）专家学派

专家学派对于自然风景评价的研究，近20多年以来一直居于统治地位，其成果已为官方机构采用。该学派认为，凡是符合形式美原则的风景（指自然风景）就具有较高的风景质量。因而对风景的分析评价主要基于其线条、形体、色彩和质地四个元素，强调多样性、奇特性、协调统一性等形式美原则在风景质量分级中的主要作用。风景评价工作主要由少数专业人员完成。

专家学派的风景质量评价方法，突出地表现为一系列的分类分级过程，其依据主要是形式美和有关的生态学原则。该学派的代表人物是美国学者利顿。

专家学派在自然风景质量的评价中一般采用如下具体方法：

1. 划分风景类型

根据地形、植被、水体等特点，按自然地理区域划分出风景类型大类，在各风景类型之下，又根据区域风景的多样程度，划分出亚类（基本单元），各风景类型的质量以及亚型的质量评价结果向上归并。

2. 评价亚型的风景质量

根据山石地形、植被类型及水体形态的多样性，将风景质量划分为A级（特异风景）、B级（一般风景）、C级（低劣风景）三个等级。

在我国，郑光磊、张亚林曾对这一方法进行过尝试，并对风景质量因子引入权重（向专家征询），使该方法更加科学，风景质量等级划分为五等。

（二）心理物理学派

该学派把风景和风景审美理解为一种“刺激—反应”的关系，把心理物理学中的信号检测方法引入到风景质量评价中来。具体做法是通过测量公众对风景的审美态度，获得一个反映风景质量的量表，然后在该量表与风景的各组成成分之间建立起确定的数学关系（或相关模型）。这一方法目前在小范围的森林风景质量评估中获得较多的运用。

（三）认知学派（心理学派）

认知学派（心理学派）与上述两个学派不同（均通过测评风景的各构成成分来评价风景的整体质量），而是侧重研究如何解释人对风景的审美过程，它把风景作为人的生存空间、认识空间来研究。强调风景对人的认识作用在情感上的影响。该学派认为，人在风景审美过程中，既注重风景中那些易于辨识和理解的特性（易解特性），又对风景中蕴藏的具有神秘感的信息感兴趣（神秘特性）。因此，具备这两个特性的风景的质量就高。该学派研究的侧重点在于对人类风景审美过程的理论解释，到目前为止，仍难以在大规模的要求有量化结果的自然风景质量评价中实际运用。

（四）现象学派（经验学派）

现象学派把人在风景审美评判中的主观作用提高到了绝对高度，把人对风景审美评判看做人的个性和其文化历史背景、志向与情趣的表现。比较强调审美者的个人经历及关于某风景的感受，分析某种风景价值所产生的环境和背景。严格来说，它的实用价值较小，因其研究方法和理论难以直接应用，操作比较困难。

我们认为，上述四种学派的研究成果虽然应用价值各有大小，但各自都有一些可取之处，在风景质量的评估工作中可以参考并综合应用。

第五节　旅游资源的技术性评价

旅游资源的技术性评价是指对旅游资源各要素对于旅游者从事特定旅游活动的适宜程度的评估，大量技术性指标的运用是这类评价的基本特性。这类评价工作一般限于自然旅游资源的评价。

对于每一项旅游活动，都会有一个和几个旅游资源因素对活动的质量起决定性的作用（如气候之于休疗养性质的旅游活动，地形和雪的厚度之于滑雪康体旅游活动等）。旅游资源的技术性评价，可以说是就这些关键性的旅游因素针对确定的旅游活动进行适宜性评价。此外，也可以就某地旅游活动所要求的各种旅游资源要素的组合状况进行技术性评价，进而确定这一旅游资源适于从事某种旅游活动的等级。

一、气候的适宜性评价

气候对于旅游的影响，一是影响旅游观赏环境和旅游活动的质量（如盛夏去武汉这一“火炉城”旅游、大雨天去黄山旅游，就会使旅游质量大打折扣）；二是影响到人的体感舒适程度（如武汉与昆明之比较）。

一般来说，气候对于从事观赏性活动的适宜性的影响主要在于影响旅游者的体感舒适度，而对于运动性的旅游活动则主要在于直接影响旅游者的活动质量。

各气候要素对于人体的生理影响是综合性的，不同气候要素的组合对人体产生不同的生理影响（如气温、空气的相对湿度、风速的不同组合）。奥利弗雷研究采用“温度—湿度指数”和“风寒指数”、特吉旺研究采用“舒适指数”与“风效指数”来评价气候对人体的影响。

1. 奥利弗雷的“温度—湿度指数”、“风寒指数”

（1）温度—湿度指数。经验公式为：

$$THI = Td - 0.55\ (1 - RH)\ (Td - 58)$$

式中：THI 为温度—湿度指数，Td 为干球温度（℉），RH 为空气的相对湿度（$RH = \frac{实际水气压\ e}{饱和水气压\ E} \times 100\%$，气温是决定 RH 的主要因素），Td、RH 可以通过气象资料查得。

研究表明：THI 在 60～65 时，大多数人感到舒适；THI 为 75 时，至少有一半人感到不舒适；而 THI 在 80 以上时，几乎所有的人都感到不舒适。

（2）风寒指数。风寒指数（K_0）是考虑到风加速人体皮肤与周围空气的热交换而提出来的。经验公式为：

$$K_0 = (100V + 10.45 - V)\ (33 - Ta)$$

式中：K_0 为不考虑人体皮肤蒸发，完全遮荫情况下空气的总冷却率（J/m^2h）；V 为风速（m/s）；Ta 为气温（℃）。

2. 特吉旺的“舒适指数”与“风效指数”

（1）舒适指数。特吉旺根据大多数人的感受，将温度与湿度的不同组合分为 11 类，这就是舒适指数。舒适指数可以通过查舒适指数图获得。通过月平均最高气温、月平均最小相对湿度、月平均最低气温和月平均最大相对湿度，可以查得昼与夜的舒适度。舒适指数在 0 区最为舒适，-1、+1 区亦属良好。

（2）风效指数。特吉旺还根据大多数人的感受，将温度与风速的不同组合分为 12 类，这就是风效指数，风效指数可以通过查风效指数图获得。它使用的指标为月平均最高气温、月平均最低气温和月平均风速。风效指数也分为昼值和夜值。就大多数人而言，当风效指数为-c（-300～-600，即凉风）和-b（-200～-300，即舒适风）、-a（-50～-200，即暖风）时，为较适宜旅游的时期，其中-b 为最佳旅游期。

最后，将获得的昼、夜舒适指数和风效指数分别按一定方法综合成各旅游地的舒适指数和风效指数，就得到气候的生理评价结论。

北京大学的刘际韩利用特吉旺提出的舒适指数和风效指数，以评价秦皇岛的旅游气候为目的，对秦皇岛、大连、烟台的各月舒适度和风效指数进行了比较。就舒适指数来看，这三个城市从 5—9 月都是避暑的好时节，大连以 7 月份最好，秦皇岛只有 7 月份比较闷热，而烟台在 7、8 两个月都较闷热。就风效指数比较，三个城市差别不大，5—9 月皆很宜人，只有在 5 月份时，大连略胜一筹。

一般认为，气温在 17～18℃时，相对湿度在 70%～75%时，人感到舒适、愉快；当气温超过 25℃，相对湿度超过 80%时，人就感到不舒适，并易疲乏。

经验认为，我国避暑旅游气候指数为22～24℃（最热月平均气温）。

二、地形的适宜性评价

一般来说，地形因素对于运动型的旅游活动至为重要，是关键的旅游资源因子。地形对于风景观赏当然也有影响，但地形的崎岖、陡峭给旅游者带来的困难常能借助于人工设施（缆车）来解决，而地形的这种特性本身却能提高风景的美感。各种运动类型的旅游活动对于地形的倾斜程度（陡坡）都有较严格的要求，如滑雪要求的坡度一般应在35°以下，但滑雪区缓坡占的面积太大，又会影响滑雪者的体验水准，吸引不到大量滑雪者。各种旅游活动对于地形的要求，成为评估地形适宜性的衡量标准。

其他专项技术性评价的方法在保继刚等编写的《旅游地理学》一书中有详细论述，本书不再赘述。

三、资源要素组合的技术性评价

在旅游开发的实际工作中，还要求对特定地域的旅游资源总体进行评估，就旅游资源的技术性评价而言，则是要求评价资源要素组合的适宜性状况和等级。

具体方法是选用合理的资源要素（决定因素）实行分级评价。如美国土地管理局在制定土地供游憩活动适宜性评估系统中，对海水浴场的技术评估选用7个资源要素（水质、水温、风、海滩状况、危险性、距海岸线1.5m深水域、颜色与混浊度）进行分级评估，每个资源要素分为三个等级进行评分，最后将各要素得分之和作为评估海水浴场适宜性的等级（A、B、C）划分依据。具体内容与方法见保继刚等编写的《旅游地理学》中有关内容。

第六节　旅游资源的研究方向和评价应注意的问题

一、旅游资源的研究方向

国家标准《旅游资源分类、调查与评价》在指导我国旅游资源普查，旅游区建设、旅游产业发展等方面做出了不可磨灭的贡献。但是，随着旅游产品的升级换代，旅游需求的深度发展，我们有必要对其进行深入研究和探讨。

（一）要从观光型旅游资源的研究向休闲度假型旅游资源的研究提升

综观《旅游资源分类、调查与评价》中8主类31亚类155基本类型的旅游资源，全部是围绕观光旅游的开发利用来进行分类认定与评价的，对于休闲度假旅游最需要的环境旅游资源没有进行任何认定与评价。也就是说，目前对于休闲度假地的品位质量认定还没有一个依据标准。比如三亚的天极其湛蓝，水极其洁净，空气极其清新，冬季十分温暖，环境十分宁静，这就是三亚旅游的最大卖点。对三亚旅游资源的评价就要从环境评价入手，而不是从所谓的“观光旅游资源”来认定与评价，因此，我们要对环境旅游资源进行分类与评价，如研究视觉环境（原生态的底质与景观的协调度）、自然环境（负氧离子）；空气的洁净度、气候的舒适度；水的质量等级、透明度、色泽、味道；植被覆盖率；噪音污染、电磁波污染；人文环境（城市特色风貌、地域民俗风情、服饰、美食、节庆）；社会环境（好客度、安全、卫生），等等。总之，我们要确立环境也是旅游资源而且是更重要的旅游资源的观念。

（二）要充分研究差异性社会旅游资源的开发利用

什么是旅游资源？其实差异就是旅游资源。旅游者最愿感受的是旅游目的地的多方面差异。譬如，乡村老太太身上的对襟褂子，老头手中的大烟袋，少妇手中的鞋底子，乡村人好奇的目光以及他们的行为习惯、房舍、服饰、居住、饮食对城里人来说也是旅游资源。因此，大量的社会事象（如民俗活动、宗教祭祀）、社会活动（如节庆活动、体育赛事）都应是旅游资源，都可以转化成旅游产品。可惜我们并没有把它们列入旅游资源的内容。我们应把社会文化差异作为旅游资源的重要内容，认真地对“差异”进行评定与分类，以便对差异性社会旅游资源充分加以利用。

（三）要以可否转化成旅游产品来认定旅游资源

旅游资源的核心要点是什么？是对游客具有吸引力和开发后能产生效益。那就是说只有能转化成旅游产品的才是旅游资源。但是我们在认定时往往是就资源说资源，只要对人（可能是极少数专业人员）具有观赏性、研究性就认定为旅游资源，而不是从可否转化为旅游产品来认定旅游资源。我们所列入的旅游资源中有不少是不能转化为旅游产品的地理类资源、文物类资源和文化类资源。因此，这个方面的研究也是我们要大力拓展的。

（四）要对旅游资源进行相对价值和竞争力评价

旅游资源的价值有绝对价值和相对价值之分。如孟子故里的“三孟”均是国家文物保护单位，价值品位均属上乘。但是“三孟”距离曲阜的“三孔”只有23km，故而失去了它应有的价值和地位。因此，我们对旅游资源的评价首先要进行资源竞争力评价，也就是说有竞争力的资源才算是旅游资源。所以“抛开三孟，避免资源雷同、近距离重复；让孟母出台，选好拳头产品”就成了邹城旅游产业发展的科学思路。另外，像银川的“不卖山水卖荒凉，不卖景观卖时尚（大量的户外运动）”就是很好的竞争力策略。至于如何进行竞争力旅游资源评价或旅游资源相对价值的评价，其内涵与标准都是应该好好探讨的。

总之，环境旅游资源研究、差异性旅游资源研究、竞争力旅游资源研究，都应该成为未来旅游资源研究的新方向。

二、旅游资源评价应注意的问题

（一）旅游资源评价应遵循主导的维度原则

谢彦君教授认为，对旅游资源价值的评价，国家标准（GB/T18972—2003）采用的方法存在严重的问题。它将旅游资源的价值硬性分割成并列的几个方面或维度，其评价往往出现荒谬的结果，与常识判断相去甚远（如对黄果树瀑布的评价）。并非每一种旅游资源都必须同时具备所谓的观赏价值、科学考察价值、历史文化价值等。对于旅游者来讲，他们最关心的是，只要某一种价值非常突出，就足以吸引他们前来旅游。因此在衡量旅游资源价值的时候，就应遵循主导的维度原则，只要某一种价值特别突出，就应从优加分，其他价值都依附于这个根本维度，不必追求全面得分。国家标准在操作层面存在不少问题，在实际应用中可以说是不成功的，这涉及认识论、方法论等哲学问题（要想真正认识和科学评价旅游资源，我们需要的是镜子而不是锤子，需要的是黏合剂而不是解剖刀）。

（二）旅游资源评价应防止的不良倾向

1. 主观化倾向

在做旅游规划涉及旅游资源评价时，有些规划师往往一厢情愿，完全从个人偏好出发，仅凭个人意志、主观想象来评价旅游资源，不注意换位思考，违背了“以人（游客）为本”的根本原则。

2. 溢美化倾向

在做旅游规划时，当局者往往乡土情结难舍，许多旅游规划者也有着过分的审美情结和投其所好。因此在旅游资源评价上往往文学性的语言描述过多，溢美之词过滥，甚至胡吹乱侃。旅游资源优势是一种比较优势，美学价值、文化价值等并不完全等于旅游价值。在旅游资源评价中应注重客观的调查与技术性的评价鉴定和比较优势分析，有时工笔白描更胜于浓墨重彩。

3. 公式化倾向

有些大学教师在做旅游规划时，有理论化、学院派倾向，在旅游资源评价上往往用过多的数学公式和做过多的定量分析，有的甚至故弄玄虚，把简单的问题复杂化，导致当局者和业主都不感兴趣。旅游资源评价应坚持定性与定量相结合，把握好度。

复习思考题

1. 旅游评价包括哪两项评价？旅游评价的意义是什么？

2. 试述山、石、水、生物、园林、民俗等旅游资源的旅游评价要点。

3. 掌握旅游资源评价中的定性方法和定量方法。

4. 请在网上查阅《旅游资源分类、调查与评价》(GB/T18972—2003)，并进行简要评价。

案例

淮北市旅游资源评价

一、旅游资源定量评价

（一）定量评价体系与方法

按照《旅游资源分类、调查和评价》(GB/T18972—2003)，规划组通过调查，对淮北市的旅游资源按照“资源要素价值”、“资源影响力”和“附加值”三个方面进行分值评价。其中，“资源要素价值”含“观赏游憩使用价值”、“历史文化科学艺术价值”、“珍稀奇特程度”、“规模、丰度与几率”、“完整性”5项评价因子；“资源影响力”含“知名度和影响力”、“适游期或使用范围”2项评价因子；“附加值”含“环境保护与环境安全”1项评价因子。

本标准依据“旅游资源共有因子综合评价系统”进行评价，设“评价项目”和“评价因子”，详见表1。

表1　旅游资源评价体系

评价项目	评　价　因　子	分　值
资源要素价值	观赏游憩使用价值	30
	历史文化科学艺术价值	25
	珍稀奇特程度	15
	规模、丰度与几率	10
	完整性	5
资源影响力	知名度和影响力	10
	适游期或使用范围	5
附加值	环境保护与环境安全	正分或负分

（二）计分方法

1. 基本分值

在该评价体系中，评价项目和评价因子均以分值量化的方式表示。资源要素价值和资源影响力总分值为100分，其中资源要素价值占85分，资源影响力占15分，而“附加值”项目的“环境保护与环境安全”则分正分和负分额外加入（见表1）。对于每一个评价因子，均分为4个档次，其因子分值也相应分为4档。

2. 等级划分

根据赋分标准，对每一旅游资源单体进行评价，得出该单体旅游资源共有综合因子评价赋分值。然后依据旅游资源单体评价总分，将其分为五个等级，其中，五级旅游资源又被称为“特品级旅游资源”；四级、三级旅游资源被通称为“优良级旅游资源”；二级、一级旅游资源被通称为“普通级旅游资源”，详见表2。

表2　旅游资源评价等级及分值指标

等　级	分值指标	
五级旅游资源	≥90分	特品级旅游资源
四级旅游资源	75～89分	优良级旅游资源
三级旅游资源	60～74分	
二级旅游资源	45～59分	普通级旅游资源
一级旅游资源	30～44分	
未获等级旅游资源	≤29分	

（三）定量评价结果

根据淮北市境内旅游资源的空间结构特点及其各自的历史文化内涵，并结合“环境”和“差异”也是旅游资源的新理念，从中选取最具有代表性的旅游资源单体依据上述评价体系和方法进行综合评价，其结果见表3。

表3　　淮北市旅游资源定量评价结果统计表

	评价项目层	资源要素价值（85）					资源影响力（15）		附加值	分值（100）	等级
	评价因子层	观赏游憩价值	历史文化科学艺术价值	珍稀奇特程度	规模丰度与几率	完整性	知名度和影响力	适游期或使用范围	环境保护与环境安全		
	权重	30	25	15	10	5	10	5		100	
1	相山公园	22	23	8	4	5	8	5	−1	74	三级
2	南湖湿地公园	22	23	13	7	4	8	5	−2	80	四级
3	濉溪石板老街	21	23	14	4	3	6	5	−1	75	四级
4	淮北市博物馆	20	22	12	6	3	7	3		73	三级
5	显通寺	20	21	10	3	3	6	5	−1	67	三级
6	龙脊山	23	16	13	4	3	6	5	−1	69	三级
7	刘开渠纪念馆	18	17	13	4	3	5	4		64	三级
8	淮北花鼓戏	17	16	10	3	3	5	3		57	二级
9	淮北古茶镇	22	16	12	4	4	7	5	−1	69	三级
10	临涣古镇	20	20	13	6	4	7	5	−3	72	三级
11	隋唐古运河柳孜码头遗址	21	24	14	7	4	9	4		83	四级
12	洪庄新村	12	15	8	3	4	4	5	−1	50	二级
13	乾隆湖	13	15	6	8	2	2	2	−1	47	二级
14	中共淮海战役总前委旧址	19	20	13	6	4	7	4	−1	72	三级
15	东湖公园	15	13	7	2	2	3	3	−1	44	一级
16	化家湖	15	12	8	2	1	4	3	−2	43	一级

续表

	评价项目层	资源要素价值(85)					资源影响力(15)		附加值	分值(100)	等级
	评价因子层	观赏游憩价值	历史文化科学艺术价值	珍稀奇特程度	规模丰度与几率	完整性	知名度和影响力	适游期或使用范围	环境保护与环境安全		
17	大方寺遗址	10	15	6	7	2	2	5	−1	46	二级
18	塔山万亩石榴园	12	12	9	8	2	3	3		49	二级
19	黄里杏园	11	11	5	7	2	3	3	−1	41	一级
20	淮北汉画石刻	19	18	12	4	4	6	5	−1	67	三级
21	淮海战役双堆集烈士陵园	20	20	13	7	4	7	4	−1	74	三级

淮北市主要旅游资源单位数量统计见表4。

表4 淮北市主要旅游资源单体数量统计

等级	优良级旅游资源			普通级旅游资源		总计
	五级	四级	三级	二级	一级	
单体数量	0	3	10	5	3	21

通过对上述淮北市主要旅游资源单体的评判，由定量评价结果可知，在境内的主要旅游资源中，优良级旅游资源占62%，普通级旅游资源占38%，没有特品级旅游资源，较为客观地反映了淮北市旅游资源的综合质量及其开发利用的现状和水平。

(1) 优良级旅游资源在境内的主要旅游资源中占62%，但是没有特品级的旅游资源，说明淮北的旅游资源在总体上层次不是很高，尽管境内的旅游资源具有较高的观赏价值和文化价值，如运河文化、古镇、老街、红色旅游遗址胜迹等特色性也很强，但是由于资源的规模较小，并且有的破坏比较严重，影响了资源的完整性，从而成为限制旅游发展的主要因素。

(2) 由表3可知，以隋唐古运河码头柳孜遗址为代表的运河文化，以南湖湿地公园、龙脊山为代表的生态文化，以显通寺为代表的宗教文化，以淮北市博物馆、临涣古镇、濉溪古石板街为代表的历史文化等在本市均属于重要旅游资源，具有很大的开发价值，应作为淮北市近、中期旅游开发的重中之重。其中隋唐古运河柳孜码头遗址、临涣古镇、濉溪古石板街三处就其资源本身和开发前景来看，都是具有优良级品位的，它们所映衬的历史文化和民俗文化都具有很强的代表性，必须高规格高质量开发建设。

(3) 南湖国家湿地公园的旅游价值有待进一步提升，作为城市湿地公园具有一定特色，单独开发有一定的难度，应在休闲、水上娱乐、科普教育综合开发上做文章，形成有规模的特色产品。

二、旅游资源定量评价

(一) 旅游资源特征

1. 旅游资源类型丰富，数量众多，组合形式多样

淮北市主体旅游资源包括湖泊湿地资源、历史文化资源、山林生态资源、山乡民俗资源、红色旅游资源等类型。

在资源结构方面，淮北市域的旅游资源类别丰富，自然、人文、现代建筑皆备，多数景区的自然、人文资源相融共济，山水相依，组合形式多样，休闲旅游资源空间广阔。

2. 资源特色比较突出，地位重要，部分资源具有区域垄断性

从资源景观的独特性来看，淮北市内拥有丰富的湿地湖泊等皖北乃至北方省份少有的水面休闲旅游资源，为旅游开发奠定坚实的基础，适宜开发休闲、娱乐、度假等多层次的旅游活动项目，很好地满足游客放松身心的心理诉求。

从赋存资源的优越性来看，淮北市内既有优美的湖光山色（南湖、东湖、乾隆湖、化家湖、相山、龙脊山等），又有清新洁净的生态环境，更有丰富的野生动植物资源，游客进入景区后，可以较好地满足人们回归大自然、了解大自然、享受大自然的需求，与都市的钢筋水泥形成鲜明的对比，给游人以迥异不同的赏心悦目感受。

淮北市特殊的地理位置和历史环境，使得其得以北会燕赵齐鲁之壮士，南聚吴越江淮之丰饶，西领汴洛关河之风骚，中华民族历史文化积淀尤其厚重。历史上是楚汉文化、中原文化、两淮文化风云际会之地，隋唐大运河穿境而过，近代为苏鲁豫皖四省接壤处，是历代群雄逐鹿的地方。震惊中外的淮海大战纪念地、举世闻名的1999年全国考古十大新发现之一的国家级重点文物保护单位——中国隋唐大运河柳孜码头遗址；安徽省历史文化保护区古铚城——临涣古镇等均具有很大的旅游吸引力。

3. 资源的空间组合良好，有利于开发利用

淮北市旅游资源分布相对集中，地域特色明显，有一定的互补性。由于自然、历史以及社会条件的综合影响，某些类型的资源在特定的地域内相对富集并相互组合，体现出一种大分散、小聚集的布局特点。大体上可以分为四大板块，即百湖湿地游乐板块、文化风情体验板块、古今战地寻踪板块、山林山乡休闲板块。

（二）资源竞争力评价

1. 塌陷地湖泊水质优良，有利于开发生态休闲旅游产品

淮北的采煤塌陷地不仅水面宽阔，而且水质优良，在全国同类水体中属于上等。现有连接成片的南湖、东湖、中湖等，水质都达到二级。这样的水质无论是游客进行水面垂钓、水体观赏，还是进行水上运动、水边就餐，都能给客人以清新的享受。

2. 文化底蕴深厚，有利于打造较高品位的旅游产品

淮北文化积淀丰厚，拥有全国重点文物保护单位3处，是春秋时相国文化的重要发祥地；两汉魏晋时期，这里产生了著名的思想家文化学者，如桓谭、戴逵、嵇康、刘伶、桓伊。隋唐时期以至宋代，隋唐运河（通济渠）的开挖和畅通，使得南北文化在临涣码头交汇，丰富和发展了淮地的地域文化。古运河码头、临涣古镇、古城墙、濉溪老城石板街、老茶馆等用现代理念包装后可以打造独特魅力的、较高品位的、有吸引力的文化体验旅游产品。

（三）旅游资源结构性评价

在资源结构方面，淮北市域的旅游资源类别多样，自然、人文、现代建筑皆备，多数景区的自然、人文资源相融共济，山水相依，休闲旅游资源空间广阔。

淮北市域的旅游资源层次多样，归纳起来，其要素关系与结构特点见图1：

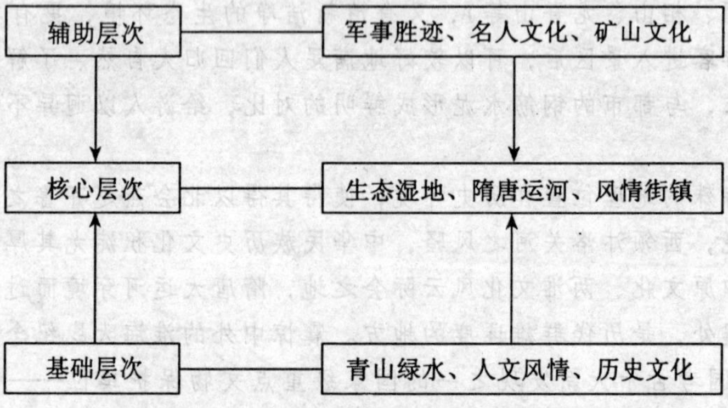

图1　旅游资源与景观结构图

淮北市域的旅游资源与景观结构可以分为三个层次：核心层次是生态湿地（南湖等）、文化遗址（隋唐运河柳孜运河码头）、风情街镇（濉溪县石板老街等），这是旅游开发利用的重点；基础层次是青山绿水的良好生态环境、富有特色的人文风情和积淀深厚的历史文化，这是旅游开发利用的物质基础与背景条件；辅助层次是军事胜迹、名人文化、宗教文化、矿山文化、山林山乡等，这是旅游开发利用的辅助条件。旅游开发在资源利用上应将这三个层次有机结合，妥善处理它们之间的关系，使之相得益彰，产生叠加、倍增效应。

第三章　旅游市场分析与营销策划

旅游开发应该树立正确的市场营销观念，将营销看做一种经营哲学，而不仅仅是一种经营手段。现代市场营销观念的核心思想是“以顾客需求为中心，最大化的实现顾客价值”。因此，旅游开发和企业经营，首先必须解决这些问题：谁是你的目标顾客？这些顾客的需求特点在哪里？你如何提供优势产品和采用有效策略吸引这些游客？你如何能够留住顾客并最大化的实现顾客的价值？无论是市场调研、市场细分、市场定位还是市场营销组合策略的运用，都必须围绕如何实现和增加顾客价值这一核心思想来进行。

我们应该树立“规划即营销”的先进旅游规划理念，即用市场营销的眼光、思维、理念来指导旅游规划的编制，来考量旅游规划的质量。营销应该贯穿旅游规划的全过程，营销应该体现在规划每一部分。遵循“规划即营销”的指导思想来开展旅游规划的编制工作，可以大大提高旅游规划的质量和可操作性。

第一节　旅游市场需求与环境分析

一、旅游市场需求分析

（一）旅游市场现状分析

（1）现有市场的人口特征。包括：地区构成、性别构成、年龄构成、文化构成、职业构成、家庭结构、收入构成等。

（2）现有市场的行为特征。包括：影响出游决策的因素、旅游与休闲方式的选择、旅游偏好等。

（3）现有市场的满意程度和期望。包括：满意程度、影响满意程度的因素、重游意向、推荐意向、期望和建议等。

（二）旅游市场需求发展趋势

随着体验经济时代的到来，旅游者的消费和需求正在发生巨大的变化，认识这些对于规划旅游项目非常重要。

1. 旅游消费结构

从旅游消费结构看，产品中情感要素的比重逐渐增加。旅游本身所追求的就是能够消除疲劳，获得一种心理上的愉悦。在体验经济时代，旅游者在注重旅游产品质量的同时，更加注重情感的愉悦和满足。旅游业的发展也表明，近年来随着人们旅游观念的提高，越来越多的人认为现代旅游不完全在于我到过哪里，更多的是一种生活方式的体验，一种旅游心情的分享。体验旅游，已经成为现代旅游最具开发潜力的部分。“到农民家里体验田园生活”、“像职业探险家一样穿越西部无人区”、“去国外入住当地人家”……这已经成为许多旅游者共同的心声。

2. 旅游消费内容

从旅游消费内容看，人们越来越追求那些能够促成自己个性化形象形成、彰显自己与众不同的产品或服务。传统的“走马观花”式旅游已难以适应人们追求个性和自我的需求，参与性与互动性强的特色旅游项目正在吸引越来越多的游客。

3. 旅游者价值取向

从追求的价值目标看，旅游者从注重产品本身转移到注重接受产品时的感受。现代旅游者不仅关注得到什么样的旅游产品，而且更加关注在哪里如何消费、体验这一产品。也就是说，旅游者不仅重视旅游的结果，而且更重视旅游过程中的感受和体验。

4. 旅游产品接受方式

从接受旅游产品的方式看，人们已经不再满足于被动地接受企业的诱导和操纵，而是主动参与到产品的设计中。旅游者参与旅游活动设计的程度进一步增强，主要表现在旅游者从被动购买整体产品发展到自己组织旅游产品和旅游路线，在旅游过程中，更愿意选择散客旅游而非团队旅游。

5. 旅游动机

从游客的旅游终极目标来说是为了追求愉悦的体验，旅游的主要动机是追求新鲜感、亲切感与自豪感。新鲜感，即新奇与鲜活；亲切感也就是希望相互交流、相互理解；自豪感是对自己价值的肯定，是一种对自己满足的感觉。

（三）旅游产品供给与市场需求对应分析

在旅游开发规划中，将旅游看做一个由需求和供给诸要素构成的综合性系统，这是确保行之有效的规划和管理的一个重要的基础概念。与需求和供给相关的旅游业的所有构成部分都是旅游规划要考虑的问题。

旅游产品供给与市场需求对应分析包括：

1. 产品的吸引范围

规划的旅游产品，从市场细分的角度要考虑到旅游产品吸引的旅游者多寡以及地域范围、年龄范围、职业范围等。

2. 产品的需求类型

规划的旅游产品，要在旅游资源、旅游市场分析的基础上，考虑到产品的需求类型，如观光型、休闲度假型、娱乐型、购物型、文化型、商务型等，规划打造与市场需求相对应的旅游产品。

3. 产品需求的时间差异

规划的旅游产品，应考虑到产品需求的时间差异。不同的旅游产品有着不同的时间需求，特别是自然旅游产品、节庆旅游产品等。在时间上，应重视四季产品的优势互补，调节淡旺季，将气候、物候、季候作为旅游资源的组成部分加以规划设计。城市旅游要注意白天产品和夜间产品的互补开发，充分满足旅游消费者的需要。

需要指出的是，在进行旅游产品供给与市场需求对应分析时，不能片面迎合需求和市场，以牺牲与之相关联的社会文化和环境利益，从而导致以旅游资源、旅游环境为代价而一味地扩大供给。供给和需求的平衡必须在坚持社会和环境发展目标的框架下实现。

二、旅游市场环境分析

（一）PEST 分析方法

PEST 分析方法是对项目宏观环境进行分析的有用工具。PEST 分析即从政治（法律）、经济、社会文化和技术的角度分析环境变化对旅游企业的影响。

政治（法律）角度的分析，如垄断法、环境保护法、税法、对外贸易法、劳动法、政府稳定性等。

经济角度的分析，如经济周期、利率、货币供给、通货膨胀、失业率、可支配收入、能源供给、成本等。

社会文化角度的分析，如人口统计、收入分配、社会稳定、生活方式、教育水平、文化观念、宗教信仰等。

技术角度的分析，如政府对研究的投入、政府和行业对技术的重视、新技术的发明和进展、技术传播的速度、折旧的报废速度等。

（二）SWOT 分析方法

SWOT 分析方法是旅游市场营销策划中经常用于旅游企业或旅游地区市场竞争环境分析的工具。SWOT 分析实际上是对旅游企业或旅游地区内外部条件各方面内容进行综合和概括，进而分析组织的优势（strength）、劣势（weakness）以及面临的机会（opportunity）和威胁（threat）的一种方法。

其中，优势（S）和劣势（W）是内部因素，SW 分析主要着眼于旅游企业或旅游地区自身的实力及其与竞争对手的比较；而机会（O）和威胁（T）是外部因素，OT 分析将注意力放在外部环境的变化及对旅游企业或旅游地区的可能影响上，但是，外部环境的同一变化给具有不同资源和能力的旅游企业或旅游地区带来的机会和威胁却可能完全不同，因此，两者之间又有紧密联系。

1. 优势与劣势分析（SW 分析）

竞争优势是指一个企业超越其竞争对手的能力。所谓竞争劣势，是指一个企业相对其竞争对手的短处和发展中的制约因素。旅游企业竞争优势可以指游客眼中一个企业或它的产品有别于其竞争对手的任何优越的东西，它可以是旅游产品线的宽度、质量、可靠性、风格和形象以及服务的及时、态度的热情程度等。需要指出的是，衡量一个旅游企业及其是否具有竞争优势，只能站在现有潜在游客角度，而不是站在旅游企业的角度。

当旅游企业建立起某种竞争优势后就必须深刻认识自身的资源和能力，采取适当的措施来维持其竞争优势。影响旅游企业竞争优势的持续时间长短的关键因素主要有三个：①建立该优势要多长时间？②能够获得的优势有多大？③竞争对手做出有力反应需要多长时间？

2. 机会与威胁分析（OT 分析）

随着经济、社会、科技等诸多方面的迅速发展，特别是经济全球化过程的加快、全球信息网络的建立和旅游消费需求的多样化，企业所处的环境更为开放和动荡。这种变化对几乎所有旅游企业都产生了深刻的影响。外部环境的机会和威胁分析就变得非常重要。

环境机会就是对旅游企业富有吸引力的领域，在这一领域，该旅游企业将拥有竞争优势。环境威胁指的是环境中一种不利的发展趋势所形成的挑战，如果不采取果断的战略行为，这种不利趋势将导致旅游企业的竞争地位受到削弱。

（三）旅游产品组合分析法

旅游产品或吸引物的构成一般呈现多元结构，旅游规划必须在众多的产品中遴选出有竞争力和有前途的产品，并加以开发和培育，以支撑旅游地区的发展。“产品组合分析法”正是一种规划企业产品组合的方法。该方法又称为“产品投资组合分析法”，由美国波士顿咨询集团（Boston Consulting Group）最初开发出来。

“产品组合分析法”表现为由“市场增长”与“市场份额”两个指标为坐标轴的矩阵，即 BCG 矩阵，这个矩阵由 4 个区构成，分别命名为“问题区”、“明星区”、“金牛区”和“瘦狗区”。其中的“问题区”指市场增长好，但占有的市场份额很小，后势难定；“明星区”指市场增长好，占有的市场份额也大，走势看好；“金牛区”指虽然增长不好，但目前市场份额大；“瘦狗区”指市场份额小，并且增长也不好，没前途。

把组合分析用于旅游产品分析时，可用景点（产品）的接待游客数作为吸引力指标来替换模型中的市场份额，用接待游客的增长作为相对竞争力来替换模型中的市场增长。根据各个景点或产品的这两项指标值可确定它们分别落入图中的位置。它们的发展前景可以通过它们所在区的特征反映出来，旅游景区中各种产品的竞争形势和格局也就显现出来，以便合理地制定旅游景区产品开发战略。

三、旅游市场分析应注意的倾向和问题

当前旅游规划存在着空泛化倾向，对市场的分析似乎都落入公式化巢穴。在规划中一般以旅游区的半径距离来划分并在图件上标上几个圈，把市场划分为三级。如100公里半径之内有多少人口，多少收入，作为一级市场或主导市场；300公里半径之内作为二级市场、目标市场，主要是指周边的一些大、中城市；在此半径以外作为三级市场、机会市场，主要泛指全国市场和国外市场。这样空泛的市场分析过于粗放，聊胜于无，其实市场的范围并不等于市场机会，也不能代替市场的层次、市场的类型、市场的细分、市场消费的结构。市场分析的空泛化只会导致市场定位的雷同，只能使规划面对模糊的市场实行模糊的战略。我们不仅要从供给方的角度，更应该从需求方的角度进行深入的市场分析，特别是做好目标市场与有效需求的对应分析。重点考虑和分析市场的层次结构、自己的市场份额、市场潜力和竞争态势、比较优势等。

在进行旅游产品开发市场分析时，一定要注意"广域市场"和旅游消费潮流，不能仅考虑某狭窄市场（少数游客的偏好）。否则，很难保证保本游客量。

旅游营销是一门实践科学，旅游市场营销规划人员仅仅由高等院校、科研机构的专家、学者组成是不够的，否则容易陷入纸上谈兵的尴尬境地，应注意吸收客源地的旅游企业营销人员和媒体记者等参与。

最后需指出的是，在旅游规划中，由于规划人员过分重视旅游企业和地方政府的利益，而作为重要相关利益者的旅游者和社区居民往往被排斥在规划之外，所以大部分旅游规划缺少真正意义上的市场分析。这是今后旅游规划应注意和改进的问题。

第二节　旅游市场预测

旅游市场预测是根据一系列历史资料，结合旅游规划的各种内容，对旅游需求的未来做出预测。

一、旅游市场预测的步骤

旅游市场预测要经过以下几个步骤：

（1）收集与分析旅游客源市场数据（如历年来旅游市场总体状况的各项指标，包括旅游者人次、旅游收入、旅游消费水平、客源地结构等）。

（2）将第一步得到的数据制成图表，最好是用折线图的形式表现这些指标。

（3）在折线图上寻找前几年的增长规律。

（4）利用这个增长规律，用适当的方法预测将来的旅游市场指标。

二、趋势外推模型预测

在旅游规划中，应用比较广泛，客观性、科学性都比较强且简单易行的旅游市场预测模型是趋势外推模型。趋势外推方法又包括图形外推预测法、一元线性回归模型预测法、时间序列模型预测法等。

（一）图形外推预测法

图形外推预测法是最简单的趋势外推方法，其原理简单且方便易行。具体的预测方法是将旅游市场数据（游客数量或者旅游收入等旅游市场特征值）相对于时间绘于坐标纸上，其中旅游市场特征值绘于 y 轴，时间绘于 x 轴，形成一张旅游市场特征值与时间之间的对照图。在对照图的象限内按照每一年的时间点对应找到数值点，将这些数值点用线连起来，形成一条折线。观察这条折线与数值点，画一条直线最大限度地接近折线或使数值点尽可能地都落在该直线的周围，将该直线延长，找到与预测时间相交的点，所对应的数值即预测的旅游市场特征值的大小。图形外推预测法的优点是简单易行，但精确度不高，只能应用于对预测数值要求不是很严格的预测中。例如某地区 2005—2010 年每年接待的游客数量如表 3-1 所示：

表 3-1　　**某地区 2005—2010 年接待游客量**

年份	游客数量（人次）	年份	游客数量（人次）
2005	2372	2008	3841
2006	2793	2009	4570
2007	3000	2010	5110

用折线图将该表表现出来，如图 3-1 所示。

现在预测 2011 年、2012 年的游客数量，即可在图上沿着前几年的趋势向外画一条线，该线与 2011 年、2012 年垂直线相交的点所对应的数值即为预测值。

（二）一元线性回归模型预测法

一元线性回归模型是最简单也是最常用的趋势外推方法，在旅游规划中较为常用。其数学形式为：$y=a+bx$

其中，y 为因变量，即我们要预测的旅游市场指标值；x 为自变量，一般是年份；a、b 是要利用历年资料求得的常数。

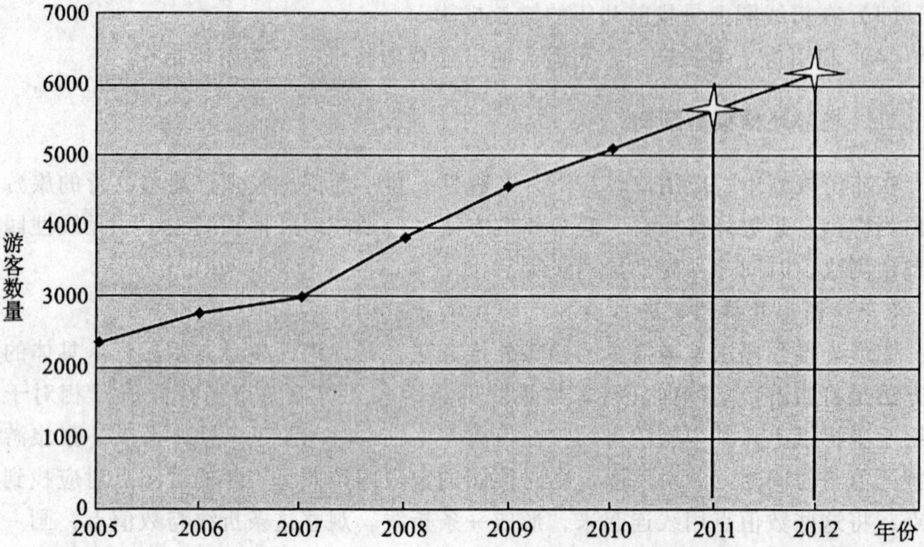

图 3-1　某地区 2003—2010 年接待游客量图

1. 一元线性回归模型的条件

要运用一元线性回归模型进行旅游市场预测，需要满足几个条件：一是至少 5 年的旅游市场特征值可以找到，且这些数值与年份之间是线性相关的；二是预测的时间不能过长，比较适合短期旅游市场的预测；三是要假定历史数据的趋势在未来一段时间内持续下去，不会有突发因素对这个趋势有较大的影响。

2. 一元线性回归模型的方法

使用一元线性回归模型进行预测最重要的工作是利用历年资料，运用相关的统计软件求出 a、b 两个常数的数值，并验证函数的相关系数，且保证该函数是科学可行的。例如，某地区 2000—2010 年每年接待的海外游客数量如表 3-2 所示：

表 3-2　**某地区 2000—2010 年接待海外游客情况**

年份	海外游客（人次）	年份	海外游客（人次）
2000	13400	2006	57000
2001	16420	2007	60951
2002	17510	2008	65000

续表

年份	海外游客（人次）	年份	海外游客（人次）
2003	19000	2009	70500
2004	28115	2010	75000
2005	40000		

通过观察发现2000—2010年11年的数据变化趋势接近线性，因此可以依据11年的数据建立线性回归方程，并应用相应的统计软件计算出a、b两个经验数值，则一元线性回归方程为：

$$y=7087.064x-14096611$$

其中，y为入境游客数量，x为时间的表述值——年份。经过验证，方程的相关系数为：$\gamma=0.975$，表明该线性方程是比较合理的。将预测年份的数值代入方程，则可得到预测年份的旅游市场数值。结果如表3-3所示：

表3-3　　海外旅游预测状况表

年份	海外游客（人次）	年份	海外游客（人次）
2011	84604	2015	112952
2012	91691	2020	148387
2013	98778	2030	219258
2014	105865		

（三）时间序列模型预测法

旅游需求的季节性变化很强，季节波动是旅游业不可避免的现象，研究旅游需求的季节波动规律并应用于旅游需求预测一直是一个难题。

一般而言，旅游需求的时间序列图形为季节性需求图形。季节变化通常以年为周期，以季节和月份为时段。在这种情况下，可以应用时间序列模型进行旅游需求的预测。

在时间序列分析中，预测过程首先是通过过去需求量的历史资料求出统计形式的拟合曲线，然后向前延伸这条拟合曲线，用以估计未来时段的需求量。通常拟合曲线被称为需求图形。需求图形可以分为水平需求图形、趋势需求图形和季节性需求图形。

由于旅游业发展总体规划中涉及的旅游市场需求预测一般都是以年为单位的需

求预测，季节性影响因素在总体规划预测中应用性不是很强。因此在本教材中，对于时间序列模型的具体方法不一一介绍，若对这部分的内容感兴趣，可以寻找相关书籍阅读。

三、"引力模型"预测

在进行旅游需求量分析时，可以借助于"引力模型"。

引力模型：两地间的联系（人、物、资金）表现为一种力学现象，即引力，其与距离成反比。

基本引力模型：

$$T = G\frac{PA}{D^b}$$

该模型旨在说明引力的距离衰减规律。其中，T 代表旅游需求；P 代表客源地综合量（人口、经济、出游率等）；A 代表目的地引力综合量；D 代表距离综合量（实际距离、交通费、时间距离、心理距离）；b 代表阻力系数；G 代表引力系数（经验参数）。

引力模型只给出一种分析问题的数学思路，在采用该模型作具体的旅游需求预测时还应根据实际设定各种要素值，需要注意以下要素：

客源地综合量：不同引力范围城镇人口和总人口；人均 GDP 或人均收入；社会经济背景与出游趋势。

目的地引力综合量：目的地资源与项目的类型、特色与级别；目的地知名度、美誉度、未来战略（项目建设、综合活力、资源开发、形象战略、促销力度）；目的地综合旅游环境（政策、价格、秩序、服务、文明度）。

距离综合量：实际空间距离、交通形式；可达性、路途时间、费用；阻滞因素（交通秩序、安全性、路况、价格等）。

依据上述要素与过去的比较，确定较为合适的增长率，而不能仅仅是历史资料的数据游戏。历史上的数据只能说明过去，一旦其他条件变化了，就很难得出准确的预测。在预测分析中应特别注意边界条件的变化。

四、其他模型预测

其他可以用来进行旅游市场预测的方法还有结构模型、仿真模型等。这些模型用来预测旅游市场的指标，也是可行的。问题在于规划组要依据现有的资料、结合规划组的力量来选择合适的预测模型。

结构模型的建立依赖于旅游需求与一系列因变量（年份、价格、收入、距离等）之间关系的确定。这种模型通常应用多元回归数学方法来确定，一旦旅游需求与变量之间的关系被确定，就可以利用因变量的未来估计值对旅游需求的未来情形做出预测。一般来说，结构模型对已有数据的精确度要求较高，对计算机设备要求也比较高，适合预测中短期旅游市场。

仿真模型对专业统计技术要求高，对已有数据精确度要求也高，对计算机设备要求高，适合预测长期旅游市场，是旅游需求预测中最复杂的一种方法。比较典型的仿真模型是由趋势外推模型和结构模型结合而成的一组更为综合的系统方程，变量之间的反馈、协同、阻抑效应等关系通过一组相互联系的方程来阐明。

第三节　旅游市场营销的基本理念

旅游市场营销工作者应掌握以下要义或弄清以下基本理念：

（1）旅游市场营销的本质。旅游市场营销的本质是为旅游消费者服务（包括为什么样的旅游消费者服务，怎样为旅游消费者服务）。应以公平交易为原则，通过为消费者服务获得自身利益。

（2）旅游市场营销的特点。旅游市场营销是一种公共营销模式和弹性营销模式，它具有整体性、整合性、综合性、复杂性、应变性、艺术性等特点。这些特点的形成与旅游业的特殊性和旅游消费心理的复杂性以及旅游市场的多变性有关。

（3）旅游市场营销的对象。旅游市场营销的对象包括游客（旅游者）、旅游投资商、旅游供应商（旅行社、旅游饭店等中间商）、旅游竞争对手、宣传媒体等。

（4）旅游市场营销的任务。主要包括：分析、捕捉旅游市场机会；制定正确的旅游营销战略；计划与实施；打造旅游品牌；选择营销渠道与搞好客户关系。

（5）旅游市场营销的内容（营销什么）。一般认为有这样一些内容，如旅游地形象、旅游产品、旅游投资环境、创业环境、生活环境等。

（6）旅游市场营销的内核。旅游市场营销的内核是创意。创意是旅游开发与规划的灵魂。旅游业作为以满足人们愉悦体验为根本目的时尚产业，无论是产品开发，还是宣传促销，处处都离不开包含智慧的创意。旅游营销是创意营销。旅游的本质是求美、求新、求异和追求身心自由的愉悦体验。因此，创意是旅游业发展的生命线，离开了创意，旅游产业就失去了活力。随着旅游产业的发展，区域旅游竞争日趋激烈，旅游消费需求不断变化，旅游信息纷繁变幻，通过新颖独特的产品创意和营销创意来吸引广大游客的眼球，就显得格外重要。具有创意的促销理念和手法，可以使旅游产品更具生命活力，起到点石成金、事半功倍的效果。从这种角度讲，创意已经成为旅游营销最关键的内核。发散思维是创意的源泉，富有创意的旅游营销应该是一种发散营销，要求我们打破传统思维、思维定势的束缚，跳出旅游搞旅游，在旅游与社会、经济、文化、自然等方面的交叉点上，不断撞击出灵感，形成新的营销创意。

(7) 旅游市场营销的方略（怎样营销）：旅游市场营销的方略可以概括为一个中心、两个基本点、三个代表、四项基本原则、九大策略。

一个中心，即打造旅游地品牌。

两个基本点，即地理性分析（发掘地脉、文脉特色）、市场性分析（商脉分析）。

三个代表，即代表旅游区域主题形象，代表旅游区域核心产品，代表旅游区域长远利益。

四项基本原则，即坚持旅游的整体性原则（游、购、娱、吃、住、行等旅游要素统筹兼顾），差异化原则（产品差异化、服务差异化、渠道差异化、形象差异化等），效益性原则（经济效益、社会效益、生态效益兼顾），和谐化原则（与自然和谐，与社会和谐）。

九大策略，即概念性营销策略（如绿色饭店、生态旅游、养生旅游等），节事营销策略，联合营销策略，公关营销策略，名人营销策略，艺术（娱乐）营销策略，价值链营销策略，深度营销策略，网络营销策略（如开展电子商务、互联网营销，借助旅行社网络推销等）。

第四节　旅游目标市场营销战略策划

一、旅游市场调研

旅游市场调研是运用科学的方法和手段，有目的、系统地收集、整理、分析和总结与旅游市场变化有关的各种旅游需求以及旅游营销活动信息、资料，以了解现实和潜在的旅游市场，并为旅游开发规划决策者提供客观决策依据的活动。

(1) 旅游市场调研的内容：客源地旅游市场环境、客源地旅游市场需求（旅游者规模及构成、旅游动机、旅游行为等）、客源地旅游市场潜在需求（出游率、重游率、旅游开支率等）、客源地游客评价。

(2) 旅游市场调研的方法：面谈法、邮寄问卷法、留置问卷法（面交问卷，回家填写）、实验调查法等。

(3) 旅游市场调查的主要程序：确定问题和调研目标；制定市场调查计划；实施市场调查计划，搜集并分析数据；解释并报告调查结果。

二、旅游市场细分

旅游市场细分就是指按照游客需求的差异性把旅游市场划分为若干个相对同质的子市场的过程。

（一）旅游市场细分的作用

1. 有利于集中使用资源，优化资源配置，避免分散力量

对市场进行细分，深入了解每一个子市场，衡量子市场的开发潜力，然后集中投入人力、物力、财力资源，形成相对的力量优势，减少费用，提高效益，降低风险，发展能力。

2. 有利于提高旅游项目的成功率，产生一定的社会效益

市场细分充分关注了相关产业项目消费者的需求的差异性，以游客为中心来进行市场理性思考，市场细分化的间接效果是广大相关行业消费者的需求得到满足，在项目活动中获益，从而营造起项目企业的美誉度，实现企业的可持续发展。

3. 有利于增强项目企业的适应能力和应变能力

对游客进行细分，增强了市场调研的针对性，并有利于及时反馈市场信息，使旅游企业能够及时、准确地进行旅游项目的运作，从而增强项目企业的适应能力和应变能力。

4. 有利于提高旅游项目的市场竞争力

市场细分的过程中，不仅要对游客需求进行细分，而且也要对竞争对手进行细分，这样才能清楚地知道，哪个子市场上存在竞争者，哪个子市场上竞争者比较少，哪个子市场竞争压力大，哪个子市场竞争比较缓和，据此制定合理的项目战略，夺取市场份额，增强竞争能力。

5. 有利于抓住更多的市场机会

通过对市场进行细分，可以全面了解游客群体之间在需求程度上的差异，而在市场中，往往满足程度不够，或者满足出现真空时，便有可获利的余地，市场机会也就随之而来。抓住这样的时机，结合自身的资源状况，推出特色的旅游产品，就可以占领市场，取得较理想的效益。

（二）旅游市场细分的主要标准（因素）

（1）地理因素。主要变量包括：①国家；②地区；③城市；④乡村；⑤气候；⑥地形地貌。例如，南方人比北方人喜欢出行旅游，旅游企业可以推出针对南方人的旅游项目，如冰雪文化旅游等。

（2）人口因素。其具体变量有：①年龄、性别；②职业、教育；③家庭人口；④家庭生命周期；⑤民族、宗教；⑥社会阶层。旅游项目活动的开展要充分注意到人口的因素影响，针对游客的不同特点，策划出不同口味的旅游项目活动。

（3）心理与行为因素。其具体变量有：①生活格调；②个性；③消费动机；④价值取向；⑤对价格的感应程度。旅游项目活动与游客心理因素的关系十分密切。只有根据游客的心理因素，推出符合游客口味的不同档次活动，才能满足不同游客的心理需求。

以上我们只对三种主要因素进行了简要分析，其他细分因素还有很多。

（三）旅游市场细分过程

旅游市场细分是一个连续的过程，具体要经过七个步骤：

（1）划分细分范围。就是对细分哪一种旅游市场以及在哪一范围进行细分进行界定。这个细分范围取决于多种因素，其中主要的有旅游企业的人力、物力、财力，旅游项目的目标与任务，旅游项目目前的行业优势状况。

（2）确认细分依据。就是确认市场细分标准。这些细分标准主要有地理因素、人口因素、心理因素等。

（3）权衡具体细分变量。细分变量对旅游市场细分起着重要的作用。细分变量使用不当，有可能使细分结果与市场的实际情况相差甚远，从而导致旅游项目决策的失误，由此可见，对细分变量要做深入的了解分析、科学合理的权衡比较。

（4）进行小规模市场调研。在市场调研中，已对旅游市场状况进行了数据的收集、整理、分析，可以说大致掌握了整体情况。为了进一步了解细分市场，也为了检测前期调研的效率，可以安排小规模的市场调研，但投入费用要尽量少。

（5）评估细分市场。根据小规模市场调研结果，对各个旅游子市场进行评价、分析。

（6）选择目标市场。即通过评估，从众多的子市场中选出最好的一个或者几个作为目标市场。最好按加权平均方法综合考虑各相关因素。

（7）设计项目市场营销组合策略。目标市场确定后，相应地制定出产品策略、价格策略、渠道策略、促销组合策略。

三、旅游目标市场选择

旅游目标市场是指旅游企业在市场细分的基础上，根据自身的资源和条件，选择作为经营目标的市场，或进行营销活动所要满足的市场。

选择旅游目标市场的过程包括：

（1）评估细分市场。通过对各个旅游细分市场的规模和增长率、细分市场的结构吸引力、旅游企业自身的营销目标和资源条件等方面的分析评估，把握最佳的市场机会，决定细分市场的取舍。

（2）选择目标市场。在对细分市场评估的基础上，旅游企业根据一定的原则选取其中的一个或几个作为目标市场。

四、旅游市场定位

旅游市场定位就是要形成差异化的吸引力内容，在潜在游客的头脑里形成独特的旅游目的地认同。定位并非是对旅游目的地产品或服务本身采取什么行动，而是针对目标游客的心理采取行动，要在他们心目中确立旅游目的地产品或服务的特殊位置。这需要通过为旅游企业的产品或服务创立鲜明的特色或个性从而塑造独特的市场形象来实现的。市场定位的方法通常有：

(1) 旅游产品特色定位。根据旅游产品的某种特色，或潜在游客所看重的某种或某些利益来定位。

(2) “质量—价格”定位。这反映了潜在游客对旅游产品实际价值的认同程度，即对旅游产品“性价比”的分析判断。

(3) 产品使用者定位。即针对某些特定游客群体进行的促销活动，以期在他们心目中建立起旅游企业产品“专属性”特点，激发其消费欲望。

(4) 竞争者定位。即将自己同市场声望较高的某一旅游企业进行比较，借助竞争者的知名度来实现自己的形象定位。

第五节 旅游目的地市场营销组合策略策划

一、旅游目的地的价格策略策划

(1) 组合定价（一揽子定价）。即将游客的吃、住、行、娱、游等活动通盘考虑，定出总价，以使各项旅游活动协调有序，免除游客的后顾之忧。

(2) 小包价。针对精力充沛，体力旺盛，具有较强的自我意识，不愿意受传统包价的限制而希望获得更多的自主权，在旅途中更注重自我体验和感悟的游客，可以采取小包价的形式，如“旅游产品基本项目+自我选择”，既符合他们个性化发展的趋势，又省去他们自己定车、订餐的麻烦。

(3) 差别定价。以顾客为基础的差别定价。如对团队游客和学生市场实行数量折扣，对当地居民推行家庭周末票和年票以及其他形式的优惠票价。

以时间为基础的差别定价（季节差别定价）。如按季节定价、按日定价或分时定价等策略，以调节不同时间的旅游需求。旅游淡季可进行适当优惠，但需要注意的是，精品旅游项目的降价幅度不宜过大。

以旅游目的地受欢迎程度的差别定价。旅游目的地存在旅游热点、旅游温点和旅游冷点之分，可据此来进行差别定价。这样可在旺季对热点旅游景点实现有效的旅游分流，并获取较高的稳定的现金收入。

(4) 折扣定价。旅游目的地可以通过“数量折扣”和“现金折扣”两种方式吸引游客。如根据游客数量的多少，推行“16 免 1”的政策，或当旅游团达到一定人数时就提供优惠，对一些费用给予适当减免。

(5) 其他定价。对常来游客发放优惠卡，实行月票或年票制，实行会员优惠制，若干景点联起来实行游客自愿选择的联票制，旅游交通、景点门票和餐饮消费实行套票，对特定游客群体实行优惠价，推行教师凭教师证、学生凭学生证、军人凭军官证、老年人凭老年证享受一定的价格优惠；还可以在重大节日，如妇女节、劳动节、儿童节、中秋节、重阳节、国庆节等节日开展优惠价格促销活动。

二、旅游目的地的分销渠道策略策划

一般而言，旅游目的地的分销渠道策略可以有直接分销渠道和间接分销渠道。

（一）直接分销渠道

直接分销渠道（简称直销）是指在旅游目的地与目标市场之间不存在中间环节，直接面对面对游客进行销售。

直接安排营销人员到客流量大的地点，如车站、码头、机场或城市中心广场等地点直接销售旅游产品。在主要客源地派出促销宣传团，设立旅游办事处，对临近周边城市的专业团体（如记者协会、教育工会等）、大型旅游公司企业等经常登门拜访直销。还可以通过建立旅游景区网站来开展旅游项目在线预订，电话预订等。

（二）间接分销渠道

间接分销渠道是指景区将销售任务委托给旅游经销商、代理商以及其他专业机构去完成。

旅行社是最重要的旅游分销商。可组织客源地旅行社到景区实地考察，向其提供宣传资料，让这些旅行社列入其旅游指南里。

参加国内外各类旅游交易会、博览会。通过展览、影视播放、商品展销、歌舞表演等活动，将旅游景区的产品销售给参加展览的各地旅行商。

景区驻外的旅游办事处可以利用各自旅游产品的互补性，与周边城市的主要旅行社，甚至旅游景区进行横向联合分销，如在各自的景区内设立对方的销售网点等。

三、旅游目的地的促销策略策划

（一）促销原则

1. 产品—市场反馈原则

建立完善、高效的产品—市场反馈体系，根据市场变化选择主打（龙头）产品，形成楔形阵容，优化产品组合。

2. 产品形象一体化原则

采用统一的旅游的目的地形象来对多种旅游产品进行包装，既保证产品的多层次、系列化，又围绕统一、协调的形象加以宣传。以重点产品的促销为主，努力推广目的地的整体形象（如湖北的“神奇、浪漫”）。

3. 多部门合作的原则

由于旅游业的广泛关联度，促销工作需要与当地和各地的政府部门、旅游企业、媒体社会组织广泛合作。此外，还应与区域内外的旅游目的地联合促销。

4. 差异性原则

为了提高目的地的识别性，需要强调地方特色，以独特性吸引大众，促进市场的启动与开拓。

（二）促销方式

旅游目的地常用的促销方式有以下几种：

1. 人员促销

到目标市场举办旅游展览会，促销的重点是周边主要城市。促销人员与重点客源市场的代表性单位、团体（如工会）、企业、家庭建立长期的联系。

2. 公共关系（关系促销）

可邀请公关专家策划“大手笔”的公关活动使目的地的旅游形象在相关地区产生轰动效应。公关方式可采取邀请参观（如旅行社的高层主管、新闻记者、专栏作家等）、邀请度假（如有名望的专家学者、社会人士、英雄劳模等）等；让社会名流亲身体验，进行口碑宣传；还可以聘请旅游目的地形象大使，举办有奖知识竞赛，客源地旅游推介会等。

3. 营业推广（销售激励）

向游客提供：旅游地纪念品（如太阳帽、旅行包、旅游吉祥物）、旅游地特产、风情画册、价格优惠、优惠券、持券抽奖、会员制等。

向旅游地促销员提供：旅游奖励、奖金或提成、销售竞赛、特别推销佣金、销售业务培训、销售集会等。向旅游中间商提供：中介提成、价格折扣、补贴（如交通补贴、广告补贴、市场开拓补贴等）、宣传会议、订货会、联营促销、POP粘贴画、宣传册、录像带、推广津贴、邀请相关人员参观旅游、建立稳定长期的联系制度、设立景区发展特别贡献奖等。

4. 广告促销

广泛利用各种媒体大力宣传，如电视台（旅游节目、旅游专题片、影视剧及旅游新闻）、广播电台、报刊杂志、户外广告、车体广告、网络（知名旅游门户网站、旅游论坛社区）、移动媒体（手机）、旅游宣传册等。

旅游景区景点的广告诉求主要侧重激发人们来此旅游的欲求，并打消人们来此旅游的顾虑。

5. 政府营销（政治促销）

如峡口风景区邀请宜昌政府部门和各县市旅游局领导以及各界名流观看大型真山水实景演出《梦·三峡》，利用政府资源组织客源和进行《梦·三峡》的宣传促销，收到好的效果。

6. 节事活动

举办具有地方特色的旅游节，作为当地标志性的旅游节事活动（如在宜昌举行的国际龙舟拉力赛）。积极申请承办或与其他地区联合举办国际性、全国性或区域性会议、体育赛事、会展等。

7. 联合促销

即一个旅游区与其他利益共同体联合行动，共同促销的行为。若干个距离接近、产品互补、线路相连并具有共同的客源市场的目的地，最为适合此种联合促销，如鄂西与渝东、宜昌与重庆。

8. 概念营销

概念营销是用一句新奇的语言将“概念”概括出来，然后通过引导消费观念，最终引起消费者关注，实现产品销售目标，它着眼于消费者的欲望，而不是现实的需求。如云南迪庆的旅游资源优势并不明显，但该地巧妙地运用了“香格里拉”的概念，将旅游资源重新包装，在市场营销上进行概念炒作，成功地发展了旅游业。又如目前广泛兴起的绿色饭店、生态旅游、低碳旅游、养生旅游等营销。

9. 体验营销

利用游客的探险心理，选择旅游目的地内未开发或尚未开发成熟的探险区域进行探险旅游，让游客体验，饱览新鲜美景。如在一些少数民族文化资源丰富的旅游目的地，可以充分挖掘少数民族文化习俗，来策划相关体验活动，如品尝土家风味小吃、干农家活、住农家屋和体验某些土家族民俗风情等。

10. 关系营销

开展会员制，吸引游客加入会员，对于会员给予价格、信息、服务等方面的优惠，收集旅游者的相关信息。还可以与社团组织合作，如与车友俱乐部、旅游者协会等社团合作，以提供活动场地和活动支持等方式，与这些社团建立紧密联系。

11. 其他间接促销方式

如邀请旅行作家创作旅游读物，设计发行或赠送旅游画册、挂历、台历；出版有关目的地的书籍，拍摄以旅游地为背景的电影、电视剧，创作推广具有地方特色的乐曲等。

总之，对于旅游目的地营销方式的选择应该是灵活多样的。有学者总结出旅游营销“三十六计”：整合营销、合作营销、品牌营销、形象营销、广告营销、口号营销、招牌营销、活动营销、体验营销、节庆营销、展销营销、会议营销、风情营销、娱乐营销、时尚营销、名人营销、美女营销、巡游营销、奇迹营销、朝觐营销、影视营销、视觉营销、听觉营销、美食营销、概念营销、关系营销、文化营销、政治营销、情感营销、绿色营销、商品营销、名片营销、数字营销、网络营销、互动营销、短信营销。这些都可以根据实际情况灵活组合运用。

复习思考题

1. 如何利用 SWOT 分析方法对旅游市场环境进行分析？
2. 旅游市场分析应注意哪些倾向和问题？
3. 旅游市场营销的基本理念有哪些？
4. 旅游市场细分的主要标准有哪些？
5. 旅游市场定位的方法有哪些？
6. 简述旅游目的地的定价策略。
7. 简述旅游目的地的分销渠道策略。
8. 旅游目的地的促销方式主要有哪些？

第四章　旅游文化与旅游开发

文化是旅游的灵魂，同时文化也是一种潜在的旅游资源，如何发掘地域文化的精华内涵，将文化的潜在价值转化为旅游产品，提高旅游开发的文化品位，是旅游开发研究的一个重要课题。旅游开发应坚持“资源—市场—文化”的三元导向。

第一节　旅游文化与旅游文化开发概述

一、旅游文化

旅游文化是人类文化成果在旅游活动中反映出来的观念形态及其外在表现。具体讲，旅游文化是包含于旅游客体、旅游介体、旅游主体及其旅游审美活动中的各种物质与精神文化现象的总和，主要由景观文化、服务文化和审美文化三个层次的内容构成。

学术界普遍认为，现代旅游实际上是一项以精神文化需要和愉悦体验为核心的社会文化现象，文化是旅游的灵魂。旅游文化是以旅游主体为核心，体现于旅游活动过程的各个环节和各种现象中。

二、旅游文化开发

旅游文化开发作为旅游开发的核心与本质，简单地说，是指以审美文化为导向的旅游地景观文化与服务文化的开发。

旅游文化开发首先是对旅游资源文化特色的发掘和主题定位，然后研究其转化为旅游产品的可行性及转化、展示途径，在此基础上提出旅游文化开发的实施方案。

在旅游文化开发过程中，旅游规划者或旅游开发者的文化底蕴至关重要，因为它直接影响到旅游文化开发的质量与品位。

目前，对旅游文化的研究大多还停留在学术圈，而在操作层面上，往往许多旅游文化的潜在价值没有被发掘或是低层次利用，有的甚至是破坏性利用。尤其是普遍忽略审美文化，把审美文化仅看做旅游者个人的事情，而没有将之作为旅游文化建设的整体予以考虑。

旅游文化开发研究包括区域旅游文化、乡村旅游文化、城市旅游文化和文化旅游区开发研究等方面，但至今尚未形成科学的体系。总体来看，旅游文化开发研究仍比较薄弱。

三、旅游文化开发的要领

（一）文化导向

旅游开发的文化导向即规划者通过对旅游地地方文脉的把握，确定该地文化开发的主格调或文化开发方向，主要有自然文化导向和历史文化导向。其重点是确定旅游资源的文化属性和审美价值。正确的文化导向是保证旅游资源永续利用的前提。否则，山岳风景区的城市化、公园化或历史文化旅游区的过分时尚化、商业化都将使之失去持续发展后劲。

（二）文化主题定位

文化主题定位即对旅游地文化导向的核心内容进行概括表述。文化主题是景区建设的核心和灵魂，不论是自然景观还是人文景观，都有其确定的主题或由人为提炼、设计的主题。总体来讲，旅游地的文化个性越鲜明，主题越突出，就越具有特色。如宜昌车溪景区开发的文化主题是农耕文化与民俗文化，湖北大老岭景区开发的文化主题是森林文化与养生文化。

（三）文化内容组织与策划

文化内容组织与策划是在既定文化导向下，对文化主题的拓展、丰富和详述及对主题的形象化。如果说文化导向是“精神”或“灵魂”，文化主题则是“躯干”，而合理有序的文化内容组织与策划则是“血和肉”。丰富有趣、格调高雅的文化内容将使文化主题更加充实和具体化。因此，不论是在自然景观还是在人文景观的内容设计上，应力戒单纯枯燥的科学解说和避免大量庸俗化的神话附会，而应以科学美学和景观美学为主线，适当加以附会文化的点缀，营造必要的点睛建筑或文化载体。只有这样，才能凸显旅游区的文化内涵，提升旅游区的竞争力。在这方面，宜昌车溪景区对水车文化、民俗文化等内容的策划就是很好的例证。

第二节　文化在旅游开发中的应用领域

旅游开发与规划在某种角度上是一种文化构建，文化在旅游开发中不但地位重要，而且运用领域广阔。

一、旅游资源开发

研究文化有利于旅游资源的科学评价与开发，只有准确把握旅游资源的文化内涵与外显方法以及掌握旅游文化的客观规律，将旅游开发根植于文化的土壤之中，才能使开发出来的旅游产品受到旅游消费者的欢迎，从而具有市场竞争力与生命力。作家张贤亮在银川西郊镇北堡策划经营的华夏西部影视城，把一片荒凉地、两座废古寨堡变成颇有吸引力的旅游精品，就是将文化与旅游开发有机结合的典范。在这里，文化起了点石成金和化腐朽为神奇的作用。这一事例启示我们，在市场经济与知识经济时代，只有站在旅游文化的高度深入挖掘文化内涵并突出地方特色，才能开发出有强大吸引力与长久生命力的旅游产品。如何将文化与旅游资源开发结合，我们不妨以建筑文化旅游资源和宗教文化旅游资源开发为例简要说明。例如，建筑文化旅游资源的开发，关键在于用适当的方式来表现蕴藏其间的文化内涵或“意境”，追求应有的文化品位，在形式与内涵的统一和建筑与自然环境、历史文脉的和谐上做好文章，这就对规划师的文化素养提出了较高的要求。宗教文化旅游资源的开发，仅停留在寺庙、宫观、神像修复的外在建设上是不够的，这只是一种浅层次的开发，更重要的是应在文化内涵的合理选择与科学发掘上下工夫，力求将宗教文化中最本质、最宝贵、最善美、最感人的精神品格发掘出来，将其外显，使之物化，并通过旅游解说系统的信息传递，使游客目睹、耳闻、心悟、神会。旅游资源开发尤其是人造景观的建造，还应充分重视地域文化背景与跨文化的分析，利用文化异同吸引原理进行市场营销，避免犯一些有悖文化常识的错误。总之，将文化自觉地运用于旅游开发，具有开拓视野、发掘深度、把握文脉、创新产品以及更好发挥旅游开发效益等重要作用。而忽视文化，只能使旅游开发在质上徘徊于低层次、粗糙和浅薄状态。单纯从经济或技术的角度去搞旅游开发，路子只会越走越窄。

二、旅游地形象设计与塑造

旅游地形象设计是旅游开发与规划中的重要内容之一，其关键是把握地方文脉，提炼出旅游地的整体形象并进行 CIS 导入。这项工作的完成，需要规划师具有较高的文化素养和一定的形象策划能力，否则，就难于对旅游地的历史、地理、文化现象与文化密码进行解读和破译，从而准确地把握文脉，提炼出应有的旅游形象，形成核心理念并科学定位。如果规划师没有一定的文化修养，就谈不上进行 MI、BI、VI 等系统的设计与塑造。当然，在我国的旅游规划领域，有不少旅游地的形象定位与设计是比较成功的，如浙江的“诗画江南，山水浙江”；洛阳的“千年古都，牡丹花城”；安徽宏村的“中国画里乡村”；宜昌车溪的“梦里老家”等。

这些旅游形象的理念识别，若缺乏一定的文化功底显然是很难提炼出来的。但更多的旅游地形象策划与塑造是不尽如人意的，与文化品位上的要求相去甚远。此外，宣传、促销口号的拟定也是旅游地形象策划中对规划师文化素养要求较高的领域。如深圳华侨城的“锦绣中华”、“世界之窗”推出的“一步跨进历史，一天畅游中国”，“您给我一天时间，我给您一个世界”的宣传促销口号，就充分显示了策划师深厚的文化知识涵养和对游客文化心理的准确把握。

三、旅游景观设计

旅游景观设计是旅游开发规划中的硬件内容，它需要景观学、文化学、美学理论的支撑，是文化在旅游开发中的用武之地。优秀的旅游规划师，除要求具有较扎实的专业知识功底外，还要求具有较高的旅游文化素养与美学修养。一名合格的旅游规划师，应该了解我国“天人合一”等优秀传统文化，甚至包括建筑风水等知识，并自觉地将其精华部分运用于旅游景观设计之中。“诗意栖居”是旅游景观设计的最高境界追求。缺少旅游文化素养的规划师很难设计出有创意、有生命力的旅游景观。

总之，旅游开发离不开文化。搞旅游开发，做旅游规划，在某种角度上讲就是请一批独具慧眼的高手用“文化”来“指点江山，激扬文字”。

第三节　不同类型旅游地的文化开发

一、自然风光旅游地的文化开发

与人类文明创造的人类文化相比而言，人类在认识自然的过程中发现的自然界固有的形态、品质、结构、规律、运动变化与相互联系等应属于自然文化的范畴，构成自然科学或自然美学。古往今来，人们不仅认识自然、利用自然，而且改造自然，并深深打上了人类文化的印迹。所以，对自然风光旅游地的开发，不仅要注重对其科学、美学内涵的发掘，也要注重对其文化内涵的挖掘。

（一）自然景观的科学内涵发掘

任何自然景观，在其发生、发展及变化的过程中，都蕴含着一定的科学道理，或者其本身就是自然界的一种存在状态（形式）和演变规律。作为居住和生活其间的人类，天然地或本能地具有热爱自然、回归自然的心理取向，在这一过程中，他们力求与自然谐调统一，除了寻求某种超脱与自由之外，也反映了人类对自然的认知需求。因此，对自然景观的科学内涵的深入挖掘，应是自然风光旅游地文化开发的重要内容。如有些地方在山水风光上并不出类拔萃，但在地质地貌研究和科考、科普方面很有价值，在旅游开发上就可另辟蹊径，开发科考旅游产品等。

（二）自然景观的美学内涵发掘

自然美学是人类在与自然长期共存过程中沉淀的美学认知结晶。自然美的文化内涵是人类自然审美感受的总结与升华。例如山水文化就是人类对山水美认知感受的结晶。"天地有大美而不言"，"万物有成理而不说"（见《庄子·天道》），是说天地万物之美、之理要由人来总结。虽然自然美是人类认知的产物，但却是自然界美的客观存在，它不以人的意志为转移，只是仁智有别（如"仁者乐山，智者乐水"）。对于旅游者来说，欣赏自然美，依个人的美学素养（或审美素质）、审美情趣、旅游时间及地点等而不同。其中，美学素养或审美素质与个人的知识结构、美学修养、接受信息和调动情感的能力等有关；审美情趣由个人的参与意识（即是否将身心投入于自然，与自然沟通）、人生观、胸怀、志趣、心境等方面的因素构成，不同境界的人均会触景生情，借自然而抒怀，有的言志，有的明理，有的喻情等。旅游开发应当注重人们审美的需要，发掘有助于审美的要素（即景观的视点、视角、距离、时间安排等）并予以审美引导（即发掘丰富的审美信息，并以不同方式传递给旅游者），力求把最美的侧面和最美的瞬间留给游客，并引发其审美思维，最终转化成自身的审美感受。反之，如果不对游客的审美进行引导或引导有误，则会削弱自然景观的审美价值，游客的体验质量也会大打折扣。

（三）自然景观的附会文化资源的发掘利用

附会文化是指那些本不是自然所固有，而是由人的意志所赋予自然的一种文化现象。由于主客观的原因，人类往往将某些自然事物作为某种精神理念或情感的载体，从而使自然人格化、理性化或神化。附会文化的产生可以认为是人类认识自然的一种初级形态。在人类不能解释自然现象的早期阶段，自然事物往往被认为是某种意志的产物或化身，从而使许多事物被神话，并随历史的演变这种神秘性有增无减，许多延续至今。其中比较典型的如自然崇拜、风水学说、故事传说、自然事物的宗教色彩等，有相当一部分品位高雅或有一定的积极意义，演变为优美的传说或故事，从而使自然事物带有灵性，丰富了自然文化内容。因此，对自然景观的附会文化资源的发掘利用很有必要，但要注意科学、适度。

二、人文景观旅游地的文化开发

人文景观是地域文化的历史沉淀，是人类文明创造的物质文化与精神文化的直接表现。如历史胜迹、建筑艺术、宗教文化、文学艺术、民俗风情等。当前，围绕人文旅游区和旅游点的开发建设活动不断增多，但在开发中能否保持或忠实于它原有的传统文化特色，越来越成为该旅游区和旅游点能否保持生命力的关键所在。人文景观旅游地的文化开发应突出以下特性：

（一）民族性

民族性是区域文化异向发展的产物，它形成区域文化的差异性。旅游者决策行为研究表明，与旅游者所在地文化差异越大的旅游地往往越易于被旅游者选择。人文景观旅游地文化开发的民族性就是以发掘民族的个性文化为目标，营造一种迥异于客源地文化的异域、异族风情。

（二）艺术性

艺术的生命力可超越时空限制，不仅古老的艺术遗产受到人们青睐，现代的艺术之作也将获得持久的生命力。不论何时，旅游文化的开发都应重视其艺术品位的提高，如对《梦·三峡》、《巴山舞》等的旅游文化开发等。

（三）神秘性

神秘性不完全是宗教文化的范畴，诸如阴阳五行、太极八卦、风水学说等东方神秘文化遗产，在相应的载体上都具有旅游开发价值。中国许多人文景观或多或少渗透着神秘文化成分，这种神秘性也是一种永恒的旅游吸引力（如道教文化、风水文化等），值得很好地开发与利用。

（四）特殊性

特殊性即个性，旅游的生命力就在于特色、在于个性，因此，旅游文化开发必须强调个性塑造，应体现“特化”思想，即将其原有的特色通过一定的策划与建设使其更“特”。尤其是随着社会的发展，日益趋同的地域文化更需要“特化”。

（五）传统性

传统性是文化历史价值的体现，能形成传统则说明其历史文化的生命力。人文景观旅游地作为历史文化资源保护和传承的重要区域，在旅游开发中更应保持其传统性，防止内容策划的从众化、趋同化和过分时尚化。

第四节　区域旅游文化开发与建设

区域的发展是文化内容层层积淀的过程，旅游文化作为区域文化中最富内涵、最为生动、最具魅力的部分，对其合理挖掘可以使区域文化表现得更为形象和生动，同时对于提高旅游开发质量与品位也具有重要作用。

一、特色发掘与主题定位

地域特色的发掘和文化精髓的提炼以及文化主题的确定是区域旅游文化开发的关键。如湖南的“山水湖南，伟人故里”、湖北的“神奇江山，浪漫楚风”，北京的“东方古都，长城故乡”、海南的“椰风海韵”、神农架的“神”或“人与自然和谐”均是通过对地方文化特色的深入挖掘而进行的很好的主题定位，游客对此的认知与感知度均很高。作为旅游地的开发规划和设计，一般来说，其主题构思原则和步骤为：首先要进行深入细致的旅游资源普查，以准确把握地脉、文脉，然后在合理分析客源市场的基础上确定旅游开发主题，再根据旅游开发主题筛选相关旅游项目加以组装，如图 4-1 所示：

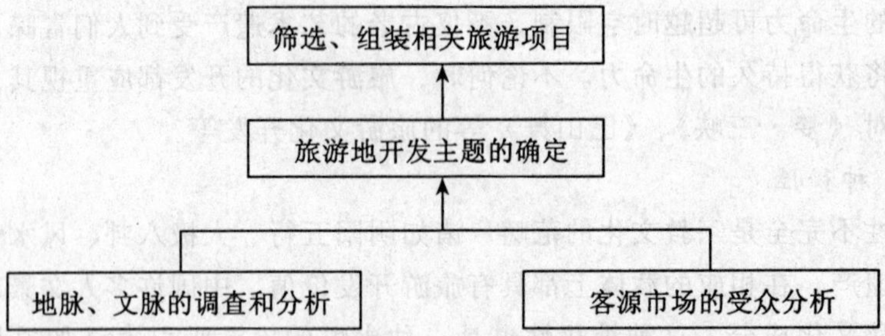

图 4-1　旅游开发主题的确立步骤

二、分析文化资源转化为旅游产品的可行性

文化资源向旅游产品转化的过程，实际上是旅游区文化设计的实施过程。旅游文化设计必须考虑文化资源的可开发性，即这种资源转化为旅游产品的可能与程度。例如，三峡地区的文化资源十分丰富，但真正能转化为旅游产品的不一定很多，这就需要对旅游文化加以识别，以及对文化资源转化为旅游产品的可行性或适宜性进行分析。在这方面，产生于美国 20 世纪 60—70 年代的游憩机会谱（Recreational Opportunity Spectrum，ROS）理论为我们提供了一个很好的规划工具。利用这一游憩机会谱框架，我们可以对一个区域或景点的旅游资源、环境条件、社会经济状况进行评价，以确定最为合适的游憩方式和产品类型。

根据旅游资源与旅游产品的关系，资源—产品转化的关系模式（R-P 关系）可归结为三种：

（1）R-P 共生模式，即资源—产品共生的情况，在这种关系下，旅游资源品位较高且具有较强吸引力，不需经过大规模开发即可由资源转变为某种类型的旅游产品。

（2）R-P 提升模式，是指旅游资源品位较低，将资源开发为旅游产品需要较大的资金投入，开发强度较大。

（3）R-P 伴生模式，是指某些功能上属于其他类型的设施或场所，但同时具有一定旅游功能的事物，随着市场的发展和人们旅游消费需求的转变，可成长为旅游吸引物。

三、文化旅游产品的开发

（一）产品打造

应本着尊重事实、尊重历史、传承文化、锐意创新的原则，根据旅游需求和创造品牌的目标，对地域文化资源去粗取精、提炼升华、加工制作，使其地方特色进一步“特化”，并加以良好的“包装”，这是将旅游文化资源开发转化为旅游产品的必要手段。具体的开发战略与技术有：产品差异化定位战略、产品组合战略、产品开发昂谱模式（RMP）、体验导向的产品设计等。

（二）文化融入

文化融入主要是进行文化包装，即把地方的民间文化、民俗文化、历史文化以及建筑艺术、园林艺术、工艺美术、装饰艺术、环境艺术等融入旅游区建设之中，全方位强化旅游区的文化因素。如宜昌车溪景区的开发，吸取了三峡民俗文化的精华，将山水田园风光与三峡民俗风情有机结合，取得了很大成功。

（三）氛围营造

氛围营造就是营造区域旅游文化氛围。如利用音乐文化、民居文化、饮食文化营造黄土高原、青藏高原的旅游文化氛围。旅游文化氛围营造对旅游产品的消费体验起着相当重要的作用，但这是目前我国旅游开发工作中普遍比较忽视的问题，今后应加强这一薄弱环节。

四、注重旅游区域整体形象的塑造

区域旅游文化开发与建设的一个重要方面是做好旅游区域整体形象的塑造与文化包装策划，其工作步骤是：首先，要把握好旅游区域的文化导向，即确定旅游区域的文化主题，旅游开发应尽量围绕这个主题；其次，要深入发掘旅游区域的文脉和旅游形象的文化内涵，选择合适的形象定位方法（如领先定位法、比附定位法、空隙定位法等），做好旅游区域形象主题定位；最后，是进行旅游区域形象的创意设计，即在旅游市场和旅游资源分析的基础上，结合对规划区域地方性研究和受众特征的调查分析，提出明确而独特的区域旅游形象的核心理念和外在界面。建立旅游区域整体形象的基本程序包括前期的基础性研究和后期的显示性研究两方面，具体内容如图 4-2 所示。

旅游区域文化开发与建设的另一个重要方面是运用多种手段对旅游区域的形象进行全方位展示，将旅游区域形象的创意设计付诸实施。

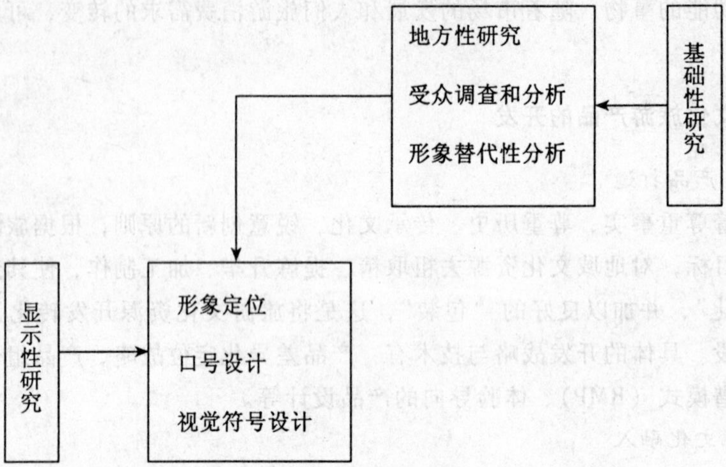

图 4-2　旅游形象的建立程序

第五节　当今旅游开发的误区及旅游文化开发对策

一、开发误区

（一）错位开发，损毁自然遗产与文化遗产

我国有许多世界级的自然遗产和文化遗产，它们是祖先留给我们的重要财富，其意义首先在于传承而不是消费，其功能主要是文化的而不是经济的，理应以其文化价值的保护为主。遗憾的是，它们中的许多却完全变成了旅游业的“摇钱树”，在“资源—市场”开发模式和经济至上的开发理念指导下，有的几乎达到被巧取豪夺、竭泽而渔的地步，不少已受到了严重的损毁与破坏。当前，像泰山建索道、张家界天然悬崖上建电梯等掠夺式、破坏性开发现象时有发生。对这种现象如不加以遏制，将会有更多珍贵的遗产在我们的视野里消失。所以，在自然和文化遗产的旅游开发中，必须在服从文化保护的前提下进行适度开发和有限利用，将其视为“传家宝”，尽量保持历史文化遗产和自然遗产的真实性、完整性和科学价值、审美价值。坚持文化保护、生态保护第一，旅游开发第二的原则，切不可本末倒置，错位开发。

（二）盲目开发，破坏旅游文化氛围

忽视文化氛围开发出的旅游产品，难免失之浅薄、粗陋、怪异，甚至荒唐。在纯粹经济利益的驱动下，我国许多著名旅游地如帝王宫殿、名人陵寝、寺庙宫观的

引景空间被开发成了商业区，这些被用于营造感应氛围的庄严肃穆、渐入佳景的引景空间已被彻底商业化了，无一不是摊位林立、人声鼎沸、卫生堪虞，完全破坏了应有的旅游文化氛围，使旅游质量大打折扣。有的旅游开发几乎成了地地道道的“文化盲”行为和赤裸裸的“经济人”行为，破坏性开发现象屡见不鲜。如长江三峡东端峡口处著名的风景名胜地三游洞，素以环境幽静、文化品位高雅驰名，该地被誉为“离凡”之仙境。但是紧邻该地却规划开发出了一个“蹦极”游乐项目。蹦极是一项极富挑战性与刺激性的运动，需要热火朝天的场面，这里刺耳的高音喇叭整天煽动性地喧嚣不停，灾难性地破坏了三游洞的幽静的旅游环境氛围，给不少游客留下了不良印象。此外，不少地方风景区旅游开发中的城市化、公园化、商业化倾向渐成泛滥成灾之势，“暴发户与小农意识”色彩浓厚，种种忽视文化理念，破坏旅游环境氛围的状况令人堪忧。

（三）追风式开发，劣化旅游文化，并造成财力物力上的巨大浪费

追风式旅游开发的突出表现是在经济利益和好大喜功的心态驱动下，不切实际地一哄而上地大搞人造景观，在众多人造景观相继倒闭的惨况下仍前赴后继，乐此不倦。大量人造景观缺乏文化品位，粗制滥造，格调不高，有的甚至倒人胃口。不少地方大造鬼神宫，宣扬封建迷信；有的还赤裸裸地宣扬拜金主义，如某景区曾建有“有钱能使鬼推磨”的人造景观，这种景观只能劣化旅游文化，败坏社会风气，污染文化环境。相当一部分景点的开发无视旅游者的行为规律，违背文化人类学与文化地理学原理，耗巨资开发出的旅游景区少人问津。有的无视文化地域背景，在“真景面前造假景”（如在三峡门口造“三峡集锦”、在北京城郊造“老北京城”……），弄巧成拙，自欺欺人，劳民伤财。很难想象这些耗巨资开发的旅游项目是怎样经过专家规划设计并评审通过的。追风式开发，从表面上看是开发商经济利益的驱动和地方官员好大喜功的心理作祟，从深层次上看则是他们在文化上的浅薄甚至无知，同时也反映了部分旅游规划师的文化短视与社会责任感的淡薄。

（四）破坏性开发，异化民俗文化与宗教文化

缺乏文化导向的不合理的旅游开发，不仅破坏和污染了旅游地的自然环境，而且在一定程度上异化了传统文化与民族文化，使当地道德风尚退化，淳朴民风异化。其中最明显的是对民俗旅游资源的不合理开发，其主要表现是民俗文化被不正当地商品化，使之失去了原有文化内涵；民族文化中原有的好的品质被商品经济中的不良品质如唯利是图、坑蒙拐骗所取代，民族文化价值观退化、消失；最糟糕的是民族文化被亵渎和丑化，如有些景区打着民族婚恋表演的幌子对游客进行“温柔敲诈”，甚至搞色情服务，造成了恶劣影响，伤害了民族尊严与民族感情。异化

问题还明显地表现在宗教旅游资源的开发上，一些宗教寺庙的山门入口开通宽敞的公路，附近开发了商业购物一条街，寺院内也办起商店，僧侣们也干起了经商的买卖，寺区内人头攒动，熙熙攘攘，寺庙成了热闹非凡的大千世界，曲径通幽、肃穆清静的宗教氛围，远离红尘世界的宗教意境已荡然无存，宗教文化已被严重异化，大大背离了旅游文化开发的宗旨。

二、主要对策

(一) 更新思想观念

走出旅游开发误区，端正旅游开发行为，首先必须更新旅游开发的思想观念，其主要包括：在旅游开发指导思想上，由“资源—市场”的二元论向“资源—市场—文化”的三元论转变，真正确立文化在旅游开发导向上的重要地位；在旅游开发理念上，由“硬旅游”向“软旅游”转变，强调旅游开发中的经济、社会、文化协调并重，尊重本土文化，弘扬人文精神；在旅游开发目标上，由“经济至上”向“以人为本”转变，注重人文关怀；在旅游开发与规划设计上，由“技术主义”向“人本主义”转变。

根据对近些年我国山东、云南等省聘请国外专家编制的旅游发展总体规划的特色分析，不难发现外国专家普遍重视旅游的文化属性，对可持续发展备加关注。相比之下，我国专家编制的规划则偏重于旅游的经济特性方面，旅游的文化意识比较淡薄。这种差异应该引起我们深思与反省。我国的旅游开发规划应逐步实现由经济技术型向生态文化型转变。

(二) 变更开发模式

综观我国旅游开发市场流行的几种模式，多是从开发商的单边利益出发、“我行我素”的行为模式，在实施中不可避免地会遇到难以克服的阻难问题。要知道，旅游开发规划的可行与否，实施的效果如何，除了与政府、财政、金融等支持密切相关外，还与当地社区旅游地居民的态度紧密相关。现行的旅游规划与开发，许多形成的所谓“一致意见”往往最终证明是一种错误信息，因为实际上社区没有真正参与过信息的研究与开发决策过程，实施上缺乏“本土文化”上的立足根基。这种排斥社区利益，与“本土文化”相左的旅游开发最终是难以成功的。国际上目前正在倡导一种“参与式”开发模式，这种模式的先进之处是强调包括社区等利益相关者的介入等。它对延长旅游地的生命周期和促进旅游业可持续发展有着重要作用。尽管社区参与的开发规划做起来比较困难，但它却是旅游可持续发展的必由之路，对它实施所付出的代价要远远小于不实施所付出的代价。此外，旅游开发模式还应实现由“硬开发”向“软开发”的转变。

我们过去搞的旅游开发，大多是以经济效益为主要目的的有形开发和过度开发，其结果造成风景资源的建设性破坏，景区城市化、公园化、商业化现象严重。这种“硬开发”是刚性的，有限度的，应该加以严格限制。我们现在应倡导对风景资源的“软开发”，也就是无形的开发。“软开发”的实质是对风景资源进行科学研究，发掘其审美价值、历史文化价值和生态价值等，并对此进行展示、传播。开发中尽量少兴土木，多进行文化提升。“软开发”是柔性的，是以文化为导向的，开发潜力是无限的，应大力提倡。

（三）提高规划师的人文素质

提高旅游规划师的人文素质主要包括两大方面：一是规划师应加强社会责任感与人文关怀精神。不能见钱眼开，有求必应，违心地做一些不负社会责任、劳民伤财的项目规划；不能趋炎附势，置“弱势群体”利益于不顾，只为有钱（权）有势的“强势群体”说话。在旅游规划评审上应实事求是、自律自重，不能搞那种一味迎合的“捧场式”评审。二是加强文化修养，提高人文素质。不少旅游规划师往往将旅游开发看成是单纯的物质条件与技术问题，对文化问题很忽视。加之我国的旅游开发与规划专业（含本科生、研究生）大多设置在高等学校的理工科院系，旅游文化类课程开设极少甚至根本没有开设，培养出的学生的人文素质、美学修养普遍欠佳，导致目前我国旅游规划与开发中的“技术人”和“经济人”行为特征突出，规划开发出的旅游产品普遍缺乏文化品位与档次，经得起历史检验的有影响的精品、杰作极为少见，大多是来也匆匆去也匆匆的过眼云烟。中国旅游业呼唤水平一流的旅游规划师与策划师。严格地讲，中国现在并不缺乏旅游规划队伍，但散兵游勇、良莠不齐的各路诸侯太多，我们真正缺少的是基础理论扎实、人文素养高、创新能力强并富有社会良知和社会责任感的优秀规划师。当前，我国的旅游规划师缺乏的不是专业技术知识，而是人文素质与社会责任感。中国的旅游开发水平要走向世界，规划人才队伍的整体人文素质必须提高。

复习思考题

1. 试述自然风光旅游地与人文景观旅游地的文化开发措施。
2. 简述旅游文化开发的要点。
3. 当前旅游开发中存在哪些误区？如何解决这些问题？
4. 以某旅游景区或旅游城市为例讨论旅游文化开发问题。

案例

三峡车溪民俗风景区的旅游文化开发

三峡车溪民俗风景区位于宜昌江南的土城乡，距城区18公里，总面积20平方公里，由石仙谷、巴楚故土园、腊梅峡、农家博物馆、水车博物馆、天龙云窟、三峡车溪奇石馆、三峡民俗村、风洞、忘忧谷十大景区组成。

车溪原本是三峡地区很不起眼的一条偏僻的峡谷，其峡谷景观、天然溶洞、生态植被等自然景观在三峡地区算不上比较优势资源。开发者考虑到若仅仅以此为卖点，则必定无法形成差异化竞争力。只有将山水田园风光与三峡民俗风情结合在一起，从文化上作文章，才能取得成功。开发者从人性的角度出发，根据人们的“追忆、回归、寻梦”心理和当今游客回归自然、追溯历史、体验文化的旅游心理需求，提出“梦里老家”这一主题，策划了吊脚楼、石板屋、水车、磨坊、榨坊、槽坊、水磨、造纸作坊、酿酒作坊、制陶作坊、民俗歌舞表演、农家餐饮等项目，使游客在参观这些似曾相识的景观的过程中“重拾野趣，返璞归真”，通过积极参与来感受“梦里老家”的特殊韵味，体味三峡民俗文化。

围绕“梦里老家”这一主题，车溪风景区每隔一段时间重点推出一个新的项目。1997年开发了石仙谷等自然景观。1998年推出了“巴楚故土园”，该项目浓缩巴楚民俗遗风，汇集了古造纸作坊、酿酒作坊、制陶作坊。在这三个作坊中，有用竹子造纸、用泥巴制陶、用苞谷酿酒的全套工艺过程。整个生产过程的各个环节清晰可见，而且游客也可以参与生产，亲自领略古老制作工艺的精美与神奇。1999年推出“腊梅峡”等植物景观，2000年，公司在收集游客反馈而来的意见后完善了“巴楚故土园”，使之更具历史保护价值，从而也提升了这一产品的竞争力。2001年，景区又推出“农家博物馆”，该项目以“家”为形式，以“农”为题材，是反映土家文化的全国首个农家博物馆，同时也是全省第一家民办博物馆，更是全省第一家民俗博物馆，具有很高的艺术欣赏与历史研究价值。2002年，尝到了“博物馆”甜头的车溪开发者又重点推出“水车博物馆”。水车博物馆是全国第一家以水车为题材，动态展示水车演变历史的博物馆。水车博物馆中的展品允许游客触摸和使用，这一举措迎合了中青年游客追求个性、崇尚自由的需要，提升了产品的层次。2003年，推出了“人民公社旧址馆”，真实地再现了人民公社的历史文化。同年，景区还适时地推出了“三峡民俗村”，该项目很快地被纳入三峡民间文化遗产保护和中国民族民间文化保护工程试点基地。它再现了旧时三峡地区的农村生活，是弘扬和传播三峡民间文化的窗口，也是三峡民俗文化研究的一个重要基地，而且，该项目还给车溪景区带来了丰厚的经济利益。

车溪景区由75万元起步，经过几年的接力开发，稳扎稳打，步步为营，效益持续攀升，到目前为止，景区累计投资5000多万元，营业收入过亿元。在取得经济效益的同时还取得了良好的社会效益，为三峡文化的弘扬也作出了巨大贡献。现在车溪景区的市场竞争力日益增强，客源市场拓展至海外，景区的特色文化品牌越做越大。

三峡车溪民俗风景区的旅游开发很好兼顾了当地居民的利益，景区的20多户居民没有被迁出，而是融入其中，参与景区的经营，如开办家庭旅馆、农家乐餐馆、出售旅游商品等，旅游开发做到了造福地方百姓，兴地富民。

三峡车溪民俗风景区的旅游开发能较好地处理人与自然的关系，注重景区的生态设计和环境保护。景区的民居建筑都是清一色的土木砖瓦房，严禁修建钢筋混凝土的小洋楼，建筑风格与环境十分和谐，田园风光浓郁。

三峡车溪民俗风景区还非常注重景区旅游形象“窗口”——导游的文化培训和导游队伍建设。车溪的导游是清一色的三峡妹子，身着统一的地方特色服饰，纯真质朴，活泼可爱，服务热情，是车溪景区的一道亮丽的风景线。

在正确的开发思路与理念的指导下，车溪景区已接待游客百余万人次，公司员工发展到100余人，而且为周边城乡居民创造了很多的就业机会，产生了巨大的经济效益、生态效益和社会效益。2000年，车溪民俗风景区被评为“宜昌市旅游新十景”；2002年，湖北省民间文艺家协会授予车溪全省第一家（仅此一家）“民俗旅游点”；2003年车溪在中国网友节评选活动中荣获“新三峡十景”的光荣称号；2004年，车溪被评为AAAA级旅游景区。目前，正在冲刺AAAAA级旅游景区。

问题讨论

1. 三峡民俗文化旅游资源的开发应遵循什么原则？
2. 三峡车溪民俗风景区的开发思路是什么？
3. 你认为三峡车溪民俗风景区成功的关键是什么？主要表现在哪些方面？
4. 三峡车溪民俗风景区开发与经营的成功，给你哪些启示？

第五章　旅游产品开发

第一节　旅游产品概述

一、旅游产品的概念

旅游资源经过规划、开发建设形成旅游产品。旅游产品是旅游地为旅游者提供的物质产品与精神产品的总和。总体上，旅游产品是以旅游吸引物为前提，以旅游基础设施为保障，由旅游产品经营者为满足旅游者要求和实现旅游目的所提供的全部实物和劳务服务。旅游产品是一个复合概念。广义的旅游产品由旅游吸引物、旅游服务设施、旅游服务以及旅游购物品四大要素所构成。狭义的旅游产品在规划编制工作中常指旅游吸引物，有时它可以粗略地等同于通俗意义上的旅游景区（点）。

旅游产品与旅游资源、旅游吸引物、旅游项目、旅游商品、旅游购物品、旅游线路是旅游学中一组常见概念，它们既有联系，又有差异，为了更深刻地理解旅游产品内涵，我们对它们之间的关系作一一剖析。

（一）旅游产品与旅游资源、旅游吸引物

旅游资源是指客观地存在于一定的地域空间，能够吸引人们产生旅游动机，并可能被利用来开展旅游活动的所有自然存在、历史文化遗产和社会现象。旅游吸引物，顾名思义，是指吸引人们的旅游对象，正如保继刚教授指出的，“在大多数情况下，旅游吸引物是旅游资源的代名词，两者通用”。如果硬是要严格区分两者的话，旅游吸引物还可以在旅游资源的基础上包括“直接用于旅游目的的人工创造物”。需要说明的是，为了旅游目的而创造的人造景观不能算是严格意义上的旅游资源，旅游资源之所以存在，完全是自然的无意识造化或人类因其他目的而创造的成果，是先旅游而客观存在的自然或人文因素。所以直接用于旅游目的的人工创造物只能属于对旅游者具有吸引力的旅游吸引物。

旅游资源、旅游吸引物经过旅游经营者设计、开发后出售给旅游者才会形成旅游产品。也就是说，旅游资源、旅游吸引物如果只是设计、开发，只能叫做旅游项目，只有当旅游项目出售给旅游者后才形成旅游产品。

（二）旅游产品与旅游项目

旅游项目是指旅游企业以旅游资源为开发基础，以旅游者和旅游地居民为吸引对象，为其提供观赏、休闲、娱乐等服务的旅游吸引物。旅游项目可大可小：一个景区（点）可以成为一个项目，一项水上游乐活动可以成为一个项目，一座水坝的建设可以成为一个项目，旅游项目的设计是运用创造性思维，对旅游资源及各种旅游要素的优势和特点进行创造性的优化组合，从而为开发设计出具有吸引力的旅游产品提供思想和创意基础。

旅游项目和旅游产品是有差别的，旅游产品是从经济学角度定义的概念，而旅游项目是从旅游开发、运营和管理的角度来说的。不过，两者之间有紧密的联系，旅游项目设计开发完成后，一旦被旅游者购买消费，旅游项目就变成了旅游产品。一般来说，旅游项目设计是旅游产品开发的基础，它是连接旅游资源和旅游产品的重要纽带。很多时候，高质量的旅游资源并不一定就能成为有较好旅游效益的产品，而看似普通的旅游资源并不一定就不能成为好的旅游产品。所以，旅游项目的设计对于旅游产品的社会经济效益至关重要。

（三）旅游产品与旅游商品、旅游购物品

国内有“旅游产品”、“旅游商品”、“旅游购物品”等称谓，常相互混淆、替代使用。要弄清它们的关系，我们有必要先分析产品与商品的关系。产品与商品的区别是：产品是经过人类劳动生产或加工，具有使用价值和价值的劳动物品。商品是为了交换或出卖而生产的劳动生产物，是使用价值和价值二重性的统一体，只有用来交换的产品才能称为商品。尽管产品和商品存在差异，但今天指向的多为同一客体，只是分别从生产和交换角度指向而已。旅游产品则不同于一般的产品，由于旅游具有异地性的特征，所以旅游产品主要是供外来的旅游者享用的，换句话说，不交换的旅游产品是不存在的，使用“旅游商品”这个词汇可能更为准确。但是，一直以来，人们已经习惯用旅游产品来指代本应由旅游商品表示的旅游物象和劳务，并将旅游购物品、旅游消费品、旅游纪念品称为旅游商品，所以我们还是应该把旅游产品和旅游商品区别开来，旅游商品就是旅游购物品，特指旅游用品、旅游纪念品、旅游消费品等，属于旅游产品的一部分。这样一种约定俗成有利于学术研究的规范，学界也无需从字面上去探究它的缺陷了，做一个统一的界定即可。

（四）旅游产品与旅游线路

旅游线路是指在一定地域空间，旅游经营者针对旅游目标市场的需求，凭借交通线路和交通工具，遵循一定原则，将若干旅游地的旅游吸引物、旅游设施和旅游服务等合理地贯穿起来，专为旅游者开展旅游活动而设计的游览线路。

从旅游服务贯穿于整个旅游过程这个角度看，旅游线路是旅游产品销售的实际形式，似乎旅游线路就是旅游产品。其实不然，旅游产品不能等同于旅游线路，旅游产品中的旅游吸引物、旅游设施等要素并不属于旅游线路，旅游线路只是将它们连接起来，起着纽带和桥梁作用，旅游线路只是旅游产品组合的一种形式。

二、旅游产品的特性

（一）综合性

现代旅游是一种综合性的社会、经济、文化活动，要满足旅游者物质、精神等多方面的需求，因此，旅游产品通常是包括吃、住、行、游、购、娱在内的综合性产品。这种综合性既体现在物质产品与服务产品的综合，又体现为旅游资源、基础设施和接待设施的结合，更体现为旅游所涉及的众多相关部门和行业的综合。旅游产品的综合性要求旅游目的地应该对旅游产品的生产与经营进行全面综合规划，协调组织和安排直接或间接从事旅游产品经营的部门。

（二）生产消费同时性

旅游产品的生产（经营）过程和消费过程同时发生，两者具有高度的时空一致性。旅游产品在生产开始的同时消费也即刻启动，消费结束时生产也不再进行。即当旅游生产者向旅游者提供旅游产品的同时，旅游者的消费开始；当旅游者的旅游活动结束，回到自己的原住地的时候，消费过程结束，旅游生产者也结束了旅游产品的提供。这个特性使旅游产品与一般消费品表现出巨大的差异，也给旅游产品的开发与管理带来了严峻的考验。

（三）不可储存性

旅游产品的不可储存性主要在于旅游产品和一般产品不同，其使用权和所有权是分离的。旅游生产者出售旅游产品，只是出售了旅游产品的使用权，并没有出售旅游产品的所有权。如果旅游者购买旅游产品，却不在规定时间内进行消费使用，那么意味着他放弃了在规定时间内对旅游产品的使用权。如果他以后想消费该旅游产品，必须重新购买。

（四）不可转移性

旅游产品的不可转移性可从两个方面来进行理解。一是旅游产品在地点上不可转移性。除旅游购物品外，其他旅游产品是不能在旅游地之外进行生产和销售。也就是说，旅游者想消费某项旅游产品，必须去旅游产品的生产地进行消费。二是旅游产品的所有权不可转移。一般物质产品通过买卖交换，所有权发生转移，但旅游产品的买卖是旅游者在特定时间和地点内拥有对产品的使用权，只是使用权的暂时交接，并不代表旅游者拥有旅游产品的所有权。比如，某旅游者在酒店住宿，他只是在规定时间内拥有对酒店产品的使用权，他无权将其据为己有，无权损坏房间内的有关设施和用品，甚至无权将使用权自行转让给他人。

三、旅游产品体系划分

旅游产品是一个开放的系统，随着产品竞争和市场需求的不断变化，满足市场需求的产品形式也不断地增减改变，因此要提出一个较稳定的产品分类系统是困难的。

依据不同的标准，旅游产品通常可以分为以下类别：

（一）依据功能划分

旅游产品依据功能可以分为观光旅游产品、度假与休闲娱乐旅游产品、商务会展旅游产品、特种旅游产品等。在旅游产品的分类上，吴必虎教授曾提出“旅游产品谱”的概念。所谓旅游产品谱是指将所有旅游产品按照某种可变特征分类别并系统进行编排而得出的一种系列。近年来，随着传统旅游产品的发展和新兴旅游产品的涌现，旅游产品的种类不断增多，甚至出现了交叉型和过渡型的旅游产品，于是又提出“旅游产品树”的概念来替换“旅游产品谱”的概念。“旅游产品树”实际上就是依据功能来划分的，主要包括五大旅游产品类型：观光益智旅游产品、休闲娱乐度假旅游产品、商务会展节事旅游产品、专项（主题）旅游产品和特殊兴趣旅游产品。

（二）依据旅游时间划分

旅游产品依据旅游时间可以分为浏览型旅游产品、逗留型旅游产品两种类型。浏览型旅游产品一般是线状和点状的参观型产品，具有新奇和快速满足的特点，比如三峡大坝、黄果树瀑布等是点状浏览型旅游产品，长江三峡、桂林漓江是线状浏览型旅游产品。逗留型旅游产品是能够让旅游者长时间停留的产品，具有舒适性和综合型的特点，比如三亚海滨度假、海上邮轮度假等旅游产品。

（三）依据国家标准

国家标准《旅游规划通则》(GB/T 18971—2003）中将旅游产品分为自然类、人文类和综合类。自然类旅游产品主要包括以自然遗产地、自然度假区、自然风景区、自然保护区、森林公园、地质公园等为资源基础开发的旅游产品。人文类旅游产品既包括城市建筑、乡村古镇建筑、现代工程等人文景观类旅游产品，也包括民风民俗、文化艺术等非物质类旅游产品。综合类旅游产品则指旅游产品既有自然类特性，又有人文类特性。

（四）依据形态划分

旅游产品依据形态可以分为点状旅游产品、线状旅游产品和面状旅游产品。点状旅游产品指的是单项旅游资源或旅游吸引物开发后形成的，线状旅游产品指的是旅游线路，面状旅游产品是指拥有多项旅游资源或旅游吸引物的旅游地经过规划、开发和设计后形成的。

除了上述旅游产品的分类标准外，国内外众多学者还提出了其他的众多旅游产品的分类标准。例如，Fyall、Garrod 等（2003）通过不同的维度（所有权、容量、市场、腹地、持久性以及属性等），对旅游产品进行了分类；陈传康（1986）从旅游者行为、迟景才（1998）从世界旅游产品体现发展趋势角度提出了分类方法。在此就不一一详细介绍。

四、旅游产品的生命周期问题

旅游产品生命周期（Product Life Cycle，PLC）也称旅游地生命周期（Resort Life Cycle，RLC）。对旅游地生命周期的研究，可以追溯到 1964 年德国学者克里斯塔勒（Christaller）对欧洲旅游地和美国学者斯坦斯菲尔德（Stansfield）1978 年对美国大西洋城的旅游发展的分析。目前被学术界公认并广泛应用的是加拿大学者巴特勒（Butler）1980 年提出的旅游地生命周期理论。他认为一个地方的旅游开发不可能永远处于同一个水平，而是随着时间变化而不断演变。他将旅游地的发展阶段分为介入期、探索期、发展期、稳定期、停滞期和衰落期/复兴期 6 个不同时期（见图 5-1）。

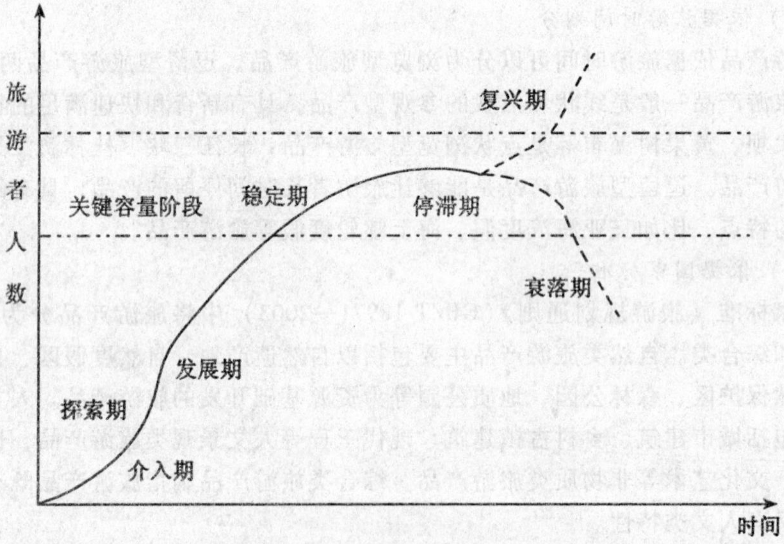

图 5-1 旅游地生命周期曲线示意图

更多的学者对旅游地演进现象的研究主要并不在于阶段划分上，而是集中于对各演进阶段的社会、经济特征的研究。盖茨（Getz）在巴特勒曲线基础上，明确了各周期阶段的特征（见表5-1）。阶段特征的研究加强了周期理论对旅游地演进现象的描述力，使人们能够更容易地判断旅游地所处的周期阶段。

表5-1　　旅游地生命周期各阶段特征描述

阶段	特　征
探索	少量的“异向型”游客或“探险者”；少有或没有旅游基础设施；只有自然的或文化的吸引物
起步	当地投资于旅游业；明显的旅游季节性；旅游地进行广告宣传活动；客源市场形成；公共部门投资于旅游基础设施
发展	旅游接待量迅速增长；游客数超过当地居民数；明确的客源市场地；大量的广告宣传；外来投资
稳固	增长速度减慢；广泛的广告宣传以克服季节性和开发新市场；吸引了“自向型”游客；居民充分了解旅游业的重要性
停滞	游客人数达到顶点；达到容量限制；旅游地形象与环境相脱离；旅游地不再时兴；严重依赖于“回头客”；低客房出租率；所有权经常更换；向外围地区发展
衰落	客源市场在空间和数量上减少；对旅游业的投资开始撤出；当地投资可能取代撤走的外来投资；旅游基础设施破旧，并可能被取代以其他用途
复兴	全新的吸引物取代了原有的吸引物，或开发了新的自然资源

资料来源：吴必虎，俞曦．旅游规划原理．北京：中国旅游出版社，2010.

生命周期现象是旅游产品供需关系变化的一种反映。对于产品供给与需求的平衡关系，旅游规划师应十分重视。旅游规划的一个重要目的，就是要努力促使旅游区保持持续的生命力或吸引力，延长其发展稳定期，防止衰落期的到来，或者在衰落期到来之前，对旅游产品及时升级与更新，使其产品能进入下一个发展循环过程。

需要指出的是，有些旅游产品的生命周期并没有经过巴特勒描述的6个阶段，而是直接从一个高峰起步，逐渐走向衰落；对于具有垄断性特征的旅游产品，市场需求量一直都很稳定，看不出任何要衰退的迹象，如北京的故宫与长城、安徽黄山、湖南张家界、埃及金字塔、法国埃菲尔铁塔等。

第二节 旅游产品开发与组合原则

一、旅游产品开发原则

（一）可持续发展原则

可持续发展原则是体现在开发始终的指导性原则。旅游产品开发要有科学的旅游发展观，协调人与自然的关系，不能破坏资源和环境，注意保持产品的生命力与发展潜力。世界自然遗产张家界在旅游开发中建设的垂直升降电梯虽然是张家界旅游产品中的一个新亮点，但由于破坏了资源和环境，造成了整体景观的不协调而受到专家学者的普遍质疑，因旅游开发而导致资源和环境的破坏是得不偿失的，不符合可持续发展的原则。

（二）市场导向与引导市场相结合的原则

要把握市场需求与旅游产品供给的关系，将市场供求意识贯穿于资源可开发性分析、资源开发与项目策划、区域旅游结构优化、市场目标与设施配套的平衡分析、旅游形象设计、旅游市场定位与开拓策划过程之中。旅游产品开发首先要满足市场需求，只有市场有充足的需求，供给才会有效。比如，人们对于漂流、温泉、滑雪等特种旅游兴趣越来越大，逐渐成为市场潮流，以漂流、温泉和滑雪等为主题的旅游开发就有很大的市场潜力。但是，旅游产品开发不能一味满足市场需求，有些消费需求倾向容易产生不良甚至恶劣的社会文化影响和环境破坏，就要加以引导，不能一味迎合，比如封建迷信的消费需求、奢侈腐化的消费需求等。对有些旅游消费市场也应注意引导，如在风景名山提倡登山游览，少建索道等。另外，有些市场需求是旅游开发者创造出来的，引导了新的旅游消费潮流，产品创新也能创造新的旅游市场需求。

（三）强化特色、创造名牌原则

旅游产品开发要强化特色，创造名牌，打造精品，实行规模化、集约化经营。防止面上开花、粗放经营的大上项目、乱铺摊子和相互克隆、同构竞争的现象。旅游产品开发贵在发现差异，形成特色。如在漂流旅游产品开发中，虽然同样是漂流，但不同的漂流河段在刺激程度、沿途景观、活动设计、环境氛围等方面各不相同，漂流旅游产品开发要善于寻求其中的差异和创造新的特色，同构竞争没有出路。对于级别较高的旅游产品开发，要加大投入，打造精品，形成品牌。如三峡大坝旅游产品不能仅仅局限在坝区一个点，而应拓展到周边的一片，以大坝景区为中心，将周边地区的大老岭森林度假旅游产品、屈原文化旅游产品、昭君文化旅游产品、石牌抗战文化旅游产品、泗溪的生态观光旅游产品、九畹溪的激情漂流旅游产品等纳入大坝旅游区统一建设范围之内，真正将三峡坝区建成一个品牌旅游区。

（四）多样化原则

旅游产品的综合性和旅游者的消费需求与消费能力的多样性，要求旅游经营者提供的旅游产品和服务内容必须多样化，走“普品、特品、名品、精品、极品”相结合的发展道路，以满足游客全方位、多层次的需要。例如，厦门鼓浪屿在其游客中心专门为游客设计了不同的自助旅游线路图，如鼓浪屿音乐之旅线路图，鼓浪屿建筑之旅线路图，鼓浪屿红色之旅线路图，夜游鼓浪屿线路图等多条旅游线路供游客选择。既有团队半日游和一日游的普通旅游产品，也有为音乐爱好者和建筑爱好者专门设计的特种旅游产品。有围绕海上花园为主题的鼓浪屿名品精品旅游产品，更有为高端客户精心打造的鼓浪屿豪华浪漫旅游产品。鼓浪屿的旅游产品开发策略充分体现了旅游产品的多样化，满足了游客的需求，也是鼓浪屿长盛不衰的法宝。

（五）创新性原则

创新是传统的叛逆，是打破常规的哲学，是大智大勇的同义，是导引递进升华的圣圈；创新是一种智能拓展，是“跳出地球看地球”的思路，是深度情感与理性的思考与实践，是思维碰撞、智慧对接。简而言之，创新就是具有新颖性和创造性的想法。在同样的资源与市场要素的条件下，旅游产品开发，可以产生多种多样可能的结果。资源转化为产品，有巨大的可能性空间，可以以资源为对象，进行产品创新设计，比如独特的自然资源，它本身就是观赏对象；也可以以资源为背景，进行产品创新设计，比如度假村、高尔夫球场；还可以完全“无中生有”，比如主题公园等。

二、旅游产品的组合原则

前已述及，旅游线路是旅游产品的组合形式，旅游产品的组合层面、组合方向、组合内容、组合模式是通过旅游线路表现出来的。但旅游产品如何组合，采取什么组合层面、组合方式、组合内容和组合模式才能获得更好的经济效益是旅游企业经营者最为关心的一个重要内容。要想解决这个问题，最为关键的是要理清旅游产品的组合原则。

（一）主题特色原则

开发思想的混乱将导致产品体系无序、雷同、排斥、内部恶性竞争，难以形成合力。旅游产品的组合需要通过主题的提炼，围绕统一的开发思想和主题进行结构的调整与组合的创新。只有主题突出、特色鲜明，才会对旅游者产生较大的吸引力，因此，要充分挖掘区域内文化内涵，分析区域内旅游产品特色，推出主题旅游产品，才能形成区域内的拳头产品和特色品牌。比如以文化为主题，将武汉市内的部分景点串联起来，进行对外宣传，以古琴台为代表的知音文化，以黄鹤楼为代表的阁楼文化，以汉口江滩为代表的码头文化，以东湖风景区为代表的湖泊文化，以归元寺、长春观为代表的宗教文化，以武昌起义纪念馆为代表的首义文化，以武汉长江大桥为代表的现代桥梁文化，等等。

（二）布局合理原则

旅游产品空间布局的合理性首先表现在旅游产品间距适当。如果旅游产品之间距离较大，将迫使旅游者耗费大量的时间和金钱在旅途中，这样会引起旅游者的抱怨和不满。因此，在组合旅游产品时，应尽量使整个游程中旅行时间不超过全部旅程时间的1/3。其次，适量择点。在既定时间条件下，旅游产品组合应考虑“劳逸结合”，即安排适当数量的旅游景区（点），避免旅游者在过多的旅游景区（点）间奔波而产生紧张和疲劳感，达不到休息和娱乐的目的，并使旅游者走马观花，无法细致地了解旅游目的地。当然，过少的旅游景区（点）也会令旅游者的性价比降低，产生负面的口碑效应。再次，排序科学。旅游产品组合应考虑其结构顺序与节奏。一个完美的旅游产品组合应使旅游者感到高潮迭起，游兴大增，心满意足。此外，旅游产品组合要合理搭配，既要有主打的核心产品，也要有辅助的一般产品；既要有严肃性的旅游产品，也要有轻松体验性的旅游产品；既要有面向高端市场的旅游产品，也要有面向中低端市场的旅游产品。

（三）互补性原则

旅游产品的互补性，可以从空间和时间两个方面理解。在空间上，旅游区的主要旅游点应在类型、特色上优势互补，在布局上有主有从；在时间上，应重视四季产品的优势互补，将气候、物候、季候作为旅游资源的组成部分加以规划设计，以调节旅游的淡旺季。城市旅游要注意白天产品和夜间产品的互补开发，旅游景区要注意白天活动和夜间活动的总体设计。

第三节　旅游产品开发

一、旅游产品开发的依据

（一）资源基础

资源条件是旅游产品开发的基础。旅游产品开发必须依托旅游资源。旅游景区（点）的开发建设是实现旅游资源合理配置，发挥旅游价值的根本途径。通过旅游资源调查和评价，分清旅游资源的类型，归纳旅游资源的特色，评价旅游资源的级别，评估旅游资源的发展潜力。旅游资源的品位、特色、丰度直接影响旅游开发的方向、规模和旅游产品的魅力。旅游资源具有稀缺性的特点，旅游开发中忽视旅游资源和持“资源泛化”（如认为“处处都是旅游资源”等）的思想是错误的。

（二）开发条件

1. 区位条件

“区位”一词来源于德语“standort”，英文于1886年译为“location”，即定位置、场所之意，我国译成“区位”，日本译成“立地”，有些意译为位置或布局。“区位”一方面指该事物的位置，另一方面指该事物与其他事物的空间的联系，在旅游规划中通常指旅游地与主要客源市场之间距离。区位影响着旅游地能否被编入多目的地旅游线路中去，能否有机会发展与周边地区互补的旅游产品。同时，区位还影响着旅游地旅游资源的相对价值（如曲阜与邹城、三峡大坝与葛洲坝等）。区位从类型上主要有自然区位、经济区位和旅游区位。

旅游区位包括资源区位、客源区位和交通区位，分析某旅游地的旅游区位条件主要从这三个方面着手，资源区位看结构，客源区位看位置，交通区位看线路，即旅游资源的丰度与搭配组合程度，旅游地与外部客源市场、周边景区（点）的空间关联度以及客源市场与旅游目的地的线路通畅度，这三者构成的区位因素是产品开发的重要影响因素。

2. 交通条件

交通条件影响游客的可进出性和旅游产品销售的可能性。在进行旅游产品开发之前，要充分调查交通条件的影响。对于一些交通条件相对较差的地区，旅游产品开发成本较高，线路组织更加困难，比如湖北的“一江两山”（长江西陵峡、神农架、武当山）具有世界级的旅游资源，其作为旅游产品推向市场一度时期的最大的阻力在于交通条件的制约。

3. 市场条件

市场需求是进行旅游产品开发，实现旅游供给的前提，目标市场应该成为引导产品开发方式、规模、层次以及调整产品结构和开发策略的重要依据。

4. 经济条件

经济条件影响旅游产品开发的投资规模与质量。旅游开发和地方经济的发展背景息息相关。对于经济条件较好的地区，不仅政府、相关组织和个人的消费规模大，而且投资能力强，旅游开发容易吸引投资，扩大规模，改善质量，市场前景好，旅游开发的难度远远低于经济落后地区。

5. 社会条件

社会条件影响旅游产品开发的保障与可能性。社会秩序稳定、居民素质较高、管理制度较完善的国家和地区，旅游开发能够得到各方面的保障，同时也为旅游开发提供了更多的可能性。

社会条件还会影响到旅游产品的类型，如在新加坡、澳门等国家与地区，博彩也能成为该国或地区一种特殊的旅游产品。

6. 文化条件

文化条件影响旅游产品开发的文脉发掘和旅游产品的文化内涵与品位。文化是旅游产品开发成败的关键，对人文类旅游产品的开发更是如此。长江三峡旅游产品的开发，可以挖掘三峡文化的内涵；清江旅游产品的开发，可以挖掘土家民俗文化和巴文化的内涵。这样，有利于增强旅游产品的吸引力。

7. 用地条件

用地条件影响旅游产品开发成本与建设规模。

所有上述这些条件，直接影响旅游产品开发模式和投资规模以及经营效益。

（三）旅游需求

根据经济学的需求理论，需求是指消费者在一定时期内，在各种可能的价格水平下，愿意并且能够购买的数量。从旅游经济角度看，旅游需求是指旅游消费者愿意购买并且能够购买旅游产品的数量。旅游需求的主体具有不确定性和变化性。通常影响旅游市场需求主体作出消费决策的因素有：

(1) 消费者欲望。不同年龄、职业、地域的个体有不同的消费欲望，这就可能产生不同的消费动机和消费行为，只有消费者有出去旅游的欲望时，才有可能产生旅游的消费动机和消费行为，才有可能把潜在的旅游需求转变为现实的旅游消费。

(2) 经济能力。这是直接影响旅游者是否进行旅游消费的前提条件，因为仅有主观的旅游欲望并不能形成有效需求，客观的旅游购买能力才能促使消费者最终作出旅游决策。

(3) 消费者偏好。不同偏好的消费者，会对旅游资源、旅游服务、旅游距离进行差异化的偏好选择，来满足自身的个性消费和需求。

(4) 旅游目的地。旅游目的地的知名度、独特性、互补性、可达性、旅游环境、旅游效率等也是影响旅游需求一个重要因素。

旅游需求与旅游产品开发是相辅相成、相互推进。一方面，旅游市场需求是旅游产品开发的前提，是旅游产品开发的主要依据。如湖北宜昌的车溪景区根据当今人们“回归自然、追溯历史、体验文化”的旅游心理需求和旅游潮流，成功地打造了“梦里老家”旅游产品。另一方面，旅游产品开发的最终目的是不断满足旅游者的消费需求。

二、旅游产品开发策略

（一）地方特色产品策略

突出地方历史文化，体现独特价值，以开发优质的不可替代性旅游产品为目标，形成具有地方特色的旅游产品。

（二）名牌产品与产品品牌策略

以开发名牌旅游产品来塑造景区品牌，形成旅游市场的高知名度和强竞争力，并以产品的美誉度来树立景区旅游形象。

（三）旅游产品多样化策略

改变景区产品类型单一、数量不足的通病，调整旅游产品结构，实施类型与层次多样化的旅游产品开发策略。

（四）联合开发策略

景区产品开发重要的是遵循联合开发的策略，与其他景区联手，组成完整的旅游产品，共同向外促销吸引远程客源。

（五）产品更新与再开发策略

对于旅游老产品或停滞产品可采用重新定位、重塑品牌、更新营销等策略，进行旅游产品的更新与再开发，以增强旅游吸引力与生命力（如杭州旅游由“风景旅游城”向“休闲之都”转变等）。

三、旅游产品开发类型与设计内容

旅游产品开发的主要类型和设计内容如表 5-2 所示：

表 5-2　　旅游产品开发的主要类型和设计内容

旅游产品开发类型	主要设计内容	旅游产品特征
观光类	自然风光（包括名山、大河、江湖、瀑布、自然遗产和其他的自然风光等），城市风光（包括独特城市建筑、现代都市风光、城市绿化带以及城市观光游憩带、CBD、RBD 等），名胜古迹	赏心悦目 心旷神怡
文化类	文化遗产艺术馆（博物馆、艺术馆、美术馆、纪念馆），民风民俗类（祭祖、民族风情），历史类（历史人物和历史遗迹），宗教类（寺庙、佛塔、清真寺、教堂等），文学类（文学名著文学大师居室、电影旅游等），历史文化名城类（古镇等）	历史文化性
度假类	海滨度假，湖滨度假，山地度假，乡村度假，温泉度假（SPA）	环境幽雅 游玩档次较高

续表

旅游产品开发类型	主要设计内容	旅游产品特征
康体类	高尔夫，滑雪，球类（网球、保龄球、乒乓球等），体育观战（赛车），户外（极限、滑翔、攀岩、远足、露营、溪降、登山、水上运动）	精彩性 刺激性 健身性
教育类	修学旅游，校园旅游，教育或科考旅游（包括生物、科普、农业、航空等），爱国主义教育基地，夏令营	知识性 趣味性
交通类	景区类的交通工具（环保车、索道、黄包车、电动车和观光车），豪华列车，自驾车，游艇，豪华游轮，直升机，滑翔机，飞船，小火车	旅游范围广 流动性大
奇异类	探险旅游（极地探险），狩猎旅游，野外拓展训练，地质旅游（地质公园、溶洞、石林等），海洋旅游，沙漠旅游，摄影旅游，军事旅游	新鲜 奇异 刺激
生态类	生态旅游，农村观光旅游（农家乐），国家公园游（植物园、文化公园、一般公园等），自然保护区（草原、湿地、森林公园等）	和谐 恬静
节事类	民族节日（藏历年、彝族火把节、傣族泼水节），传统文化节（体育节、舞蹈节、音乐节），地方特色节日，旅游交易展览会（大连国际服装节、青岛国际啤酒节等），博览会（昆明世界园艺博览会）	商业聚焦 公众吸引 形象塑造
养生类	沐浴疗养（森林浴、空气浴、泥浴、阳光浴、牛奶浴、荷浴、沙浴、花浴），民族医药（中药、藏药、蒙药）	康体 强身 舒心
主题类	影视城，嘉年华，游乐场，儿童乐园等	人为塑造 科技含量高
专项类	农业旅游，工业旅游，美食旅游，自驾车旅游等	专业性较强 体验较深入

四、旅游产品开发程序

旅游产品开发的一般程序：机会确认（市场分析与定位）—产品策划（主题定位、项目创意、突出特色）—产品设计（产品物化、文化包装）—产品试验（促销试验、市场预测、试验性营销）—产品营销（向市场推介）。

案例一

湖北省宜昌大老岭国家森林公园旅游产品开发设计

大老岭国家森林公园的旅游产品的开发，应遵循多样性和互补性的原则。产品要丰富多彩，供游客选择。产品要异质互补，形成整合倍增效应。在空间上，旅游区的主要旅游点应在特色上优势互补，在布局上有主有从；在时间上，应重视四季产品的优势互补，将气候、物候、季候作为旅游资源的组成部分加以规划设计，尽量减少淡季和旺季的反差。围绕大老岭国家森林公园的旅游主题形象"绝色林海·养生仙山"，以森林观光旅游产品启动市场，以森林休闲度假产品巩固市场，以养生文化产品制胜市场，以专项森林旅游产品丰富市场，重点开发养生保健、休闲度假、观光游览、登山探险、科学考察、专项活动等六大类产品。

(1) 养生保健型产品：依托药王溪、鲵娃沟原始森林等，利用森林环境和树木释放出的有益气体进行森林浴，利用林区盛产的中药材进行疗养，开办森林医院和森林疗养院，达到养生保健之功效；开发森林体育运动项目，达到养生保健之功效；开发森林乡村美食，通过森林特色美食达到养生保健之功效。

(2) 休闲度假型产品：依托沙河旅游接待中心（中远期包括鼓浆坪）、药王溪、三峡云顶、鲵娃沟原始森林开展野营度假、散步、远足、文化娱乐节目、对歌、欣赏"天籁之音"、耍雪、滑草、荡舟、垂钓、动物观赏、旅游购物、养生健体等活动。

(3) 观光游览型产品：依托鲵娃沟原始森林、药王溪瀑布群、三峡云顶、怪树岭、植物园，开展参观植物园、欣赏怪树、观赏瀑布群、绿潭、欣赏"鄂西九寨沟"、俯瞰大老岭风光、观日出、林海、云海、象形石、参观得胜寨、栓马桩、鸡公垭等活动。

(4) 登山探险型产品：依托鲵娃沟原始森林、贾家湾峡谷、三峡云顶、陷马池以及所设计的拓展专线等开展登山、探险、拓展训练等活动。

(5) 科学考察型产品：依托植物园、鲵娃沟原始森林、新官标本陈列室等，开展考察野生动物、地质、地貌以及其他调查、考察和教学实习活动、科普教育等活动。

(6) 专题活动型产品：依托三峡云顶、鲵娃沟原始森林、千斤园茶园、得胜寨等，在森林旅游区开展保护生态环境、爱护森林的社会活动或夏令营、登山比赛、自行车旅游、体验道教文化、军事文化、茶文化、养生文化等。

此外，在旅游产品开发中实行“七个一”工程：推出一系列森林旅游精品，开发一系列旅游土特商品，编制一本生态旅游手册，建设一个生态标识系统，组建一个乡土文艺表演团队，举办一个品牌旅游节庆（如养生文化节、森林文化节、茶文化节等），拍摄一部旅游宣传影视片（如《大老岭神奇的四季》）。

案例二

山西省大寨旅游产品开发

大寨位于山西省昔阳县，1949 年以前，这里穷山恶水，七沟八梁一面坡，自然环境恶劣，群众生活十分艰苦。1949 年以后，以陈永贵、郭凤莲等为带头人的大寨人决心改变落后的面貌，敢于战天斗地，艰苦奋斗，治山治水，在七沟八梁一面坡上建设了层层梯田，并通过艰巨劳动引水浇地，改变了靠天吃饭的状况。1964 年毛主席发出了“农业学大寨”的号召，从而成为全国农业的一面旗帜。全国掀起了“农业学大寨”的高潮，大寨精神得到发扬，大寨经验得到推广。然而，曾经辉煌过的大寨在改革开放后的一度时期，成为“左倾”路线的代名词，遭到批判和冷落，并被遗忘在角落里。大寨在 20 世纪 80 年代受到毁灭性的打击，经济出现崩溃。在复兴经济中，大寨人听取了当时任国务院副总理的朱镕基的意见（“旅游业搞好了，比办几个工厂都赚钱”），把发展红色旅游与农业旅游作为二次创业的一个突破口。

大寨相继建成了大寨陈列馆、虎头山森林公园、陈永贵墓、郭沫若诗碑、梅花鹿场、纪念观景亭等，开放了陈永贵故居、周恩来住址等，为大寨增色不少。现在大寨已经成为一个优美的公园山村。层层梯田庄稼葱绿，田田池水波光旖旎，人造森林郁郁葱葱，处处果园硕果累累。大寨村窑洞整齐，街道干净、清洁，人民善良厚道、热情好客。大寨的交通、通讯等基础条件已经大有改善。1999 年，大寨被评为山西省五大著名特色景区之一。

利用历史文化和依托名地、名人打造旅游产品和旅游品牌，可以说是大寨人最精明、最成功之处。大寨，如今已成为 30 多种商品的品牌，中国许多市场都有“大寨”牌商品销售，“大寨”这个品牌的无形资产给大寨人带来了巨大的财富，大寨核桃露、大寨牌衬衫、大寨醋、大寨黄金饼、大寨金鹿酒等产品纷纷走出娘子关，行销全国，大寨核桃露的广告在央视热播。来大寨旅游的客人，首先要求喝大寨酒，饮大寨核桃露，吃大寨的压饼、窝头。印有“大寨留念”的小老虎是游客喜爱的旅游纪念品。在着力打造“大寨”旅游品牌的同时，“大寨”品牌所凝聚的巨大精神价值也开始为越来越多的人关注并了解，一些“政治明星”也随着“大寨”品牌变成了“经济明星”，如被誉为大寨“活化石”的80多岁的宋立英在自家院里开办了旅游纪念品商店，并签名售书，还给一些音像制品担任销售总代理；被誉为大寨“铁姑娘”之一的李圆眼开办的“农家土炕饭店”，三间窑洞分别按照20世纪“六七十年代”、“八九十年代”和“新世纪”主题布置，吸引了不少游客；被誉为大寨“形象代表”的郭凤莲等带着大寨核桃露饮料，像一名熟练的营销员给客人介绍着大寨的饮品，她说：“我们利用品牌搞联合，利用资源出产品，既宣传了大寨本身，又提高了经济效益。”

以前人们来到这里是为了学习先进，而现在，人们来到这里是更多为了怀旧旅游。

与为数众多的旅游景区不同，大寨旅游发展依靠的是独特的社会资源，其独特之处就在于大寨曾经走过的辉煌岁月和它所包含的丰富的精神内涵。对此，大寨人始终有着清醒的认识。例如李玉萍说，大寨的旅游发展一定要抓住自己的特色，要坚持三个原则：一是在“农”字上大做文章，把生态农业和旅游观光融为一体；二是要把浓缩和升华了的历史的大寨再现出来；三是要赋予大寨这一片土地以新的时代特点和内容。正因为有了这样的认识，大寨建起了一批纪念性景点，走出了一条将社会资源转化为旅游产品的成功之路。

复习思考题

1. 简述旅游产品的概念。
2. 简述旅游产品开发的依据、原则和策略。
3. 说明旅游产品组合的原则。
4. 说明旅游产品开发的程序。
5. 试对你所在地区旅游产品开发提出自己的设想与建议（课堂讨论）。

第六章　旅游形象策划

第一节　旅游形象策划的理论基础

一、旅游形象策划起源与发展

（一）CI的起源与发展演变

CI是英文“Corporate Identity”的缩写，译为“企业识别”，用以表达一个企业与其他企业相比较的特色与差异，从而使公众对企业的产品或整体形象有清楚、准确的辨别。

目前CI已从产品商标演变为企业识别标志，从“产品力”开发转向“形象力”的塑造以及企业精神境界的追求。CI已经完全系统化，形成CIS（Corporate Identity System），即对企业的理念识别（MI）、行为识别（BI）及视觉识别（VI）三个方面进行系统的革新、有机的整合、统一的传播，以塑造出富有个性的企业形象系统，从而获得内外公众和组织的认同。

（二）从企业CI到旅游CI

旅游形象策划是在对旅游地形象的传统意义的认识基础上，受企业形象策划的启发以及旅游开发的推动等因素作用而产生并成长起来的。

旅游者在选择旅游地，进行旅游决策时，除了考虑距离、时间、交通方式和旅行成本等因素外，还非常重视旅游地的感知形象这一吸引因素。

旅游形象必须首先来自于视觉景观形象，旅游点的视觉景观形象经历了传统的隐含性（如导游解说等）、过渡期的招徕性（如路牌广告、牌坊式大门景等）、目前的行销性（如有意识的景点设计、开放式大门景、高处设标志性景观、表演活动、旅游节庆活动等）三个发展阶段。

二、旅游形象策划的内容组成

（一）理念基础（MI）

MI主要体现的是一种价值观念、独特精神，它是旅游CI策划的基础、核心和灵魂。旅游产品概念的内核设计必须建立在广泛而深刻的理念分析基础上，并来自于对“文脉”的把握，即对旅游产品所在地进行地域背景（包括自然环境、人文环境）分析。通过对旅游地的理念分析，形成对旅游产品准确而清晰的认识，并进一步确立用以表达和传播旅游点形象的主题和宣传口号。

理念一般可分为一、二两级。一级理念是将重点放在向旅游者传递一种旅游地能够带来的氛围和感觉，即能够给旅游者带来的核心价值。二级理念则根据旅游地不同的特征（历史、地理、文化、景物等）分别作为主题，与目标市场所接受的特点相结合，进行有针对性的具体的阐述，将旅游地系统完整地呈现在旅游者面前，并对一级理念进行全方位支撑。例如，湖北宜昌大老岭国家森林公园的旅游形象设计的理念识别是：一级理念——绝色林海，养生天堂；二级理念——三峡天然氧吧，环坝度假胜地，鄂西养生仙山，宜昌避暑凉岛。

（二）行为准则（BI）

旅游地的行为活动主要表现为三个方面：①对内的员工管理行为；②面对旅游者的活动参与和旅游服务行为；③对外的社会公益行为。行为准则（BI）是反映理念基础（MI）及其主题口号并渗透在以上三个方面的行为规范及规章制度。

（三）视觉形象（VI）

根据心理学的研究，人们接受外界刺激所获得的“信息”，由视觉器官获得的占所有感觉到（听、味、嗅、触、视觉）的83%左右，而且由视觉器官所归集的信息在人类记忆库中具有较高的回忆值。因此，发展视觉传播媒体，开发符号化、标志化的视觉设计系统，是传达精神理念、扩大知名度和塑造形象的最有效方法。VI设计在旅游CI设计中占有特别显著的位置。

旅游VI设计主要包括景点造型（如门景等）及其标志（品牌标徽）、标准字、标准色的赋予，广告牌及宣传口号的展示，景区或企业员工的统一服装和视觉性规范行为。标志符号系统设计的原则是体现地方特色、简练生动、艺术性强、识别度高。

MI、BI、VI三者之间有机联系，关系密切。打个形象的比喻，MI好比旅游景点（或旅游企业）的“心”，BI好比旅游景点（或旅游企业）的“手”，VI好比旅游景点（或旅游企业）的“脸”，三者相互依存，连为一体。在设计时序上，通常是先MI，再BI，后VI。

三、文脉与旅游形象策划

旅游形象策划要把握好地脉（地理根据）、文脉（文化根据）和商脉（市场根据）。这里重点介绍文脉（广义的文脉）。

所谓文脉，即文化脉络，指旅游区的地域环境特征和在这一环境中形成并发展着的历史文化传统和社会心理积淀的文化观念，它是旅游区独特个性的内在核心。简单地说，文脉是一个地域（城市、风景区等）的地域背景和文化根据，广义的文脉包括自然环境、文化氛围、历史传承以及社会人文背景。文脉蕴含于旅游的整个过程中，处处能为旅游者所品味和体验。在提升旅游的文化价值时，应从历史文化中汲取营养和精髓，分析长期文化积累形成的文化特色，把握旅游的文化内涵，这样才能达到继承传统、延续历史和开拓创新的统一，充分体现文脉继承在时间和空间上的延续性。准确地把握和分析一个地域的文脉的旅游吸引力，从而确定开发主题，进而对主题进行深化，挑选适当的项目加以组装，是旅游开发与规划的一条重要思路。例如，洛阳的旅游形象“千年帝都，牡丹花城”，是文脉发掘与旅游形象策划有机结合的范例。

文脉的发掘、提炼是一个艰难而痛苦的思维过程，它需要付出艰苦而创造性的脑力劳动。

一个地方的文脉一般有多条，有主有次，有强有弱，旅游项目的主题应当尽量反映最强的文脉。

文脉的提炼可以使旅游项目发展成为一个地区（或地点）旅游形象的标志，能增强市场竞争力和旅游长久吸引力。如美国迪斯尼乐园成功的根本原因在于它抓住了美国这个崇尚自由、张扬个性、爱好冒险和幻想的国家文脉，因而成为美国或美国精神的一个象征。

文脉分析提炼与展现的核心是“因地制宜”，强化地方独有的特色。在旅游项目开发上具体有三种方法：①协调（与文脉相协调，可以使旅游 CI 顺理成章地具有地方特色）；②突破（能在地方特色不明显、具有一定普遍性的旅游地形成出奇制胜的景点，这需要创造性思维和冒一定的风险）；③协调与突破相结合。

北京开发世界公园表面是突破文脉，深层上则是抓住了北京是中国的对外交流中心和许多北京人想出国看看这一心理的文脉。

在旅游项目建设中，有些旅游规划师和投资商往往根据个人偏好确定建设的主题与旅游形象，忽视地区文脉最终自食苦果。如北海亚热带建“热带植物大观园”。又如宜昌“三峡集锦”，表面上是抓住了文脉，深层上则是背离了文脉——真景面前不能造假景，外地游客和当地人都不会看“假三峡”。文脉在某种角度上可以理解为一种“文化根据”（含人的心理行为）。因此，在旅游开发上应科学地、深层地进行文脉分析，防止“阴影效应”和“真景面前造假景”，遵循游客的心理行为规律。

第二节　旅游形象策划与形象战略

一、旅游形象及其要素

旅游形象即旅游识别系统（Tourism Identity System，TIS），它是旅游地各种要素在公众心目中的综合认知印象，即综合旅游形象。

旅游地形象要素包括了各种旅游产品的内容、品质、外貌、设施、服务、大环境等，它们构成一种综合旅游信息供游客认知。其中质量、级别、知名度、影响力、最具有垄断性与特殊性的项目（可以是区域性、全国性、世界性的特殊与垄断），是其形象的主体内容。其最突出的旅游要素，构成旅游主形象。

二、旅游地形象策划

旅游地形象策划以旅游产品品质和精神理念为核心，向行为规范与视觉识别辐射扩散，三者构成一个有机整体。

（一）设计原则

1. 客观性原则

在特定的时代、区域和经济背景与社会文化环境下进行旅游地形象策划设计，并注重实态调查和客观分析。

2. 系统性原则

旅游地形象是多种形象要素的综合体，包括内在的和外在的、精神的和物质的、无形的和有形的、静态的和动态的多个方面。因而旅游形象设计必须反映其作为一个整体所具有的特征。

3. 独特性原则

独特性产生差异性，差异性产生吸引力，旅游地形象设计贵在个性化，个性化是 CI 设计的核心和关键。塑造个性就是塑造名牌形象。

4. 战略性原则

旅游系统是动态的，而形象是相对稳定的。因而旅游地形象设计要有战略眼光，是着眼长远、创造未来的设计。

5. 宏观采气、微观求义的原则

宏观采气是借用气功的“气场”原理。只有在探讨策划客体的外部环境，才能为客体“定位”，从宏观上理出思路。微观求义，就是探讨策划客体的内在规律，为客体“定性”，只有在定位、定性的基础上，才能为客体定向。

此外，旅游地形象设计还应遵循积极健康的原则和普遍接受的原则。

（二）设计依据

1. 公众意愿

旅游形象工程的实施是一项涉及面很广的公众行为，其设计过程必须有公众参与，使广大的旅游者和社区居民认同，不仅仅代表地方官员和专家的意志、观点。如《宜昌市旅游发展总体规划（2005—2025）》“征求市民意见稿”就在《宜昌日报》2005年11月29日第2版刊载（其中第四部分为“旅游形象”）。

2. 领导意愿

领导者、首长们的意愿与见解是旅游地形象策划与设计的依据之一。如宜昌的旅游形象“世界水电旅游名城”（前国家领导人李鹏指示“把宜昌建设成为世界水电旅游名城”）、“金色三峡，银色大坝，绿色宜昌”（宜昌市旅游局领导提出）的确定就尊重了中央首长和地方领导者的意愿与见解。

3. 专家态度

专家态度往往是理论与实际结合、超脱区域局限和地方本位的理智态度。

4. 市场依据

旅游地形象策划与设计，对内应反映市民的认可程度，对外应是异地公众对旅游地的认知程度和心理倾向。

此外，地域环境也是CI设计的依据之一。

（三）旅游形象定位

旅游形象定位就是将旅游形象排到合适位置和一个更高的层次上，以寻求理想的传播效果。旅游形象比一般商品的形象更加难以形成，但也更加鲜明而稳定。旅游形象定位的方法通常有以下几种：

1. 领先定位

适用于独一无二或无法替代的旅游资源，如“天下第一山”（湖南张家界）、“天下第一瀑”（贵州黄果树大瀑布）、“天下第一坑”（重庆小寨天坑）。

2. 比附定位

避开第一位，抢占第二位，如：惠山泉——“天下第二泉”，银川——“塞上江南”，苏州——“东方威尼斯”，柴埠溪（位于湖北五峰）——“袖珍张家界”。

3. 逆向定位

强调并宣传的对象是消费者心目中第一位形象和刻板印象的对立面的定位。采用逆向思维，进行反向定位，如“野生动物园”是“圈养动物园”的对立面；又如著名作家张贤亮开发经营的华夏西部影视城的旅游形象宣传口号“出卖荒凉”，就是属于旅游形象的逆向定位。

4. 空隙定位

空隙定位即瞄准旅游市场空隙，树立与众不同的主题形象。例如，银川华夏西部影视城旅游定位于“出卖荒凉”，湖北宜都的奥陶纪石林景区开发定位于“地球奥秘窗，富锌食品乡”。

5. 重新定位

再定位，即用新形象替换旧形象。如长江三峡因三峡水利枢纽工程建设改变了景观（高峡出平湖），推出“魅力新三峡”的旅游形象。

（四）旅游形象策划中的“术”

旅游形象策划中的“战术”即合理定位，出奇制胜，以人为本，文化为魂。例如，宁夏的旅游形象定位为“神奇宁夏，西部之窗”。又如武当山的旅游形象定位为“灵”，神农架的旅游形象定位为“神”，宜昌大老岭森林公园的旅游形象定位为“绝色林海，养生天堂”。

三、旅游地形象推广战略

（一）形象推广战略

旅游形象推广战略主要分为以下三个阶段：

第一阶段：增强意识，即经过宣传，在客源地形成影响，意识由浅至深。

第二阶段：增强兴趣，即宣传具体化，发挥视觉识别系统的作用，促使潜在的游客从被动转为主动。

第三阶段：推动决策，即旅游地形象已被潜在游客接受，推动其形成决策，应介绍如何实施旅游行为的问题。

上述三个阶段是相互联系或可能重叠的。同时市场定位要内外兼顾，首先巩固门槛市场，逐步向外围潜在市场推进。

（二）形象推广策略

1. 一般化策略

形象推广的一般化策略是无明确受众的信息传播策略，包括：①公共关系；②媒体与网络传播；③非旅游信息传播。

2. 差异化策略

从旅游者的市场需求角度划分动机、行为、购买力特点相似和不相似的消费人群，针对某一特定细分市场提出营销策略，以期在潜在购买者的心目中对自己的产品形成明确的地位。旅游差异化策略包括：①针对不同的客源地的推广。②针对以散客为主的推广（价格策略、服务策略、渠道策略）。③针对旅游地功能和旅游流特征的推广。

第三节 旅游形象的行销传播

一、客源市场分析

正确认识大众市场的差别，对市场进行细分和定位，针对不同客源对象拟定旅游路线组合产品和促销宣传口号。促销宣传口号应简明扼要，抓住“主诉求”，措辞达而雅。

二、旅游形象宣传口号

旅游形象宣传口号是旅游形象行销传播的重要形式之一。旅游形象宣传口号一般要求如下：

（1）总括。高度概括和浓缩当地的资源和产品特色，充分展示和体现旅游地鲜明的旅游形象。

（2）艺术。要注意运用美学手法，进行艺术加工尤其是适当的艺术抽象，使之源自现实又高于现实，以营造引人入胜、心驰神往的意境，使人产生优美的联想；要具有文化韵味与文化品位，生动形象。

（3）简洁。宣传口号要简洁，绝无赘语。在艺术化的基础上，形成优美的韵律，让人读来朗朗上口，易于理解、记忆，便利传播。

（4）一致。要形成动态的、具有延续性的系列宣传口号，不宜盲目追求一次到位和一劳永逸；以行政区而言，在整体宣传口号的统领下，各地要结合实际，筹划形成各具特色的促销口号。最终形成一个层次鲜明、上下衔接、互为补充、彼此诠释的旅游宣传口号体系。

（5）点题。促销口号要注意突出主题，即特色鲜明、优势突出，产生画龙点睛的效果，不能含糊其辞，模棱两可。要通过“点题”，促动人们对旅游地的联想，并在客源市场上形成牢靠的形象定位，真正达到过目不忘、深入人心。

例如，湖北建始县野三河旅游景区的旅游形象宣传口号是：建始——神秘北纬30度上的奇葩；野三河——山水天下野；野山野水野三河，原汁原味原生态；观野山，游野水，看野猴，听野歌，喝野酒，品野味，享野趣；北有野三坡，南有野三河；游山玩水最好去建始野三河；“建始直立人”一小步，人类历史一大步；访“建始人”遗址，游景阳河画廊，品野三河野趣，赏黄鹤桥奇观。

又如，湖北恩施州的旅游形象宣传，可围绕“山水王国·仙居乐园”的旅游主题形象推出“十二个一”（一江一溪、一洞一谷、一瀑一树、一址一窟、一寨一城、一歌一舞）的旅游形象系列宣传口号：即“一条山水奇美的清江河，一条纤夫歌吟的神农溪；一个撼人心魄的腾龙洞，一段鬼斧神工的大峡谷；一处中国之最的大瀑布（西漂湾大瀑布），一棵世界之冠的水杉王；一处改写历史的古遗址（‘建始直立人’遗址），一处史越千年的古石窟（仙佛寺）；一处诗意栖居的土家寨（彭家寨），一座文化地标的土司城；一曲享誉世界的龙船调，一台巴风土韵的摆手舞”。这样的系列宣传口号无疑具有很大的旅游感召力。

三、大众广告与公关

旅游开发中的大众广告与公关主要是利用商品广告作为传播媒介，加强户外路牌广告与电子多媒体、电视广告，通过旅游者对旅游活动行为的口碑传播和进行旅游节庆活动的策划与组织以及加强社会公益行为，为外地游客与本地居民树立良好的旅游形象。

旅游广告成功与否关键在于创意，而创意的关键在于方法是否得当。蒋三庚在《旅游策划》一书中认为，广告创意的主要方法有以下几点：①要注意平时积累有关资料、素材，提高自身阅历，“读万卷书，行万里路”，从而扩大知识面和提高想像力与文化艺术修养；②了解旅游市场和旅游产品，掌握市场发展潮流和动态，分析研究政治、经济、文化信息；③揣摩借鉴但不模仿同行业内创意作品；④努力消化信息，当出现瞬间灵感时，迅速记下，并使之逐渐清晰；⑤对有价值的灵感进行加工、整理，使其形成为一种策划方案。

总之，旅游形象策划来自于企业识别系统（CIS）的设计，是一种对新旅游点开发规划和对老旅游点形象包装的有效方法。它首先通过对旅游景点所在地域的文脉分析，辨别其文脉类别是具有清楚的地方特色还是属于普遍性的特征，然后通过协调文脉、突破文脉或者协调与突破相结合的方法，建立旅游产品的理念基础（MI），进一步提炼浓缩为主题性宣传口号；其次，通过管理行为、服务行为和公关行为的设计，形成相应的活动行为准则（BI）；最后，将旅游徽标、标准字体、标准色、吉祥物等赋予旅游者和社会公众视觉所及之处，形成系列、重复出现的视觉形象（VI）。如此，由MI、BI和VI构成旅游形象策划的体系（CIS），再通过客源市场的公众识别、旅游形象的定位方法、大众广告传媒、市场行销渠道、社会公关活动等，为旅游点导入CI，实现旅游CI战略，建立具有知名度、美誉度、信任度和重游期望以及具有较强市场竞争力的旅游品牌。

我们把形象策划（CI）导入风景名胜区和景点，一方面是为了提高旅游区的行销宣传形象，另一方面在于促使旅游开发规划的创意策划总体构思与市场定位和形象策划紧密结合。

复习思考题

1. 什么是旅游形象策划？旅游形象策划由哪些部分组成？
2. 在旅游形象策划中，如何发掘和体现文脉？
3. 旅游形象定位可采取哪几种方法？
4. 试对某一旅游地进行形象策划。
5. 谈谈你对“灵秀湖北”的旅游主题形象宣传口号的看法。

案例一

湖北旅游形象策划

旅游形象定位就是“把脉”和“找魂”。具体来讲，就是要把握好地脉（地理根据）、文脉（文化根据）和商脉（市场根据或游客心理诉求）。其中地脉、文脉是基础，商脉是核心。成功的旅游形象塑造应以地理解构、文化解构理论为指导，把握旅游地的地脉、文脉与商脉，寻找旅游地的文化魂魄。

一、旅游形象定位的地脉分析

地脉主要是指地理环境。湖北地理环境独特，山水旅游资源丰富。旅游名山众多，主要有自然秘境神农架，道教名山武当山，风景名山大洪山、大别山（天堂寨）、九宫山，绝色林海大老岭以及被誉为“袖珍张家界”的柴埠溪等；水体旅游资源更是得天独厚，江河、湖泊、温泉星罗棋布，素有“千湖之省”、“水乡泽国”的美称。著名的水域有“高峡出平湖”的长江三峡，神奇的山水画廊清江，碧波荡漾的洪湖、东湖、梁子湖、漳河水库、丹江口水库、陆水湖、滝水等。

二、旅游形象定位的文脉分析

文脉即文化脉络。简单地说，文脉是一个地域的人文背景和文化根据，包括历史脉承、文化氛围以及社会人文背景。湖北地属楚地，文化积淀深厚。在人文旅游资源中，以荆楚文化为代表的地域文化，以武当山道教文化为代表的宗教文化，以三国文化和辛亥首义文化为代表的历史文化，以土家风情为代表的民族文化，以武汉、宜昌、襄阳为代表的都市文化，以屈原、王昭君、杨守敬、李时珍、李四光等为代表的名人文化，别具风采。

三、旅游形象定位的商脉分析

商脉主要是指旅游市场根据或旅游卖点，旅游形象定位要考虑客源地旅游消费者的市场认知和心理诉求，对远程游客具有吸引力。商脉的分析主要应从旅游消费者的心理需求的角度出发，根据旅游者的“求异、求新、求奇、求美”和“回归自然、追溯历史、体验文化”的旅游心理需求，塑造符合旅游心理诉求并富有感召力的旅游形象。具有“神奇、浪漫、古朴、壮美、秀丽”特质的湖北旅游资源无疑对游客具有十分强烈的吸引力，关键是应提炼出具有概括性与感召力的旅游主题形象。

四、旅游形象定位——神奇江山·浪漫楚风

我们在把握湖北旅游的地脉、文脉、商脉基础上，采用地格定位法和市场定位法重塑旅游新形象，从自然和人文总括的角度，根据“宏观采气、微观求异”的原则和差别化定位策略，认为湖北旅游形象可定位为“神奇江山·浪漫楚风”。其理由如下：

湖北江山多娇，山水无不以神奇著称。例如，神圣、神秘、灵奇的武当山，自然秘境神农架（神农架旅游形象推介语面向全国广泛征集，最后确定为曹诗图等人提出的一个“神”字），神奇的山水画廊长江三峡与清江，“高峡出平湖”形成的“人造地中海”，湖泊星罗棋布的水乡泽国（湖北有“千湖之省”之誉），世界第一大的神奇溶洞——利川腾龙洞，奇特的喀斯特地貌柴埠溪峰林，等等。用“神奇江山”一语最能突显湖北在自然（山水）景观方面的旅游形象。“神奇”二字用于表述湖北旅游形象再也恰当不过。湖北省政府将“一江两山”（长江三峡、神农架、武当山）作为湖北旅游的主打品牌进行推介宣传，也正是基于湖北神奇的江山（或山水）这一地脉优势。

湖北除自然（山水）景观神奇外，许多人文景观也十分神奇，例如：挑战人类起源学说的“建始直立人”遗址（距今215万年），被誉为“建在奇峰悬崖上的故宫”的武当山古建筑群，世界四大文化名人之一屈原和我国古代四大美女之一王昭君均出生于秭归（兴山古属南郡秭归），被誉为“东方第八大奇迹”的编钟出土于随州擂鼓墩，世界文化遗产钟祥明显陵是全国最大的单体帝王陵，世界最大的水利枢纽三峡大坝、万里长江第一坝葛洲坝均位于宜昌西陵峡，红安被誉为“将军县”（诞生了223名将军），蕲春被称为“教授县”，如此等等，难以尽述。难怪有位外国旅游专家称湖北为“神奇的发现之窗”。

湖北的文化无不以神奇浪漫著称。在文化史中，唯一能与欧洲古希腊文化和我国中原“正统文化”并驾齐驱的唯有楚文化。楚文化不仅以神奇驰誉，更以浪漫著称，从古老的凤图腾崇拜到屈原的《离骚》、《楚辞》无一不闪烁着浪漫主义的光彩，以至被冠以“浪漫楚文化”之誉。湖北的楚地风情也颇具浪漫色彩，如土家族的哭嫁、跳丧、山歌等。历史文化中，出土的编钟、虎座凤架鼓，屈原、宋玉的浪漫诗辞，昭君出塞的动人事迹，诸葛亮隆中三分天下的雄才大略，俞伯牙断琴的知音情缘，“谈笑间樯橹灰飞烟灭”的赤壁之战，董永与七仙女的爱情故事传说，具有“白云黄鹤·知音江城”之誉的武汉，颇具浪漫气息的楚河汉街，以及民俗节庆女儿会、龙舟赛，等等，无不具有浓郁的浪漫色彩。用“浪漫楚风”（“楚风”可理解为荆楚大地的古风、景观风貌、民俗风习、人文风采等，而且使人很容易联想到有“荆楚”称谓的湖北）一词颇能突显湖北在人文方面的旅游形象。此外，亮出“浪漫楚风”的旅游品牌形象，对于邻省湖南来讲，具有“领先定位”和“抢占先机”的战略意义。

总之，用“神奇江山·浪漫楚风”作为湖北的旅游主题形象，客观性、概括性、特色性（在中文上，“江山”与“山水”通用，但用“江山”比“山水”更有特色和气势，而且指明湖北旅游拳头产品“两江两山”即长江三峡、清江画廊和武当山、神农架）、艺术性较强，形象鲜明，气势恢弘，虚实结合，雅俗共赏，东西兼顾（湖北东部以浪漫楚风为主要特色，湖北西部以神奇江山为主要特色），颇具感召力。

围绕“神奇江山·浪漫楚风”的旅游形象，可推出下列宣传口号，例如：

极目楚天舒，浪漫湖北游（已经推广）；

天上九头鸟，地下湖北游（系欧阳运斌提出）；

浪漫‘水之旅’——游千湖之省湖北，逛百湖之城武汉；

游高峡平湖，探神农秘境，登武当仙岳，观白云黄鹤，逛江城武汉；

到湖北感受神奇，游楚地体验浪漫。

五、旅游形象要素设计

湖北的旅游形象应根据MI、BI、VI三个层面形成一个系统品牌。湖北的旅游形象的理念识别系统和旅游形象的视觉识别符号系统可向社会广泛征集并进行优选。首先是确立湖北的旅游形象的理念识别系统，进行旅游形象定位，然后在此基础上进行旅游形象的视觉识别符号系统设计。这里仅就湖北的旅游形象的视觉识别符号系统设计提出如下构想。

旅游徽标或旅游形象识别标志：以水波和山峰（象征神奇的湖北山水）为地脉，以凤凰（象征浪漫的荆楚文化）为文脉进行组合、创意，设计出一个具有强烈的视觉冲击力，颇有凝聚感与动态感，能给人丰富想象空间的湖北旅游形象识别标志，见图1。

旅游标准色：以蓝色（象征多水的湖北）与红色（象征“火之精”的楚文化，源于楚俗尚赤、崇凤）为湖北旅游标准色。

旅游标识文字：“骄美湖北——神奇江山·浪漫楚风”为湖北旅游形象主题宣传口号。其中“骄美”一词出自《楚辞·九辩》。骄美意为引以自豪的大美。湖北的旅游无论是自然的还是人文的，实属引以自豪的大美。“神奇江山·浪漫楚风”八字选用毛泽东书法字体，具有神奇、浪漫的美学风格，与湖北的旅游形象颇为吻合。

图 1 湖北旅游徽标

旅游象征性吉祥物：可以“凤凰”（楚文化的图腾）的卡通形象作为湖北旅游象征性吉祥物。

旅游形象大使：可用具有神奇浪漫色彩的历史人物，如将屈原、王昭君作为湖北旅游形象大使进行市场推介。

案例二

石门古风景区旅游形象策划

建始县石门古风旅游景区旅游形象策划以地脉、文脉、商脉为根据，力求突出地域特色，具有鲜明个性，科学进行景区旅游形象定位与宣传设计。

一、旅游形象策划的“三脉”分析

旅游形象设计就是要在突出旅游地的比较优势和个性的前提下为旅游地“把脉”和“找魂”。具体来讲就是要分析好地脉（自然环境根据）、文脉（地域文化依据）和商脉（市场需求和卖点）。本旅游规划对石门古风旅游景区旅游形象的“三脉”解析如下：

地脉——鄂西门户，建始客厅，山水幽美，施南佳要。

文脉——始祖遗址，老街古道，奇观故居，民俗风情。

商脉——山水观光，休闲度假，访古怀旧，文化体验。

二、旅游形象策划应考虑的主要因素

旅游形象定位是建立在地方性分析和市场分析基础之上的，地方性分析揭示本地的旅游资源特色，市场分析则是揭示市场对旅游目的地的需求特征，此两方面的整合即构成旅游景区的形象定位的前提。石门古风旅游景区的旅游形象定位与设计主要应考虑核心旅游资源（或特色旅游资源）和游客心理诉求。

（一）景区的核心资源与特色资源

石门古风旅游景区最能吸引游客的资源是什么？从比较优势的角度分析，首先是闻名遐迩的“建始直立人”文化遗址、幽美神奇的石门天堑，其次是古朴奇特的石柱观与石门古桥，再次是岁月沧桑的巴盐古道、施宜古道和石垭子老街以及吴国桢故居等。这是本景区最具比较优势和核心竞争力的特色资源。因此，形象定位一定要突出资源特点。

（二）游客的心理诉求

体验经济时代，人们更加重视旅游项目的新奇性和参与性，消遣、审美等身心自由的愉悦体验逐渐成为旅游者最大的旅游需求。具有回归自然、文化体验、访古怀旧、寻踪探秘、养生休闲等特色的旅游产品颇受游客青睐。

三、旅游形象定位与宣传设计

（一）景区旅游形象主题定位

根据石门古风旅游景区的资源特色和旅游主题的定位，为突出最具特色的资源，打造旅游品牌，结合游客的心理诉求及旅游产品促销的需要，本规划将石门古风旅游景区的旅游主题形象定位为：石门古风·施南佳要。

“石门古风”的“石门”源于规划景区中的地名石门二字，其名字为大众熟悉，且寓意独特、神奇，易于想象；“古风”喻为石门河是一处古老而神秘的旅游胜地，如古桥、古洞、古观、古道、古舞、老街、名人故居以及古老灵奇的传说等，是一幅古风浓郁的山水人文风情画卷。用“古风”二字颇能显示景区的主要特征和非凡气度；石门河右岸崖壁上有一处古石刻，即“施南第一佳要”，是清朝咸丰年间宣恩知县路过石门河时有感而发，并书写于此。所谓“施南第一佳要”，是指这里山川幽美、险要，为施南最佳。用“石门古风·施南佳要”作为石门古风旅游景区的主题形象，立意高雅，气度非凡，且颇有地脉文脉根据，有利于扩大知名度和进行品牌塑造。将“石门古风·施南佳要”作为石门古风旅游景区的旅游主题形象主要是基于景区的资源特色和地脉、文脉定位。

这一主题形象既是基于石门古风旅游景区旅游资源特色和地脉、文脉的提炼，又符合当今旅游者寻古、怀旧、探胜等心理需求。围绕该旅游主题形象不断塑造和提升景区旅游品牌，将具有很强的感召力和辐射力。

“石门古风·施南佳要”也可以作为石门古风旅游景区旅游市场营销的主要宣传口号。

（二）宣传口号设计

石门古风旅游景区可以精选有创意、有魅力、有卖点的旅游宣传营销口号，在沪渝高速公路、宜万铁路的交通出口处的高坪互通、红岩寺互通和建始县城业州镇布置系列标牌广告，进行招徕式宣传，在大众传媒上进行轰炸式宣传，力争一炮打响。

旅游宣传口号可向社会征集。初步设想有如下宣传口号：

- 石门河——探石门河天堑，游桥梁大观园。
- 石门河——古今交通文化博览园。
- 石门古桥——古桥古道，灵桥灵树。
- 建始直立人——人类起源地，自然探秘区。
- 施宜古道——走施宜古道，沐沧桑古风。
- 石垭子老街——岁月老街，沧桑古道。
- 石垭子老街——踏访石垭老街，回溯历史时光，体验古风民情。
- 石柱观——建始名景，天下奇观。
- 吴国桢故居——名人故里，花香农居。
- 八角村——农业旅游示范基地，乡村休闲人间天堂。
- 高坪游客接待中心——自驾车族家园，身心牧放驿站。
- 游石门天堑，观古今名桥，走施宜古道，逛石垭老街，登石柱道观，访名人故居，探直立人洞，驻自驾驿站。
- 解读交通变迁史，请到建始石门河。
- 幽幽石门景，浓浓古风韵。
- 石门万载古风，施南第一佳要。

（三）旅游标志等设计

旅游标志由“石”“门”二字简化、几何构图而成，整体像一座雄伟的山体或门阙，见图2。寓意石门天堑和自驾车营地（自驾旅游之家）。其形式简洁、独特，颇具艺术性。

图2　石门古风景区徽标

景区标准色选用古香古色的绛红色，象征着石门古风这片土地的古老而神奇。

（四）标准字

石门古风旅游景区的标准字为古朴典雅的魏碑字体。针对海外游客，主要使用英语、日语、韩语三种文字。

（五）背景音乐

搞好音响工程建设，用背景音乐烘托气氛，营造氛围效果，达到景区旅游形象的统一。在石门古风旅游景区的主要景点与休憩点、部分游览线路播放与环境相和谐的主题背景音乐，如石门河幽谷可播放《高山流水》（古琴演奏），石门河特种栈道可播放《蓝莲花》，八角村可播放《田园春色》（二胡独奏），石垭子老街可播放《小城故事》，施宜古道可播放《阳关三叠》（古琴演奏或二胡独奏），以营造“古道西风瘦马”的文化氛围等。

第七章 旅游景区项目策划

旅游策划与旅游规划关系密切，旅游景区项目策划是旅游景区规划中的核心内容。无论是总体规划还是详细规划都应贯穿策划理念，贯穿得透彻，规划就有深度，规划就能出彩，规划将与众不同。旅游景区项目策划具有自身的特征与规律，必须遵循科学的原则，采用科学的方法。

第一节 旅游景区项目策划的基本概念

一、旅游景区

旅游景区简称景区，泛指具有一定自然或人文景观，可供人们进行旅游活动的相对完整的空间环境。

旅游景区是一个复合群体和多元空间，由不同要素构成，主要包括旅游吸引物、旅游线路、娱乐设施、生活设施和管理设施等。其中旅游吸引物是对旅游资源开发利用的结果，是旅游景区吸引游人前往的最重要的依托，是旅游景区的核心。旅游景区不同于旅游资源，旅游景区是旅游业凭借特定空间范围内的旅游资源向旅游者提供服务的场所。

从旅游空间结构来看，旅游景区是非常重要的一个层次。一般说来，旅游空间可以划分为“旅游目的地—旅游景区—景点”三个层次。旅游目的地通常由不同旅游景区、旅游交通以及附属空间构成，旅游景区通常由不同景点、游览通道以及附属空间构成。与旅游目的地以及景点相比，旅游景区的重要性体现在，它是一个相对独立的市场主体，方便进行统一的规划、策划和经营活动。

对旅游景区可以进行不同的分类。根据旅游景区的景观特征可以将旅游景区分为自然旅游景区、人文旅游景区、人造旅游景区、综合性旅游景区。根据旅游景区的性质可以分为风景名胜区，森林公园，文物保护单位，博物馆，宗教寺庙、观、庵和教堂，园林（古典园林、城市公园、动物园、植物园），度假区，主题公园，城市建筑和工、农业参观点，展览馆，自然保护区等。根据主要旅游活动类型可以将旅游景区分为观光型景区、度假型景区、娱乐型景区三类。

二、项目与旅游景区项目

项目管理学中对项目的定义是：项目是一种一次性的工作，它应当在规定的时间内，由为此专门组织起来的人员来完成；它应有一个明确的预期目标，有明确的可利用的资源范围；它需要运用多种学科的知识来解决问题，没有或很少有以往的经验可以借鉴。

根据上述定义，可以认为，旅游景区项目就是指为实现旅游景区特定发展目标而采取的某种非常规工作。旅游景区项目一般具有战略性质，对于旅游景区的发展起至关重要的作用。

一个完整的旅游景区项目往往涉及旅游景区全局的工作。全局性旅游景区项目（通俗地说就是旅游景区总体策划），指在一定时间内，以一定的发展布局为指导，通过对旅游景区资源和人力、财力、物力的统筹安排，进行包括产品、服务、市场和管理等方面在内的全方位建设，以实现旅游景区特定的发展目标。

旅游景区项目也包括局部性项目，这种类型的项目只涉及旅游景区的局部工作，往往是全局性项目的分解，或者是针对一个较小的发展目标而进行的非常规工作。

由于局部性项目可以被全局性项目所包含，本书在更多的时候以全局性项目为讨论对象。

三、策划与旅游景区项目策划

现代意义上的策划被称为科学策划，是一种高级的理性行为，是在对背景和环境进行了解和分析之后，对未来事物进行的一种安排。

旅游景区项目策划是指对旅游景区战略工作的思考和安排，这种战略工作往往是为实现旅游景区特定发展目标而采取的一系列行为。

与一般的项目策划相比，旅游景区项目策划具有如下特性：

（一）综合性

旅游活动是一种涉及社会、经济、文化等多方面的综合性活动，旅游者在旅游活动中的需要，也是涉及行、游、食、住、购、娱等多方面的综合性的需要。旅游景区作为相对独立的旅游经营单位，以满足人们游览活动需要为主要工作，不必囊括旅游活动的所有要素，但是旅游活动的综合性，决定了旅游景区项目策划也必须考虑旅游者多方面的需要。

（二）空间性

旅游景区具有固定的地域范围，因此也是一个空间概念，旅游景区项目策划也必然建立在一定地域范围之内。景观建设和旅游活动都必须依赖空间进行，在这一意义上说，旅游景区项目策划也就是对空间环境和活动场所的策划。

（三）体验性

正如尼尔·科森斯所言，旅游景区行业是关于游人的情绪和喜好的行业。旅游产品主要不是以物质形态表现出来的劳动产品，而是以多种服务表现出来的无形产品，对于旅游产品重要的组成部分——旅游景区而言，更是如此。旅游者只有通过体验，才能感受到旅游景区的使用价值。旅游景区产品的这种体验性质使得旅游景区项目策划必须充分考虑旅游的本质及景区项目的文化内涵，以使旅游者从旅游景区的旅游活动中获得充分的愉悦体验和满意的精神享受。

第二节　旅游景区项目策划的原则与内容

一、旅游景区项目策划的原则

不同的旅游景区性质不同，拥有的资源和所处的环境也均不同，其项目策划自然千差万别。但是总的说来，还是有一些基本原则是旅游景区项目策划应该遵循的。

（一）创新原则

创新是事物得以发展的动力，是人类赖以生存和发展的主要手段。项目策划能否有新的突破，是其成败的关键。创新能吸引人们的兴趣，吸引人们参与其中，实现其自身的价值。真正的策划应具备有创新性，“鹦鹉学舌”、“照葫芦画瓢”，照搬、模仿、抄袭别人固有的模式都不是真正的策划。策划需要创新性的思维，应随具体情况而发生改变，不能抱残守缺，因循守旧，要想不断地取胜，必须不断地创造新的方法。

提高策划的创新性，要从加强策划者的知识积累和创造性思维入手。知识积累是创造性思维的一个基础。没有丰富的知识，策划只能是无知者的盲动。具备了扎实的理论知识，我们才能展开思想的翅膀去畅想、去创造。创新性的思维方式，是一种高级的人脑活动过程，需要有敏锐、深刻的觉察力，丰富、巧妙的想象力，活跃、丰富的灵感，深厚的知识底蕴，只有这样，才能把知识化成智慧，使之成为策划活动的智慧能源。创新性的思维，是策划活动创新性的基础，是策划生命力的体现，没有创新性的思维，项目策划活动的创新性就无从谈起。

（二）以人为本原则

旅游景区项目策划应“以人为本”，以满足人的精神和文化需要（如消遣、审美、求知等）为目标。通过有效的规划和导引，使游人在亲近自然、欣赏山水、接触社会、感受人文、体验风情、享受休闲、美食购物的旅游过程与服务过程中体验到身心愉悦。英国规划师朗索曾指出规划师犹如一个翻译，他的职责就是把公众的需要“翻译”成物质的环境。对应于旅游景区项目策划，就是要为游客着想，满足游客的需要。

尽管策划千变万化，但策划的运作与成功有心理规律可循，即要满足心理需要。心理需要是人们心理活动的前提条件，是人的行为产生的原因，也是个性积极性的源泉，旅游项目策划要善于利用游客的心理需要，从而有效地满足游客心理诉求。

（三）价值原则

价值性是项目策划活动的一个立足点、出发点，又是评价一项策划活动成功与否及成果优劣的基本标准。旅游景区项目的价值性可以从经济效益、社会效益和生态效益等三大方面进行衡量。只有具备经济收益，旅游景区项目才能获得融资，项目才能得到实施，因此经济效益成为衡量旅游景区项目策划的重要指标。但是旅游景区经营不能仅仅考虑经济效益，由于旅游活动的社会性和对生态环境的敏感性，旅游景区项目策划也必须同时兼顾生态效益和社会效益。从另一方面说，生态和社会环境也可能对旅游景区长远的经济收益产生影响。符合消费者的需求是产品设计最重要的法则之一，但在进行旅游景区项目策划时则不能仅仅考虑消费者的需求。由于人的欲求是不断膨胀的并具有贪婪的一面，因此不能一味满足现代人的需求而牺牲环境和异化文化。

（四）可行性原则

任何一个策划，作为一种想法，开始只留在头脑中，作为创意，只是一种设想或文字的组合。这一创意在现实中可能顺利实现，也可能遇到不能克服的困难被迫放弃。因此，项目策划考虑最多的便是其可行性。

项目的可行性包括经济、技术、法律、社会等各方面的可行性。要增强策划的可行性，一方面，要进行周密的考察和资料收集，充分利用所能获得的一切信息，进行严谨和科学的分析，对未来形势做出准确的判断；另一方面，可以采取逐步推进的办法，可以通过小范围内预演，观察是否能取得好的效果，根据结果决定是否修改，只有在实验成功后才正式实施。

我国旅游景区项目策划在一定意义上变成了创意思想的比赛，一个比一个胆大，一个比一个新奇，其中确实出现了一些佳作，但不少是华而不实或者根本无法实现的设计和空想，这是应该引以为戒的。

（五）超前性原则

一项策划活动的制作完成，必须预测未来行为的影响及其结果，必须对未来的各种发展、变化的趋势进行预测，必须对所策划的结果进行事后评估，也就是说，项目策划要具有超前性。超前性是项目策划的重要原则，在实践中运用得当，可以有力地引导将来的工作进程，实现策划的初衷。

项目策划要实现超前性，是以一定的条件为前提的，不能脱离现有的基础，提出毫无根据的凭空想象。项目策划一定要立足现实，面向未来，诉诸对象，必须经过深入的调查研究。

（六）批判性原则

当前旅游策划应具有批判思维和“反策划”眼光，反对贪大、求多、崇洋、媚俗、城市化、过度商业化、缺乏操作性等不良倾向。

二、旅游景区项目策划的内容

旅游景区项目策划的内容根据策划的性质有所不同，从旅游景区的总体策划来看，主要应包含项目基础、项目定位、项目设计、项目配套、项目效益、项目运作等六个方面的内容。

（1）项目基础。包括对项目背景、条件和市场环境的分析，这是项目策划的前提。

（2）项目定位。包括项目功能目标、市场选择和主题定位，这是项目策划的核心。

（3）项目设计。包括景观建设和旅游活动各方面的具体设计，这是项目策划的主体内容。

（4）项目配套。包括为项目建设在基础设施、服务、营销、管理等方面做的策划。

（5）项目效益。包括项目预期经济效益、社会效益、环境效益等。

（6）项目运作。提出项目运作的基本原则以及运作计划。

三、项目策划书的写作

（一）旅游景区项目策划书的构成

项目策划书是项目成果的集中体现，项目策划书要反映项目策划的主体内容，但是和项目策划内容并不完全一致。

项目策划书的主要构件有以下几项：

（1）封面。说明项目名称、策划单位、策划组成员（可以放在内页）、日期。

（2）序文。阐述此次策划的目的、主要构思、策划的主要内容等。

（3）目录。策划书内部的层次排列，给阅读人以清楚的全貌。

（4）正文。正文部分就是策划的主体内容。

（5）资料。列出项目策划中所运用的主要二手信息材料，以便查阅。

（6）附录。

(7) 图件。

(二) 旅游景区项目策划书的写作原则

编写策划书要注意以下几个要求:

(1) 文字简明扼要;

(2) 逻辑性强、次序合理;

(3) 主题鲜明;

(4) 运用图表、照片、模型来增强项目的主体效果;

(5) 具有可操作性,要有项目的投资收益估算、建设进度表。

(三) 旅游景区项目策划书写作提纲

旅游景区项目(总体)策划书正文的写作提纲,一般包括项目背景、策划说明、项目基础、项目定位与布局、景观设计、旅游活动设计、项目配套、项目效益、项目运作等内容。

第三节 旅游景区项目定位

一、旅游景区项目目标定位

(一) 目标定位需要考虑的因素

(1) 项目策划任务。项目策划目标必须围绕任务进行,明确项目所能实现的功能目标。

(2) 项目条件。项目条件是旅游景区进行项目建设所具备的人力、财力、物力等各方面的条件,项目条件决定了"生产上的可能性",从而对项目可能实现的目标造成限制。

(3) 项目市场环境。项目市场环境决定了"消费上的可能性",从而对项目可能实现的目标造成限制。

(二) 项目目标定位

项目目标定位要用准确的语言表述项目能够实现的总体目标,突出项目能够解决的问题。

二、项目市场选择和定位

(一) 项目市场选择策略

项目市场细分之后,存在着众多的子市场,如何在子市场中选出自己的目标市场,主要有以下几种策略:

1. 集中性策略

这是指以追求市场利润最大化为目标，项目不是面向整体市场，而是将主要力量放在一个子市场上，为该市场开发具有特色的项目活动，进行广告宣传活动。这种策略主要适合于短期项目活动，成本小，能在短期取得促销的效果。

2. 无差异策略

这是指项目活动不是针对某个市场，而是面向各个子市场的集合，以一种形式在市场中推展开来。这种策略应配以强有力的促销活动，进行大量的统一的广告宣传，但是成本比较大，时间比较长，一般适合于大型项目活动。

3. 差异性策略

这是指项目活动面对已细分的市场，从中选择两个或多个子市场作为目标市场，分别向每个子市场提供有针对性的活动。这种策略配置的促销活动应有分有合，项目在不同的子市场，广告宣传针对各自的特点应有所不同，以调动各个子市场消费者的消费欲望，从而形成实际消费行为。

（二）项目市场定位

根据项目目标定位，从项目背景、条件和市场环境出发，确定重点目标市场和目标市场体系。

三、旅游景区项目主题定位的原则性要求

有研究者强调了确定主题对旅游设计的重要性，他们指出，看到星际好莱坞、硬石餐厅、雨林咖啡厅这些主题餐厅的名字，我们就会知道这些名字意味着什么，因为它们都点出了明确的主题。制定明确的主题可以说是经营体验的第一步。主题就如同一篇文章的中心思想、一支乐曲的主旋律，缺乏主题和东拼西凑的体验设计，难以给顾客留下深刻印象，甚至会事与愿违地造成负面体验。目前，我国不少旅游地缺乏个性与特色，或“翻版克隆”其他旅游地的模式，或张冠李戴、生搬硬套，或杂烩拼凑、零碎散乱，给旅游者千篇一律的感觉。究其根由，在于规划者、建设者、经营者的头脑中缺乏鲜明独特的主题。

（一）旅游景区项目主题及其定位

旅游景区项目主题就是指旅游景区项目的核心内容和基本思想。旅游景区项目主题定位是对旅游景区项目核心内容和基本思想的确定。通俗地说，旅游景区项目主题定位需要解决如下两个基本问题：旅游景区项目围绕什么样的主题进行建设？旅游景区项目的核心竞争力在哪里？

（二）旅游景区项目主题定位的原则性要求

如何确定一个明确的主题呢？一般而言，主题的确定应根植于本地的地脉与文脉，应根据主导客源市场的需求，突现个性、特色与新奇，避免与周边邻近地区旅

游目的地雷同。

一个好的旅游景区项目主题定位必须符合八个方面的原则性要求，其分别是针对性、本土性、适应性、独特性、新颖性、文化性、持续性、延展性。前面四个方面是基本要求，后面四个方面是较高要求。这八个方面的要求也就是策划者在进行主题构思时必须考虑的基本内容。

1. 针对性

所谓针对性就是指旅游景区项目的主题定位应符合旅游景区项目目标的需要。旅游景区项目的完整目标是一个目标体系，具有层次性，包括区域社会经济发展目标、旅游业发展目标、旅游景区发展目标、旅游景区项目目标等四个层次。旅游景区项目的主题定位在符合旅游景区项目目标需要的同时，也就满足了其他三个层次目标的需要。

2. 本土性

所谓本土性就是指旅游景区项目的主题定位必须立足于旅游景区项目的资源特性。市场经济条件下，许多生产要素都可以流通，为什么还要坚持本土性呢？主要有如下理由：第一，旅游景区的主要依托是旅游资源，许多旅游资源是大自然或者社会长期发展形成的，是不可复制的；第二，利用本土资源对于促进景区自身发展具有非常重要的意义，虽然资金、人才等要素可以流动，但是依赖外部资金和人才资源，可能使景区失去独立性，偏离既定的发展目标，影响希望实现的效益；第三，符合自然本质、采用本土性材料的设计，是最实用、最耐久、最优美的，同时成本也是最低的。

3. 适应性

所谓适应性就是指旅游景区项目的主题定位必须适应旅游景区项目市场需求发展趋势。旅游景区项目必须立足于自身的资源，但是不管旅游景区项目的目标偏重何种效益，都必须以一定的客源市场作为基础。因此旅游景区项目必须吸引特定市场前来，并满足它们的需要。

4. 独特性

所谓独特性就是指旅游景区项目的主题定位必须体现旅游景区的独特竞争优势。独特性来自对竞争的分析。工业品竞争优势的来源有两个主要渠道，一个是差异化也就是独特性，另一个是低成本从而低价格。与工业品不同，在旅游景区的竞争中，独特性几乎是唯一的来源。工业品的消费表现为产品流向消费者，而旅游产品的消费表现为消费者流向产品。在这两种方式下，消费者要承担的成本有很大差别。在旅游产品价格中，旅游景区的生产成本只是很少的一部分，大量的是消费者的旅行成本，包括交通、食宿等各项费用。旅游景区对旅游产品价格的控制力是很差的，通过降低景区生产成本很难获得竞争优势，因而独特性就成为竞争优势的最主要来源。

5. 新颖性

新颖性是比独特性更高的要求。新颖性可以包含独特性，新的自然就是以前没有的，因而是独特的；独特性却不可以包含新颖性，旅游景区项目的主题定位虽然和竞争者不同，但却是为市场早已熟悉的，那么也难以取得好的效果。

6. 文化性

旅游活动的本质是文化。旅游景区项目策划必须深入挖掘景区资源的文化内涵，把握市场的精神诉求，才能提高景区项目的品位和市场的认同。迎合低级趣味的项目可能得一时之利，但从长远来看必然得不偿失。

7. 延展性

延展性是基于持续性的考虑。也就是说，旅游景区项目的主题定位必须有可以拓展和提升的空间。因为市场需求是不断发展变化的，景区自身也是不断发展变化的，如果旅游景区项目的主题定位具有延展性，就能够对市场需求档次的提高、时尚的变化、景区的扩张等作出反应，作出相应的拓展和提升，保持景区项目发展主题的一致性，易于为市场和景区自身所接受。

四、旅游景区项目主题定位的基本方法

（一）整合提升法

由于急功近利思想作祟，不少旅游景区抛弃环境效益和社会效益，对风景名胜的核心景观进行“倒行逆施”的破坏性建设，损毁了旅游地的景观内涵和形象。在这种情况下，旅游景区进一步发展面临的最大问题就是如何重塑景区形象和提升景区品质。

整合提升法就是针对上述问题提出的一种主题定位方法。整合提升法指深入挖掘旅游景区文化内涵，以更高层面的精神理念对旅游景区资源进行重新整合，从而使景区对旅游市场形成更大的吸引力。

整合提升法的要点：

(1) 深刻把握景区文化内涵。项目主题定位必须基于对旅游景区文化内涵的深刻把握，不能过于牵强附会，主题定位虽然是人为策划，但是不能脱离旅游景区文脉的延续，要易于被人们所接受。

(2) 主题定位立意要高。立意高才能达到重塑景区形象、提升景区品质的目的。立意高不是纯粹随心所欲，不是搞假、大、空，而是要从吸引旅游者的角度出发进行考虑，满足旅游者更高层次的需求。

例如，将泰山由风景名山提升为“国山”的旅游策划，将王昭君由中国古代美女提升为“东方和平女神”的旅游策划，采用的策划方法都是属于整合提升法。

（二）文化包装法

1. 方法要点

中国旅游一直存在重文、重人的传统。所谓重文是指重视景物的人文因素，重视观赏的内心发现，重视景观的人文开发。中国游客大多希望在旅游过程中通过了解诗、文、词、楹联、题名书法等载体上的文化信息满足其认识世界、欣赏世界的愿望。所谓重人是指在旅游景点的价值判断中十分重视人的作用和影响，“山以贤称，境缘人胜”，这种特别看重审美主体的民族心理习惯，对中国人有着深远的影响，只要杰出人物曾经徜徉其间，本来不甚出色的山水和景观在游客眼中也会因名人而增色。所以对于自然景观和受到现代社会发展冲击的文化景观，有意识地采用文化包装手法，渲染一种文化氛围和人文情愫，有利于提升景区品位，激活沉寂景区的人文活力，增强景区的旅游吸引力。

文化包装法主要存在两种形式：

(1) 借名人之名。这一形式的要点，第一是所借名人之“名”要具有垄断性，这一名人最好是只有本景区才能借用的，至少是这一名人在本景区有着极为突出的影响或活动；第二所借名人之“名”要对目标市场有吸引力，所借名人最好富有传奇色彩或浪漫色彩。过于政治化、学术化的名人之名不宜借用，背千古骂名的名人之名最好也不要借用。这两类名人虽然对部分市场具有吸引力，但是可能导致大部分市场的抵制。

(2) 讲故事。如果说一个旅游项目能够有主题故事，就搭起了一座通向目标市场中游客较深层次旅游趣味的桥梁。在实践中不难发现，有故事的项目，操作起来较容易；没有故事的项目，操作起来就比较困难。原本没有故事怎么办？答案是：自己编故事。旅游消费者要超越日常刻板的生活，摆脱紧张的工作状况，日常生活本身尚且需要故事，脱离了日常生活的旅游生活更需要故事，故事会使生活更加形象生动，消费者为了生动形象的故事愿意付出金钱和时间的代价。编故事的实质是根据情感定义市场。在经营项目的过程中，旅游产品基于原有资源的部分已经成为一个附属，主要的目的是体现故事的意义，这一点在以文化为主的景区里，尤其突出。文物点和文化古迹肯定包含故事。比如兵马俑，首先要把秦始皇的故事讲一遍。再比如镇江的金山寺，看金山寺反而成了次要的，听故事是主要的。自然类的景区怎么形成故事呢？首先要挖掘当地资源，从资源里生出故事，如果生不出故事，就编故事。很多自然类景区里的景点，都可以附会故事。以溶洞为例，只讲象形还不足，如果形成一个比较完整的有逻辑关系的构思和生动形象的故事，景区就可看了。讲故事不要仅局限于古人的故事，很多新故事，客人也觉得很有意思。故事的范围可以很大，关键是怎么扣紧主题，扣紧主题的故事才能体现文化，才能使项目有灵魂。

2. 案例：马陵山——讲述马陵之战的故事

（1）马陵山概况。马陵山主体分布于山东郯城县境内。马陵山因状如奔马而得名。公元前341年，魏齐发生桂陵之战后的第12年，两国之间又发生了著名的马陵之战。关于马陵之战的战址，由于史料记载语焉不详，故在历史上曾有大名、元城、（旧）鄄城东北和莘（或范）县等说法。自20世纪80年代以来，随着史学研究思想的解放和史料的进一步充实，国内外学者开始瞩目位于山东郯城的马陵山。各地学者特别是国内许多知名历史学家对郯城马陵古战场遗址进行充分考察和对史料进一步梳理后，从战争起因、战场地理环境、史料辨析、战争过程、战场遗迹遗物考古、古地名研究等诸多方面，提出了颇有说服力的结论，尤其是结合在临沂汉墓出土的《孙膑兵法》"陈忌问垒"篇的内容，对战争发生的具体地点有了形象的说明。为此，由中国人民解放军军事科学院战略部编写的《中国军事通史》正式把马陵之战战址确定为山东郯城县马陵山，马陵山古战场被中国孙子兵法研究会确立为"中国古代军事文化教研基地"。该基地的建立对于加强中国古代军事文化研究，弘扬祖国传统文化具有重要意义，同时为临沂市乃至山东省旅游业的发展，增加了一个具有突出意义的资源亮点。

（2）马陵山的主题定位。马陵山无论在自然景观还是人文景观上，都谈不上有多大的竞争优势，因此旅游规划组确立了讲故事的基本思路，将马陵山景区主题定位为讲述马陵之战的故事，力图通过这一经典战役体现的军事智慧来吸引游客。

旅游规划组深入了解了马陵之战的军事思想，认识到马陵之战是战国中期转变战略形势的一场著名的战役，在这场战争中，孙膑巧妙借势，用足了马陵山具有特色的地形，抓住了庞涓恃强逞骄、急于求胜的心理，充分用活了一个"诱"字，取得了最后胜利。因此，在旅游规划中要充分展现这种过程。

由此旅游规划组对马陵山做了如下开发设想：

①在开发内容上，以马陵古道为空间轴线，以孙膑军事思想为灵魂，以齐魏双方的军事行动为主要表现形式，以孙庞斗智为主要线索，以战争场景化展示为手段，以游客参与为目的，完整展示马陵之战的全部过程。

②在旅游活动安排上，通过马陵古道这个空间载体和军事文化这个内涵载体，把望海楼、黑龙潭、地质景观尤其是北部清泉森林公园有机地串在一起，开发军事文化和休闲文化双重文脉，把古战场观光与山林生态休闲同时启动和运作，延长游客滞留时间，增加回头客，丰富旅游活动内容，提高旅游综合效益。

③在景点建设上，南虚北实，以战争场景贯穿孙膑军事思想，据地形变换展示孙庞斗智的过程，以旅客参与活化古代战争场面，通过古战场带动山林休闲，以军事文化和休闲文化、生态文化包装旅游活动，建成一个既具有突出特色同时又具备多种功能的旅游区。

④在旅游商品和宣传促销上，突出展示马陵之战所蕴涵的军事智慧和谋略，如设计马陵道游戏软件等。

⑤在表现形式和建设思想上，褒贬有度，不可偏废。因为孙庞代表了当时不同的诸侯王国，其战争的性质实际上是列国之争，应当客观地表现双方的军事谋略，尽可能做到客观、公允。

根据上述设想，旅游规划组提出，考虑到管理和开发建设的要求，马陵山景观空间结构按旅游活动特征和功能，初步划分为一轴五点两个区。一轴是指以马陵古道为核心的交通轴、景观轴；五点是指孙家塘入口、望海楼、黑龙潭、固疃以东的山顶道、射子村；两个区指诱敌区、歼敌区。

诱敌区：从孙家塘至山里赵和射子村，沿途包括孙家塘、望海楼、黑龙潭、姑姑庵水库、断裂带等景点，呈串珠状布局。以地形递进表现孙膑的战略思想，突出一个“诱”字。开发模式为点轴式，贵在造势。

歼敌区：从卸甲营至独龙涧内，一直到射杀庞涓处和孙膑点将台，完整展示庞涓中箭前后骄、怒、惊、惧、恨、绝的过程。以展示孙膑的战术思想为主，突出一个“歼”字，开发模式为带状线路，要求高水平设计，大密度安排旅游活动。重在造景，强调参与。此区为核心景区。

（三）情景实化法

1. 方法要点

在一定意义上，情景实化法是和文化包装法相对立的两种方法。文化包装法提出要讲故事、借名人之名，而情景实化法则是指如何将景区既有的传说故事落到实处。

中国是泱泱文化大国，很多旅游景区都流传着许多历史传说、民间故事，有些甚至被文人墨客写进各种文学作品当中，但是这些景区往往只是徒具虚名，与传说故事对应的只是蛛丝马迹，甚至踪迹无寻。其主要特征是“名不副实”、“高知名度+低质景观”，人们在进入旅游地之前具有先入为主的印象，容易产生“不到某地真遗憾，到了某地更遗憾”的心理落差。这就是人们常说的，旅游景区“有说头”，但是“没看头”，更“没玩头”。

解决这类景区存在问题的主要方法是将虚的做成实的，具体可从四个方面进行：

（1）景韵模写。景观视线应避开和传统风貌不符的地区，注意旅游者从现实到历史的过渡，并通过史迹陈列、恢复或仿造传说故事中的建筑物等手段，营造历史环境，使旅游地的景观特色和整体韵味与传说故事大致相似，实现故事景观的“实”。

（2）场景活化。核心场景应有表演设计，变纪念型景点为动态型景点，实现故事事件的“实”。

（3）游客参与。设计参与性项目，让游客既动腿又动手，包括参与氛围、参与场景、参与活动等，实现游客身体参与的“实”。

（4）升华体验。将传说故事所蕴含的有益内容升华，让游客参与其间，自我感悟，实现游客精神体验的“实”。

通过上述四个方面，将传说故事的情景实化，切切实实地让游客能够得到传说故事的全方位体验。

2. 案例：织女洞——牛郎织女故乡

织女洞位于山东沂源县燕崖乡大贤山东北麓，西北距沂源县城15km。大贤山现为国有林场，海拔532m，面积4.5km^2，沂河流经其东北崖畔，织女洞位于沂河西岸40多米的绝壁之上，河东平地上原有牛郎庙。由织女洞南行200m的上方有迎仙观一处，观内有叶籽银杏、天孙泉等自然景点。织女洞与玉皇阁（迎仙观一部分）已经地方政府拨款维修，1986年5月1日向社会开放。

根据对织女洞景区资源特色的分析，旅游规划组提出以“爱情之乡、男耕女织；天上织女，地下牛郎，银河阻隔”来包装建设该景区的开发思路，以将传说故事情景实化作为开发重点。围绕该思路旅游规划组提出了以下一些具体做法：

• 织女洞外壁用织女星座图案镶嵌，构成天上织女的景象。

• 河东平地不再复建牛郎庙，按中国古代男耕女织来开发建设：平房、织机、纺车、扁担、箩筐；田地、黄牛，让游人联想并参与。

• 沂河上建拱形木桥，中间可开可合，桥两侧镶嵌喜鹊图案，桥平面上嵌刻星宿图案。每年农历七月初七鹊桥合拢，让青年伴侣来此举行婚礼，山盟海誓。

• 在沂河东南方向河滨地或东南山地上建连理宾馆，让新人居住。

• 在牛郎居所东南处建大量瓜棚豆架，让游客在农历七月初七的夜晚根据传说“听牛郎织女的悄悄话”。

• 废除迎仙观的称谓，观内置灵霄宝殿、王母宫，建筑物可建得怪诞并加云纹星宿图案；传说银杏是生长在银河边上的树；天孙泉更名为“织女泉”。

• 把银杏、小鹊桥、小布机、小纺车、小扁担、小箩筐作为爱情之乡纪念品出售给游客。

（四）突出差异法

1. 方法要点

旅游行为的特征之一是探新求异，景观差异性本身就是一个很好的卖点。因此，如果景区景观特色突出，可以抓住其特点形成项目主题，用“第一”、“之最”等词语进行描绘，以达到吸引旅游者的目的。这是符合注意力经济原则的。根据注意力经济的理论，人们的注意力是有限的，因此对于同类事物，人们往往只关注最具特色或者品质最优良的事物。

2. 案例：土峪——齐鲁第一石头村

土峪位于淄川区洪山镇境内。该处周边地形起伏较大，多峭壁悬崖，土峪村坐落在南北向的山谷中，有北向和东西向两出口，封闭性很好，区内植被覆盖度较高，特别是谷中段两侧山坡和南峪峭壁以下区域，林相好，林下灌丛发育，品种较多，主要有侧柏、刺槐、柿子树、栾树、拐拐枣、尖棍树、五角枫、银杏和黄栌等，形成了林壑幽深、夏日绿树成荫、秋季红叶满坡的生物景观。

与自然景观相比，古朴山村的石筑民居建筑群是更大的卖点。土峪村坐落在土峪狭长的谷底和谷坡，依山就势、错落有致的山村古旧民居建筑群以及乡土气息浓郁的农家田园风情，构成山村独有的建筑风貌和民俗文化景观，塑造了具有较高观赏价值的古朴山村形象。土峪村的石筑民居建筑遍布全村各处，富于变化的石砌墙面和灰色顶瓦，高低错落的房屋和墙垣，蜿蜒曲折的累石石阶以及浓荫遮蔽的庭院组成了完美的山村风景环境和三条南北向景观轴线。较高的观赏性和农家接待的实用性为广大城市居民创造了一处别开生面的休闲游憩空间。

土峪的石头世界：

(1) 建筑：石房、石墙、石围子、石头鸡窝、石头花盆、石水池、石板路、石桥、石砌教堂建筑。

(2) 生活用品：石缸、石磨、石槽、石碾、石桌、石凳、石头锅台、石头厕所、水井石盖、石床（沿）、石井。

(3) 祭祀用品：石供桌、石质香炉、石龛、石头小庙、石刻。

(4) 周边环境：石头山、峭壁、石壁。

基于土峪的特色，旅游规划组提出"齐鲁第一石头村"的主题定位，并围绕这一主题进行策划，提出将土峪村更名为"石峪"村，以及在山村入口山脚与河谷相接的狭窄处，建石墙和石门等。

(五) 愿望填充法

1. 方法要点

人们有许多美好的愿望，如对健康、长寿、财富、爱情、仕途、学业、子嗣等的向往。如果旅游景区项目主题定位能够围绕满足人们的愿望进行策划，显然能够对旅游市场形成巨大的吸引力，这种吸引力甚至可以化腐朽为神奇，将景观平平的景区打造为旅游精品景区。

2. 案例：云门山——东方寿山，养生天地

云门山景区是国家重点风景名胜区，位于青州市南郊，总面积约 $8km^2$，主峰大云顶海拔 421m，山顶有巨大洞穴贯穿南北，立于此洞中北望可远眺青州市郊，每年夏秋之际，云雾往返洞中飘行，缭绕不绝，为此冠名曰"云门山"。

云门山，山峦如黛，奇峰兀立，因其秀美的山体和幽静的自然环境，历来颇得佛、道两教的青睐而成为佛教、道教的仙境胜地，同时吸引了历代无数的文人墨客和达官贵人竞相来此畅游，从而留下了许许多多、形形色色的摩崖题刻。

旅游规划组将云门山主题定位为：东方寿山，养生天地。其主要定位依据是：人们常用“福如东海、寿比南山”的颂语来给老年人祝寿，其中“南山”指的是云门山。云门山山顶有巨大的“寿”字摩崖石刻，“寿”字高7.5m、宽3.7m，笔势如龙跃天门、虎跳凤阙，气魄宏伟，异常壮观，是云门山主体景观。另外，云门山上本身排布有多个寿文化景观，可谓东方最具寿文化品位的景区。长寿是人类永恒的需求，尤其是现今社会，人类对长寿的向往更加强烈！因此，很有必要依据云门山的文脉与形象来打造“东方寿山”。云门山有深厚的寿文化底蕴，对养生可以进行有力的支撑，加之云门山及周边的山麓松柏翠绿，生态环境优良，小气候条件宜人，可以养生保健、延年益寿、身体康健为主要宗旨，整合、提升、优化配置地脉和文脉，建设系列养生度假设施，强化长寿健康的游憩氛围，使之堪为“养生天地”。

（六）避实击虚法

1. 方法要点

“影区现象”是中国旅游业最普遍的现象之一。“影区现象”有时表现为一种“三角关系”：大地域“国家级三角”，如中部处于西部和东部的影区之下，故而“中部崛起”成为一种突破影区的口号；“省级三角”，如贵州处于云南和四川的影区下；“地区级三角”，如安徽的“两山一湖”，太平湖处于黄山和九华山的影区下。“影区现象”有时表现为对立关系，如云南乃古石林就在路南石林的影区之中。影区如何发展旅游成为值得研究的一个重要课题。王衍用在旅游规划实践中总结出一种“避实击虚”法或许能够提供解决这一问题的一种思路。

避实击虚法的要点是不在竞争景区的优势上与对手进行直接对抗，哪怕这方面的资源是景区最具特色的资源，而要另辟蹊径，抓住景区资源某一方面的特色，在和对手的竞争中形成优势，或者实现互补，使得景区能够突破阴影，获得发展。例如，山东邹城的旅游开发在项目策划的主题定位中成功地运用了“避实击虚”法。

2. 案例：邹城——中华母亲园

（1）项目背景。山东邹城距曲阜、泰山很近，“三孔”、泰山阴影十分浓厚（三角关系），“灯下黑”现象严重，“三孟”作为山水圣人旅游线的一个点，仅能作为“三孔”的附属景点（对立关系）。山东省孔孟之乡、东方圣城旅游形象产品的全方位开发，“三孟”也只能是其中的一部分内容（甚至是一小部分），而且只能是二级区，邹城若一味地打“孟子牌”，将不可能形成自己的特色产品，旅游业发展将受到严重制约。邹城应尽快走出“三孔”形成的阴影区，寻找其他发展方向。

（2）打造中华母亲园。

①项目名称：中华母亲园。

②主题定位：中华母亲世界。

③基本理念：弱化“三孟”，避免资源雷同、近距离重复；突出孟母，以“母亲”、“智慧母亲”这一关乎人类家庭的共性课题切入，锁定“家庭出游者”、“母子出游者”等目标客源，打造“母亲文化带动力”旅游发展思路，进行系列策划。以“智慧母亲”与“圣人孔子”形成互补产品。以孟母为主线，逐步拓展“母亲文化产业”，从母亲教育子女的角度出发，打造“智慧母亲园”。

④定位依据：

文脉：中华母亲典范——孟母；完整的孟子出生地—二迁处—三迁处“孟母教子”系列；孟母教子系列故事。

地脉：唐王山—护驾山—吉家山一带优良的风水结构和建设空间。

文化价值：对母亲的爱是华夏文化的重要组成部分，孟母是中国母亲的典范。在华夏文化纽带工程“华夏文化标志园”项目中，孟母作为其立项的依据之一，中华母亲园的建成将可成为华夏文化标志园的组成部分。

产业价值：中华母亲园项目的主体是以“母亲”为品牌的母亲用品产业和女性用品产业，这一产业的形成将给邹城带来巨大的经济效益，并形成邹城企业和产品名牌。

⑤开发思路：

第一，注册“母亲”牌商标。

第二，以中华母亲主题园为基础，以母亲文化和发展母亲文化产业、女性文化产业为主线，以“中华母亲”为特色，以观光、教育和发展母亲、女性产品为目的，重点开发中心广场、旅游观赏区、游艺活动区、休闲区、科普教育会展区、母亲和女性产业商品加工区、慈善与教育区和接待服务区。

第三，以“经营城市”的理念开发建设和管理。

五、体验经济时代的旅游景区项目主题定位

（一）旅游体验化设计的背景

早在1970年，美国未来学学者阿尔文·托夫勒在《未来的冲击》一书中就预言：“各种与行为技术相关的行业，那些不再生产有形商品和不再提供传统服务的行业，将发展得最快，从而导致人类社会的经济基础从农业、工业到服务业，再到体验业各个阶段的有序发展过程。”但这一提法由于极具超前性而在当

时并未引起人们注意。直到1999年，派恩与吉尔摩合著的《体验经济》一书出版，将体验重新定义为“企业以服务为舞台，以商品为道具，以消费者为中心，创造能够使消费者参与，值得消费者回忆的活动”。由于其思想与当下的企业管理潮流暗合，不但可以指导实践，更为现实经济生活中的不少实例所证明，故而迅速流传。

通俗地说，体验就是顾客的经历，就是一种为顾客创造难忘经历的活动。体验经济就是经营者利用消费大众对于亲身体验的渴求心理，将原本不需消费者亲历亲为的生产或服务过程，以一定的价格卖给消费者的经济活动。在体验经济中，企业提供的不再仅仅是商品或服务，而是最终体验；消费者消费的也不再是实实在在的商品，而是一种感觉，一种情绪上、体力上、智力上甚至精神上的体验，而且这种体验美好、难得、非我莫属、不可复制、不可转让、转瞬即逝，它的每一瞬间都是“唯一”。目前，体验经济已渗透到各个行业，这在美国最为典型。拉斯维加斯、迪斯尼、星际好莱坞、环球影业公司、愉悦公司、可口可乐公司……都是美国实施“体验经济”的机构。

在国内，黄金周的出现满足了人们体验自然、休闲购物的需求；观光农业让人们体验了离开都市的喧嚣、投入大自然的快乐惬意；甲A联赛为2000多万人带来了体验激动、喜悦、感动、失望、悲痛、憧憬的机会；而一些打着杭帮菜、上海家常菜甚至知青菜、毛家菜、私房菜等招牌的餐馆，为我们提供了体验江南风情、沪上人家、知青天地等感觉的机会……

（二）旅游体验化设计的理论依据

旅游的本质是异地身心自由的愉悦体验，即人们离开惯常环境到其他地方去寻求某种身心自由体验的一种活动。这是因为：从旅游的目的来看，一个旅游者出游的目的绝不是到另外一个地方吃自己熟悉的饭菜，看自己熟悉的景观，然后以自己几十年不变的规律和方式睡觉，而是想以一种特殊的生活态度去一个陌生的环境，体验自己从未接触过的生活内容和生活方式。也就是说，旅游者出游，首先不是为了寻求优质服务的享受，而是去寻找那种给自己的生命注入新活力、为自己的生活增添新色彩、为自己的观察寻找新角度、为自己的认知增加新内容的体验活动，因此，从这个意义上讲，旅游就是人们去异地体验身心自由的全过程。其实，越来越多的学者也认为旅游是一种主要以获得心理快感为目的的审美过程和自娱过程，其本质在于消遣、审美等身心自由的愉悦体验。

从体验的内容来看，根据消费者是主动参与还是被动参与，以及消费者是融入情境还是吸收信息两个角度，体验可以分为四个领域：娱乐体验、教育体验、美学体验、遁世体验。

通常，让人感觉最丰富的体验，是同时涵盖四个方面，即处于四个方面的交叉的“甜蜜地带”（sweet spot）的体验。有学者也进一步指出：旅游就是旅游者离开日常居住的环境（逃避现实），接受跨文化与异域风情的洗涤（审美），尽情享受休闲时光（娱乐），并通过这一系列感官刺激和心灵感受，获取精神的成长（教育）。从中我们可以看出旅游是最甜蜜最丰富的体验，旅游本身就是体验的一种主要方式。因此，借助体验经济的体验设计理论来对旅游进行体验化设计，不失为一种有效的途径。

（三）基于体验化设计的项目主题定位

1. 景区体验主题的标准

一般而言，创意好的景区体验主题有五大标准：

（1）景区体验主题具有诱惑力并能调整人们的现实感受。人们到某一景区游览，是为了放松自己或者寻求平常生活中缺乏的特殊体验。景区体验必须提供或是强化人们所欠缺的现实感受。比如人们游览雷峰塔，可能是感受经典爱情或团圆气氛，所以雷峰塔景区必须营造类似的体验氛围，才能吸引更多的游客。

（2）景区体验主题能够通过影响游客对空间、时间和事物的体验改变游客对现实的感觉。比如，美国的“荒野体验”融真（动物）、假（人造树林）、虚（电影特技）于一体，创造了“在广阔的户外漫步”的后现代旋律。而开封的清明上河园，通过对《清明上河图》的情景再现，通过对宋文化的真实演绎，满足了游客“一朝步入画卷，一日梦回千年”的体验，因而获得极大的成功。

（3）景区体验主题必须将空间、时间和事物协调成一个不可分割的整体。游客的体验是完整的，包含了空间、时间和事物的整合，因此要做到让游客“在适当的地方、适当的时间做适当的事”。任何一个景区的体验主题必须根据景区的特性，寻找关联的主题，并根据不同时期游客的心理氛围来设计，才能真正有吸引力。

（4）好的景区体验主题应该能够在景区内进行多景点布局。景区是一个立体的景点的集合，推出的景区体验主题，要能够让游客对景区进行立体的体验。美国荒野体验的五个生物群落区，从红木林、高山、沙漠、海滨到山谷的风景变化，囊括了影视中的故事，调动了人们的积极性。

（5）景区体验主题必须符合景区本身的特色。推出的体验活动，必须与景区本身拥有的自然、人文、历史资源相吻合，才能够强化游客的体验，如三峡车溪民俗风景区的水车博物馆中踏水车体验项目等。

2. 体验旅游项目定位的主要思路

（1）身临其境。在旅游项目策划中，为游客创造审美的体验并非一定要依托优美的自然风光，因为审美体验创造的实质就是为游客创造一种身临其境的氛围，所以体验的审美愉悦可以是完全自然的，也可以主要靠人工营造。例如阿联酋迪拜海滨的棕榈岛海滩度假区，就是通过填海工程，在海上建造了一座棕榈叶形状的岛屿，阳光、沙滩、海水等自然景观与人工营造的棕榈岛完美地结合在一起。

(2) 寓教于乐。尽管教育是一件严肃的事情，但是并不意味着教育的体验不能充满快乐。实际上，求知与旅游是一种完美的结合，在中国古代便有“游学”，18世纪，修学旅游是英国贵族的必修课；直到今天，修学旅游依然是旅游市场上受欢迎的旅游产品。国际上有一种盛行的规划理念：edutainment，就是将娱乐(entertainment) 和教育 (education) 合成一个词，译成中文就是“寓教于乐”，这一词横跨了教育和娱乐两方面的体验。在美国加利福尼亚州有一个叫做邦布拉儿童乐园的主题公园，为10岁以下的儿童提供教育体验，其设计的项目以各种方式帮助孩子创造性地学习。例如从游戏房中学习数学概念，从迷宫图中学习拼图技巧，甚至从水盆中学习物理定律。

(3) 造梦。对大多数人来说，现实的工作和生活年复一年，千篇一律，每个人内心深处都有逃避现实的渴望。各种科幻小说和童话故事中的情景使人憧憬不已，人们都会梦想自己能够成为故事中的主人公，体验冒险之旅。事实上，目前在成功的旅游项目中，逃避现实的体验主要来自于对一些科幻式、冒险式电影和故事的模拟。例如欢乐谷的“美国西部淘金之旅”、美国加利福尼亚州的荒野体验公园无不如此。

第四节 旅游景区项目布局和区划

一、旅游景区项目内容的时间利用与安排

(一) 全年时间利用

一个景区，需要研究全年性的利用能达到什么样的程度，季节性的利用能达到什么样的程度。北方最普遍的现象是冬季旅游不景气，有些景区一年只能经营三个月，长年亏损运营。一个经营性的项目，必须考虑全年时间利用的问题，目标就是争取全年的利用时间更长，方式一是增加冬游项目，二是增加室内项目，三是调整消费观念，四是开展复合旅游。现在很多地方都在推出冬季旅游节目，就是一种尝试。

(二) 游客的总体时间安排

要对应游客的总体时间安排进行情景规划。首先是客人从出发地到旅游目的地

的时间，当然越短越好。随着交通条件的改善，这部分时间会逐步调整。更重要的问题是，客人从出发地到旅游目的地的时间和游览时间的比例关系。一般说，这个比例关系的底线是1∶1，游客去目的地的途中花一个小时，往返是两个小时，这个目的地的游览时间至少应该是两个小时。很多地方的资源都受游客路途时间的约束，存在是否适宜开发和市场范围的问题。在时间规划中，游客的总体时间安排是核心问题。

（三）游览时间的规划

游览时间的规划首先要解决的是游览时间从哪里开始，即到哪个地方算是进入景区。现在一般是到了售票处才算开始进入景区，这是一个很大的认识误区。一般来说，离开干线公路，到了支线公路，就应该算进入景区，但由于普遍存在认识误区，所以支线路的状况不是很好。干线要求通畅，而支线已经进入景区，对客人来说，就要求缓慢了，在规划设计方面，这条路的主要功能除了交通以外，应该是景观路、文化路、生态路，应该尽可能使旅游者感觉兴奋，这就需要在一路上规划设计一些景观，而不是像现在这样，只有到了景区门口，看到一块大牌子，才觉得到了景区。这个问题在全国各地普遍存在，而且在景区的规划设计里，也是一个薄弱之处，这个薄弱之处在以后的规划中必须加强。

从进了景区门口开始，要规划设计客人的活动，争取每5分钟有一个兴奋点，每15分钟有一个高潮。兴奋点就是客人看了有意思，高潮就是客人到这里会激动，要停下来照相。如果在整个的游览过程中，始终有这样的感觉，客人就会说这个地方真好。爬山时这样的感觉最典型，山上的风景很好，但是路上很枯燥。所以沿途必须修一些景观，否则再好的景色也会被一路的枯燥抵消。在操作时，不妨卡着表走，5分钟到了，就设计一个兴奋点，15分钟设计一次高潮。设计的方式不拘一格，但这个地方必须有一个兴奋点。

（四）综合消费时间安排

综合消费时间就是以游览时间为主体，加上其他消费时间的时间总和，包括排队、买瓶矿泉水、坐下来抽支烟、吃点东西、看看热闹，等等的时间。

大体概念是3个小时有一顿饭，6个小时可以住一个晚上。很多景区之所以摆脱不了单一的门票经济，就是在时间规划上没有下工夫。游客走马观花，行色匆匆，经营者没有其他收入来源，只好在门票上做文章。如果增加一些综合消费项目（如餐饮、娱乐、购物等），就会增加一些停留时间，在增加了收入来源的同时，综合消费时间也要累计。而综合消费时间一旦超过了3小时、6小时的临界线，收入模式就会上台阶。项目设计与布局的基本要求是兴奋持续，高潮叠出，当然，也不可能永远兴奋，永远高潮，到了一些地段让游客缓一缓、静一静，本身也是调剂性的体验。

二、旅游景区项目建设的时空布局

（一）旅游景区项目建设的时间布局

项目时间布局是研究在既定的时间安排什么项目，每个项目在什么时间进行。有些项目要安排在近期进行，有些项目要安排在远期进行。项目建设的时间安排主要应从旅游景区自身的人力、财力、物力等条件，项目技术基础以及市场需要等方面来进行考虑。同一时间不宜安排过多的项目，过多的项目不仅会占用较多的资源，也会增加景区管理的难度。

（二）旅游景区项目建设的空间布局

项目空间布局是研究在既定的空间内安排什么项目，每个项目在什么位置。其中的关键是项目与主题的关系，在实践中，要努力做到主题指导项目，项目服从主题，而不能相反，更不能各唱各的调。

在一些比较大的景区，山形水系的基本框架的构筑要讲究。第一要合理布局。如果让游客在游览过程中，发现很多地方都别扭，这就是缺乏情景规划和体验设计的表现。第二要善于变化。没有变化就缺乏相应的吸引力，古人造园讲究小中见大、曲径通幽，实际上就是通过变化，通过借景和障景等造园手法体现出园林的价值。

三、旅游景区项目区划

旅游景区项目区划是旅游景区空间布局的一种表现手法。旅游景区项目区划指将旅游景区项目涉及的空间范围按照一定标准进行划分，分解为数个相互之间有一定联系又有各自特色的区域。

（一）旅游景区项目区划的依据

1. 地理和交通特征

对于空间范围较大的旅游景区，整个空间存在地理和交通等方面的差异，根据这种差异可以将景区空间进行细分。每一分区内部联动能力强，空间结构体系完整；区内交通体系健全，联系便捷，与其他区域之间的联系十分密切，旅游交通网络体系发育完整，进出便利；分区之间具有科学而明显的地域分界线和范围界定。

2. 资源和产品特征

对于空间范围较大的旅游景区，不同的区域往往存在资源上的差异，根据不同区域的资源禀赋，可以针对不同目标市场开发不同的产品，而根据区域资源和产品特征也可以对景区空间进行细分。每一分区有明确的资源或产品特征，区内产品组合结构合理，客源市场清楚，有独立配套的产品体系。

3. 项目文化特征

旅游景区项目的文化特征往往可以分解为不同方面，并在不同地域上进行体现，根据旅游景区项目文化特征的不同方面可以进行景区空间细分。

4. 旅游活动特征

旅游者在景区内的旅游活动性质不一，有吃、住、行、游、购、娱等不同方面，有安静的活动，也有热闹的活动；有剧烈的活动，也有平和的活动。不同活动之间可能会互相干扰，因此有必要进行分区。

（二）旅游景区项目区划与行政区划

1. 参照行政区划进行景区项目区划

一个空间范围较大的景区，往往可能横跨不同行政区域。旅游景区项目区划可以按照行政区划进行区划，即将每一行政区域对应为一个旅游景区项目分区，以便于管理操作、项目开发、资金筹措。如山东水泊梁山风景名胜区由位于梁山县梁山镇的梁山景区与位于东平县的东平湖（梁山泊遗迹）共同组成，在进行旅游景区项目策划时，就是按照行政区划进行旅游景区的区划。

2. 打破行政区划的景区项目区划

多数情况下由于资源禀赋和旅游发展条件的原因，旅游区与行政区难以在地理空间达到一致，在这种情况下只能根据旅游业发展实际打破行政区划的限制以旅游内涵为主导来进行划分。如泰安市规划将整个泰山打造成一个“国山”景区，按照“国山”文化的不同内涵对整个空间进行划分，分别划分为国山之源、国山之魂、国山之体、国山之韵四个分区。国山之源——大汶口文化旅游区：指大汶口遗址一带及大汶口至泰城的历史通道，虽然范围较小，但因对泰山文化的形成具有十分重要的意义，地位独特，故划为一个旅游区。国山之魂——人文泰山旅游区：指泰山东麓、泰城城区—泰山东路—岱顶一带，呈倒十字架结构，形成了“地府—人间—天庭”的景观分割，是泰山人文文化的主体核心和精华，主体文脉特色鲜明，内涵丰富，是体现“中华泰山——国山”和“世界文化遗产”的典型区域。国山之体——自然泰山旅游区：指除蒿里山—岱顶和王母池—冯玉祥墓、天外村广场以外的泰山其他区域，呈倒U字结构围绕人文泰山旅游区，主要包括扇子崖、桃花峪、秦御道、后石坞、汉御道一带，是自然泰山的主体。这里要特别说明的是，泰山作为世界自然文化双遗产，整个山体处处无不体现自然、文化和谐统一的特征，是一个自然、文化一体化的典型代表，原则理念上不存在明显的文化区和自然区界限，这里的分区仅从区划需要的角度考虑。国山之韵——生态休闲旅游区：主要包括东平县、新泰市、肥城市、宁阳县、岱岳区（除大汶口文化遗址）。产品以区域市场为主，是泰安市民和周边地区的生态休闲度假地。

打破行政区划制约，实施区域协调，将分散的旅游资源单体，按照地理联系和历史事件发生的时空条件进行有机复合和链接，进行区域旅游资源的综合开发利用，着眼于区域整体形象的塑造和整体优势的发挥，以形成区域内特色互补、经济互惠、经营互助的旅游产品，如长江三峡区域的景区项目规划。

（三）旅游景区项目区划和空间完整性

1. 完整的地域框架——传统旅游区划的观点

根据传统旅游景区项目区划的观点，即按照区域成片进行划分，将景区空间的全部范围划分为几个区域，如肖星等（2001）对兰州黄河文化园的区划。兰州黄河文化园以“黄河文化”为主题，围绕这一主题细分为五大景区：中部核心区域为“文明之光”景区；北部为“地理揽胜”景区；中南部为“文物瑰宝”景区；南部为“民俗采风”景区；“文明之光”与“地理揽胜”两景区结合部西侧为“古街余韵”景区。

2. 打破地域框架——点、线、面结合法

旅游景区项目的空间范围不一定是成片的。旅游景区项目空间布局有时要结合具体情况设立，为突出单纯旅游景区的框架，可以在旅游区范畴之外设立旅游点、旅游线，形成“旅游区、旅游点、旅游线”三个区划框架。这比较适合空间范围广的景区，旅游景区的有些地区景点密集度高，资源丰富，可施行旅游区模式；旅游景区的有些地区景点稀疏，资源欠佳，交通不便，开发潜力有限，可施行旅游点模式；旅游景区的有些地区景点沿交通线展布，可施行旅游线模式。如王衍用等对泰山的空间区划。泰山主体主题被确定为“国山之魂”，围绕这一主题空间布局为三重空间一条轴线，三重空间即“地狱鬼府、人间闹市、天庭仙境”，其中“地狱鬼府”指的是蒿里山、奈河桥；“人间闹市”包括以岱庙为核心的泰安老城区以及灵应宫等景点；“天庭仙境”即由一天门到南天门的九重天区域。一条轴线即由泰山广场至岱顶的登山中轴线。

（四）旅游景区空间区划模式

1. 根据资源特色进行划分

如莱芜市云台山景区，从游览区自然旅游资源和文化主题分析，云台山主峰及其周围山峰，有大天庭结构态势，是道教文化资源为中心的组合区。北侧山谷是革命历史纪念地，主题明确。东北部的鹁鸽楼水库，水面开阔，岸线曲折，果林密布，是体现雅静休闲、人间趣味的特色资源。根据资源类型的不同，将全区划分为大天庭景区、革命纪念地景区和瑶池游乐景区三部分。

2. 根据文化内涵进行划分

例如，聊斋文化景区根据景区文化内涵，将整个景区划分为故里、故居和故事三大板块。

3. 根据旅游开发建设格局进行划分

如根据旅游开发建设格局，将沂蒙湖景区划分为八个景区，即跋山景区、沂蒙水乡景区、金牛岛景区、王子崮景区、凤落院景区、会仙院景区、千亩荷塘景区、宿山景区。

4. 根据旅游功能进行划分

如根据旅游功能的不同，将姬王崮景区规划为六大功能区，即入口区、引景区、杨家洼沂蒙民俗休闲游憩区、崮崖-姬王城自然文化景观游赏区、观光农业生产区、山林生态建设区。

5. 根据地理交通特征进行划分

如微山岛景区，根据自然地理环境和公路设施建设，按照“申”字形旅游交通结构，将景区空间划分为“一湖、三岛、一陆”和“一环、两片、两轴”。

6. 根据逻辑关系进行划分

如前文提到的，马陵山景区就是依据马陵之战的逻辑关系，将整个景区划分为诱敌区和歼敌区。

7. 立体划分法

如对宝相寺景区的划分，一方面按照地理区位和文化内涵将景区划分为中轴核心区、西部佛祖生平园林区、东部佛教文化景观区三大区域；另一方面又按照建筑风格划分五大区域：大门、西部佛祖生平园林区与舍卫城体现古印度风貌，宝相寺与观音院体现中国宋代风貌，异域佛教文化区体现东瀛、西藏与东南亚风貌。同时根据文化主题划分九大板块：慈航普渡、须弥神山、古宝相寺、佛祖涅槃、西方极乐世界（包括佛祖出世、成道、传道）、东方琉璃世界（包括南传、藏传、东瀛佛教文化区）、出水观音、天王护佑、王舍卫城。

第五节　旅游景区项目设计要领

本节将从总体上探讨旅游景区项目设计的三大要领，分别是从体验出发、全方位开发、主题和项目的结合。

一、项目设计要领之一：从体验出发

旅游景区项目主题确定以后，接下来就是根据主题线索设计具体的体验旅游项目，打造一个高享受的体验过程。体验旅游项目的设计是旅游景区项目策划的核心，它的成功与否直接影响到旅游景区吸引力的强弱。

（一）旅游景区项目体验设计的目标

旅游景区项目的体验设计，最终的目标是两个方面：

第一，从旅游者的体验出发，要达到全身心的感受；从规划设计者出发，要达到全方位的创造。通过我们全方位的创造，使旅游者的体验达到全身心的感受。从景区的质量来看，要求是“可进入、可停留、可欣赏、可享受、可回味”。其中提出可欣赏而不是可观赏，因为观赏只是看，欣赏必须有精神参与；可享受达到了一个比较高的境界，目前很多景区只是可感受，不可享受，我们甚至很少从享受这个角度来研究客人的体验，只有方方面面设计到位了，才让客人真正可享受；可回味是体验设计的最高的境界，客人回去一想，觉得这个地方很好，还对大家宣传一番，买的纪念品也要摆在案头。

第二，以人为本，突出特色，注重创新。创新需要创意，创意需要追求差异，差异产生特色，特色产生吸引力，吸引力提升竞争力。做旅游景区的规划设计，这几句话是要谛。这里不只是差异和特色的问题，还涉及指导性的原则，即最终还是要以人为本。从道理上说很简单，有什么体验，有什么需求，就怎么做。很多东西从专家的眼光来说觉得很好，但是旅游者觉得不好，专家的眼光比较集中在资源、特色方面，而旅游者的眼光更多是集中在体验上。所以，到一个地方，哪怕资源一般，如果真能形成一个全身心的良好体验，这个地方就是好地方。游客追求特殊体验比如说追求探险，不要求环境舒适，但必须在体验设计这方面下工夫，这些工夫下到位了，很多东西就可以到位了。不管资源条件如何，都可以从产品上做成精品，而精品主要是体验。精品做出来，在市场上的吸引力自然有了，竞争力自然有了。

（二）旅游景区项目体验设计的要点

1. 从直接体验出发

从直接体验出发，就是从旅游者的切身体验出发，这里涉及几个要点：

（1）视觉设计。视觉设计就是一个景区最基本的设计，视觉设计就是研究景观，以“观”为主体。

①建筑景观。建筑景观应该比较丰富，但又要和谐统一。古代的建筑景观，在和谐统一方面比较突出，但是景观的丰富性不够，相当一些是靠体量大，产生一种震撼感。比如故宫，没有丰富的变化，主要是靠体量大来体现出皇家的威严气势。苏州园林在这一点上设计得比较好，建筑景观非常丰富，方寸之间形成很多样的变化，又很和谐。一个景区的视觉设计首先是建筑景观的问题。建筑景观设计得好，锦上添花，否则效果就差。

②文化景观。文化景观是通过多样化的元素来吸引人的，体现的方式很多。比如有些小镇和村子里，不同时期的标语口号很多，这些都是文化景观。有些城市在建筑的外立面上适当点缀一些建筑符号、文化符号，游客就会觉得这个城市有味道。

③环境景观。环境景观首先是对环境的总体要求。一是自然环境协调，不一定只是绿化或美化，比如大漠景观，莽莽苍苍的感觉，就是协调。二是要注重细节。如果把细节做到位，一般的设计都会做好，否则再好的资源也会逊色。比如广东的宝墨园，本身没有明显的特色，主题也并不明确，但是细节非常到位，环境景观极好，这样就使游客看后觉得是精品，靠细节弥补了主题的不足。

④视线走廊。在整个游览过程中，游客会形成一个视线走廊，视觉设计要使游客保持一个美好的视线感觉，有的地方需要贯通，有的地方需要遮蔽，总体来说应该是形断神不断，作用是通过视线走廊把各个景观连接起来。

（2）活动设计。活动设计是以活动为中心的设计，一般来说，一个景区的体验设计里，必须要有活动，没有活动就是一个死景区。例如，一片草原，如果没有牛、马、羊，觉得很死，如果有的话，就觉得活了。从设计的角度，一般有大活动、小活动、表演性活动和参与性活动四类。搞大活动，比如每天晚上有一个花车游行。小活动，比如做游艺。表演性的活动比较好组织，不过表演的方式容易单一，广场式的表演应该是最重要的方式，在国外也经常可以看到，尤其是旅游城市，只要有一个小广场，肯定有人表演，这样游客就觉得这个城市活了。参与性活动的主要对象是青少年和儿童。中国人不像意大利人、巴西人，天然就有狂欢的文化。在活动设计方面，必须研究我国的一些独到的地方，研究我国特有的东西，才能把活动有效地设计出来。

（3）声音设计。需要研究一些背景音乐，有些景区有背景音乐，但如果达到了吵人的程度，就不叫背景音乐了。有些饭店的背景音乐，一成不变，如果客人只住一天，也许不会烦，但是如果天天这样，就一定会厌烦。同样，景区的背景音乐也需要研究，严格地说，应该是和主题紧密联系在一起的，和情景紧密联系在一起的，并与环境和谐，播放什么样的背景音乐，在什么样的区域播多长时间，都需要研究。

（4）味觉设计。需要运用多种手段，达到多种效果，尤其主题公园有许多特殊的项目。比如客人要到这个地方寻求刺激，就要制造出嗅觉的效果。味道的设计要以“清”为目的，首先要清新，其次要清香，尤其一些人群比较集中的景区，都有这个问题。人群聚集在一起都有汗味，在做规划设计的时候，可以在适当的地方种植桂花、香樟、荷花等植物，或喷一点儿清香剂，把味道调整过来，让游客有更好的体验。

（5）触觉设计。人都有触觉，触觉设计以细为根本。在景区游览的过程中，第一是脚的触觉，第二是手的触觉，第三是全身心的触觉。

①触觉深入。触觉本身会引导深入体验。比如有的雕像，大家都去摸，时间长了，光滑细腻，触感非常好。

②触摸兴奋。除了触觉之外，再加上其他的文化内涵，摸起来就觉得很兴奋。意大利的一个地方有一个雕塑，张着大口，传说你要是说谎话，这个口就会把你咬住，你不说谎话就没事，游客都会进去摸一下，并在这儿照相。

2. 营造体验氛围

令人难忘的体验经历不仅需要主题和体验项目，而且还需要外围环境的和谐衬托。在确定主题和策划旅游项目以后，关键就是要营造一种体验氛围，也就是利用现有的体验资源搭建体验的场景和舞台，让游客参与其中。

(1) 整合多种感官刺激。体验的前提是参与，如果没有参与，而仅仅是走马观花似的旁观，就得不到真正的体验。因此，旅游服务供给者应该设计和尽可能提供参与性强、兴奋感强的活动与项目；要提倡深度的体验旅游，旅游者既要身游又要心游，游前要了解旅游地的历史与环境，游中要善于交流，游后要“反刍”和“复习”，要动腿走、动嘴问、动脑想、动手记，把观察上升为心得，从经历中提炼体验，不断提高旅游素质。

(2) 充分利用纪念品。纪念品的价格虽然比不具纪念价值的相同产品高出很多，但因为具有回忆体验的价值，所以消费者还是愿意购买。度假的明信片使人想起美丽的景色，绣着标志的运动帽让人回忆起某一场球赛，印着时间和地点的热门演唱会运动衫让人回味演唱会的盛况。如果旅游企业经过制定明确主题、强调参与等过程，设计出精致的体验，消费者将愿意花钱买纪念品、回味体验。从这个意义上说，作为一个旅游目的地，尽管食、住、行、游、娱各种设施和服务都很完备和出色，但惟独没有提供一个代表其特色和形象的纪念品，这个体验就是不完整的，会给游客留下遗憾。然而，目前我国很多旅游地只注重景区建设而对旅游纪念品的开发深度不够，普遍表现出缺乏创意、品位不高、质量粗糙、品种单一等问题，使游客不能得到一个完整的体验。旅游纪念品是旅游者完整体验的一个不可或缺的部分，它的开发要承载当地的历史文化内涵，具有一定的艺术价值，代表一定的民族、民俗特色。

3. 实施体验营销

传统的营销在很大程度上关注产品的特色以及给消费者带来的利益，认为一件产品对顾客而言，非常实用即可。然而到了体验经济时代，这样做就未必能赢得消费者了。谁也不能分辨出娃哈哈纯净水和乐百氏纯净水到底哪一个更解渴、更有营养，靠的是“我的眼里只有你”这种体验来打动消费者。为此，必须实施体验营销。首先，建立展示体验的促销舞台，使顾客能够方便地接触尝试这种体验。在这种促销活动中，单纯的电视、报刊和广播广告的作用十分有限，必须大力加强户外促销、景区促销等形式的促销活动，这种促销活动更要侧重于营造一种体验环境，以便让顾客试验相关体验来激发购买欲望。建立、健全游客与旅游企业间的沟通渠道也是旅游促销成功的重要一部分。通过沟通，及时了解旅游者的消费需求和购买渠道，因势利导，采取不同的营销方式赢得顾客的信赖。其次，建立体验式旅游的营销队伍。在体验式营销中，营销人员就像演员，通过各种刺激游客感官的形式来表演，表演的目的就是让游客参与其中，即购买旅游产品和旅游纪念品。

二、项目设计要领之二：全方位开发

所谓全方位开发，是指景区利用各种手段特别是现代科技手段，以景区旅游资源为基础，以景区文化内涵为线索，开发丰富多彩的旅游项目，满足旅游者不同的旅游需求，以达到增加旅游消费和提高旅游效益的目的。景区的全方位开发是旅游项目设计的一个基本要领。

（一）全方位开发的意义

1. 资源层面上：充分高效利用，减少时空上的浪费

我国多数景区在资源利用上，尤其是时空利用上比较单一，资源挖掘深度不够，开发力度不足，资源整合开发不够。究其原因，主要是对资源的认识不足。

（1）对资源的认识仅停留在一些侧面，缺乏多层次多角度的认识和开发；

（2）对资源的认识还停留在景观的物质表面上，而对其文化历史等精神层面内涵的挖掘不足；

（3）在旅游资源开发上只注重观光游览功能，在求新、求知功能上认识不足，对旅游功能理解偏颇。如对一些溶洞及地质景观的解说，只停留在形象描述上，而对于产生原因和地质过程等很少说明或没有说明。

2. 游客层面上：旅游项目丰富多彩，避免单调、枯燥

随着现代旅游的发展，游客的旅游需求丰富多样，单纯景观的观光游览已不能满足旅游者的要求，旅游景区应充分挖掘资源，开发出多种多样的旅游项目，以丰富游客的旅游感受。而目前我国多数景区依然只提供观赏和游览项目，部分景区增加了少量游客参与项目，但娱乐休闲功能仍明显不足，仍停留在“白天看庙，晚上睡觉”的接待水平，旅游项目单调，旅游过程枯燥，缺乏新奇刺激的旅游感受。

3. 旅游经济层面上：延长旅游时间，增加过夜率，提高人均就地消费水平

有资料显示，来华旅游者在中国大陆的人均消费低于世界平均水平，中国大陆每接待一名国际游客的旅游收入只有353美元，远远低于全球平均数字655.5美元，而香港为945.5美元，原因很多，其最重要的原因之一是旅游消费的花样品种不丰富，文娱生活单调，夜生活乏味。正是没有夜生活，也就没有了夜生活的消费，由于没有夜生活或夜间娱乐项目，旅游景区不能留住游客，过夜率低，也影响了旅游消费。许多旅游景区的旅游收入只是景区门票，而对于某些旅游地来说，旅游的主要收入也不过是门票加食宿，其他旅游收入很少。

4. 技术层面上：加大科技含量，用先进的科学技术推动旅游业的发展

现代旅游的发展越来越需要科技的支持，现代科学技术可以给景区制造令人惊叹的迷幻效果，可以模仿和再现人类无法亲身经历、重新体验的场景，可以帮人类开发挖掘以前无法利用和难以利用的资源，可以提高资源的利用效率，如在景区使用环保的交通游览工具，开发地面、空中旅游工具等。

（二）全方位开发的注意事项

1. 不能盲目效仿，应结合本地区实际

旅游景区的全方位立体开发，切忌盲目效仿。不同景区的开发有不同手段，有些景区的项目取得了很好的效果，但是我国景区有我国的国情，不同地区有其地区特色，每一个景区都有其自身的特点，必须结合本地资源特色和文化特色做好全方位开发，而不能照搬其他景区特别是国外景区的开发经验。

2. 注重环境保护，做到保护性开发

开发和保护是一对矛盾，全方位开发由于涉及大量旅游资源和旅游环境因素，因此在开发中要特别注重保护性开发，要将环境保护和景区的整体保护作为重点，使旅游各项设施与当地环境协调一致，这样才不至于使全方位开发变成全方位破坏。

3. 开发中注重文化因素

旅游消费是一种文化消费，文化意识对于旅游资源的开发具有重要意义，旅游者购买的是文化产品，旅游者对旅游景区印象好坏一方面取决于旅游景区的自然风光、名胜古迹、风土人情等是否有魅力；另一方面取决于旅游者在旅游过程中是否得到了文化欣赏和精神享乐，特别是具有异域文化特征的文化欣赏过程。因此，在旅游开发过程中，要充分挖掘和利用文化因素，将自然景观赋予人文色彩，形成不同的民族、地域文化风格，有利于增加对旅游者的吸引力。

（三）案例——尼亚加拉瀑布的全方位开发

位于美、加边境的尼亚加拉瀑布是世界上最雄奇壮观的瀑布之一，堪称世界地理奇观，对世界各地游客产生强大吸引力，每年迎来1200多万游客，成为举世闻名的旅游胜地。尼亚加拉瀑布之所以吸引来自世界各地如潮般的游客，除其自然地理奇观的魅力之外，美、加两国的全方位开发策划功不可没。其不仅为尼亚加拉瀑布增加了旅游价值，丰富了旅游功能，更为大瀑布增添了无穷的魅力和巨额的旅游收入。美、加两国充分利用自然资源，全方位立体开发的思路，对我国旅游景区，尤其以自然资源为主景区的开发有着较大的启发作用。

1. 尼亚加拉瀑布概况

尼亚加拉瀑布（Niagara Falls）位于北美洲伊利湖和安大略湖之尼亚加拉河上，落差56m，宽1240m。瀑布河心的山羊岛将瀑布分为东西两部分，东属美国，宽323m，落差56m，称亚美利加瀑布（亦称美国瀑布），另外在美国瀑布南端尚有一

个较小的瀑布叫“新娘面纱瀑布”。西属加拿大，宽约675m，落差56m，称马蹄瀑布。在大瀑布下游两边各有一个瀑布城，两城隔河相望，由彩虹桥连接，桥中央飘扬着美国、加拿大和联合国的旗帜，游人可自由往来。

巨大的瀑布水流似银河倾泻，如万马奔腾，直捣河谷，发出的巨大响声就仿佛阵阵闷雷，波及数里之外。巨流经过50多米高处垂直下落，速度不断加快，在下游河面溅起水花万朵，散发出弥天水雾。在阳光照耀下，好像彩虹穿插其间，蔚为壮美奇观。

2. 尼亚加拉瀑布全方位开发特色及其效益

(1) 全方位立体开发，最大限度发挥资源效率。尼亚加拉瀑布全方位立体开发从游览工具的开发使用和设置不同观景点，增加观赏视角两个方面表现出来。使游客从不同空间角度领略大瀑布的风采，对大瀑布进行全面的观赏和认识。

①水、陆、空游览工具全面开发。

第一，水陆游览工具和线路的开发。开发“雾中少女”号游艇，游客可以搭乘游艇，随游船溯急流上驶，在瀑布前感受“飞流直下三千尺”的壮观景象。这是一种最大限度的靠近瀑布、最惊险刺激的游览方式。当船行驶至马蹄瀑布前，瀑布从前、左、右三个方向倾泻而来，包围了游船，50多米高的巨瀑排山倒海地跌落在近在咫尺的水面上，其声震天动地，游船或随波起伏，或顺流旋转，浪花飞溅，人水交融，惊心动魄的历程令人难忘。

第二，陆路全方位多视角的开发。陆路观瀑景点颇多，其一，瀑布区内耸立着四座高大的瞭望塔，使游人可以从最佳的角度观赏瀑布，其中一座在美国境内，三座在加拿大境内，以奥尼达瞭望塔和施格林目瞭望塔为最有名；其二，地下观瀑更有奇趣，游客可乘电梯深入到地下隧道，到达瀑布的“脚下”，倾听瀑布下落时洪钟雷鸣般的巨响，使人心潮激荡，还可以乘升降机来到瀑布一侧的岩洞，观赏流水似晶莹透明的宽阔的珠帘倒泻而下，落地后玉珠回溅迅速汇成激流，卷起巨大旋涡呼啸而去，气势雄伟；其三，山羊岛近距离平视瀑布，山羊岛是美国境内瀑布南侧的小岛，是美国境内离加拿大境内瀑布最近的观瀑点，从这里观赏尼亚加拉瀑布与从瞭望塔上和“雾中少女”号游艇上观赏的感觉截然不同，这里游客站在与瀑布顶端齐高的位置，可以平视瀑布奔腾向下而去景象，眼前万倾银涛，波澜起伏，令人心旷神怡；其四，连接美、加两国的彩虹桥是观看大瀑布全景最理想的地方，这是连接美加两国的主要通道，游客从桥上步行5分钟，就可以从美国来到加拿大。

第三，空中游览工具的开发。虽然水上和陆上都已开发了多条游览线路，但并没有忽视空中游览工具的开发使用。其一，在安大略湖方向的尼亚加拉河上，修建了西班牙吊车，坐缆车通过彩虹桥，可以看到尼亚加拉河中的大旋涡奇景；其二，游客亦可乘坐旅游部门提供的专用直升飞机，从更广阔的视野凌空饱览大瀑布迷人的全貌。

以上三度空间游览工具和线路的开发，可以使游客从瀑布的前后、上下、里外、左右不同的角度和方位观赏和认识瀑布，形成瀑布的整体画面，构思精巧，最大限度地发挥了利用资源的效率。

②延伸了时间尺度，深化了对大瀑布的认识和游览体验。

第一，将游览时间由白天延伸到了夜晚。每当夜幕降临，围绕着瀑布周围的巨型探灯齐放绿光，使已渐渐灰暗的瀑布恢复了动人的光彩，随着灯光颜色的转换，瀑布七彩缤纷，气象万千，瀑布的夜晚是美妙的光之庆典。游客下午欣赏瀑布的壮观，晚上又参加迷人的灯火聚会，五光十色的灯光下美丽的瀑布如梦如幻，夜间观赏瀑布独具特色。

第二，将游览时间从现在拉回到历史。尼亚加拉瀑布博物馆，据称为北美洲最古老的博物馆之一，展出的物品包罗万象，普通如雀鸟标本，特别如古埃及木乃伊。此外还放置了许多大木桶，这些木桶是历年一些冒险者乘坐过，用来挑战瀑布的，在斯凯隆塔旁的金字塔型爱玛斯戏院，放映电影名为《尼亚加拉：奇迹、神话与魔术》，介绍尼亚加拉瀑布的历史、传说。

③增加人文要素，创造了浪漫色彩。尼亚加拉瀑布本为自然奇观，却蒙上了人文浪漫色彩。如彩虹桥又有“蜜月小径”这个动听的别称。当年拿破仑的弟弟结婚时，曾同新娘到这里度蜜月，后来，许多新婚燕尔的年轻人也纷纷仿效这一做法。尼亚加拉瀑布不仅吸引了大量游客，也吸引了大批挑战瀑布的勇敢人士。其中最著名的要算法国人布朗丁，1859 年第一次在绷索上跨越大瀑布；其后，安尼·埃德森·泰勒 1901 年成为第一位能活着完成在桶中漂流瀑布的勇士。

④使景区成为大型娱乐休闲地。在观赏瀑布奇观的同时，游客又可以在此地休闲娱乐。马林乐园就是尼亚加拉瀑布上游的休闲娱乐区，包含游乐场和动物园，园内最受欢迎的项目是大型杀人鲸和海豹表演，而游乐场的飞龙山旋转咖啡杯，更是令人惊叫不已。近期在尼亚加拉瀑布观光区新开发了漂流尼亚加拉瀑布的游乐项目，游客搭乘 9 人坐的水上飞船，自瀑布俯冲而下，十分刺激，但沿途看到的，只是虚拟实景的画面，就像迪斯尼乐园中的星际旅行。此外，在瀑布城有大量的饭店、餐饮旅游接待设施及大型购物中心，如彩虹中心、尼亚加拉大商城等，出售旅行户外用品及旅游纪念品，还有多家名牌店，深受旅游者和当地人喜爱，瀑布城已成为具有观光、娱乐、休闲、购物等功能的大型旅游地。

（2）尼亚加拉瀑布全方位立体开发带来的效益。

①充分利用了自然资源，最大限度地提高了资源利用的效率。尼亚加拉瀑布是大自然的赠与，人类在保护资源的基础上，应尽可能充分利用资源，并使其发挥最

大的使用效能。尼亚加拉瀑布水、陆、空全方位立体开发，使游客从不同的空间位置、角度观赏大瀑布，将大瀑布不同的视角均作为旅游资源加以开发，使其产生不同的魅力，不仅让游客全方位了解认识大瀑布，重要的是给游客带来不同的视觉和心理感受。

②延长了旅游时间，增加了就地消费。

第一，由于全方位的开发，观瀑的地点、方式多种多样，必然延长旅游时间，延长旅游时间必然增加就地消费。

第二，每个观瀑塔上均设旋转餐厅，不仅为游客提供方便，也产生消费诱惑。

第三，尼亚加拉瀑布夜景独具魅力，深深吸引着游客，能使游客就地留宿，由此带来大量的旅游收入。

③使用多种游览工具，为企业带来丰厚利润。为了使游客从不同角度观赏瀑布，形成不同的多种体验，美、加两国精心策划开发了多种游览工具和游览线路，为游览工具所属企业带来了丰厚的收益。

④从游客角度讲，丰富了旅游体验。如此全方位的游览，尼亚加拉瀑布定会以一个饱满丰富的形象铭刻在旅游者心中，带来很好的旅游感受，形成最佳体验效果。

⑤满足了游客求新、求美、求知的需求。从游客的旅游需求和动机来看，旅游者到异地旅游除了满足追求新奇刺激、追求审美感受外，旅游者的求知需求也极其强烈，在旅游过程中风景区或旅游开发企业应给予游客与景区相关的自然、历史人文知识。尼亚加拉瀑布的旅游过程中通过地质博物馆、剧场欣赏影片等，满足游客求知的需求。

三、项目设计要领之三：项目和主题的结合

旅游景区项目的设计必须和项目主题紧密结合。没有主题的项目设计等于没有灵魂，项目必然显得杂乱，一盘散沙，难以在旅游者心目中形成鲜明的形象，留下深刻的记忆；而没有项目支撑的主题，则是空中楼阁，其主题哪怕创意再好，也难以推广，只能停留在策划文本当中。

（一）旅游景区项目和主题结合的方式

旅游景区项目和主题的结合主要有三种方式，分别是：链式、支撑式（伞状）、集聚式。

1. 链式结合法

很多旅游景区项目的主题是根据旅游资源特色提炼而成的，为了突出主题的来源，从主题的形成进行旅游景区项目设计是必要的；另一方面，旅游景区项目主题往往具有延展性，因此围绕主题的发挥又可进行一系列的项目设计。在这一方式中，旅

游景区项目设计分别从主题的形成（上游）、展示、发挥（下游）等方面进行，形成上游项目、主题展示项目、下游项目，项目与主题之间的关系如图7-1所示。

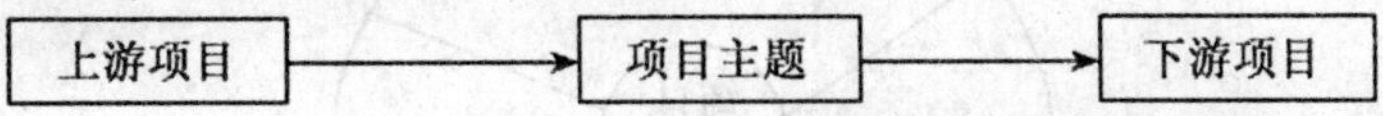

图 7-1 旅游景区项目和主题链式结合法

2. 支撑式（伞状）结合法

很多旅游景区项目主题是具有包容性的，主题的文化内涵非常丰富，包含不同侧面。要完整地展示项目主题，必须从项目主题文化内涵的不同侧面进行项目设计。在这一方式中，从项目主题的不同侧面出发进行项目设计，形成不同分项目。项目与主题之间的关系如图 7-2 所示。

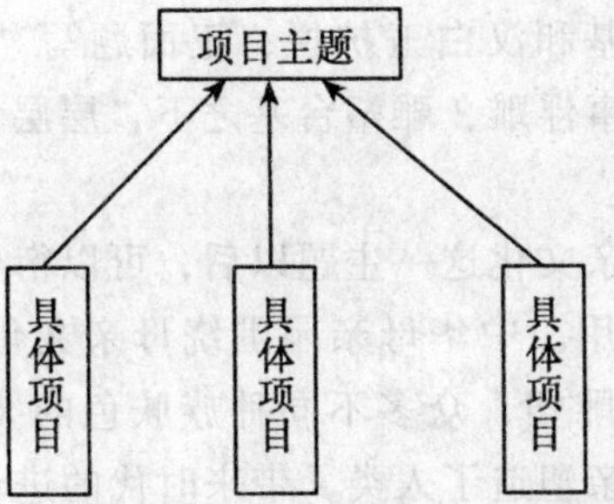

图 7-2 旅游景区项目和主题伞状结合法

3. 集聚式结合法

一些旅游景区项目以叙事、描写为主题，对应的旅游景区项目设计往往围绕模拟叙述的情景进行，力图通过景观塑造以及场所表演等各种手段，塑造叙述中展示的风貌，穿越时空，提供给旅游者一个梦幻般的环境，带给旅游者全方位的体验。在这一方式下，旅游景区项目往往依据主题叙述的空间和时间的逻辑关系进行设计和布局。项目与主题之间的关系如图 7-3 所示。

（二）案例

1. 案例之一：中华母亲园的主题和项目

中华母亲园的主题定位为“智慧母亲”，主打母亲文化牌。

这一主题形成的重要基础是：邹城不仅产生了孟子这一亚圣，而且也产生了中华母亲典范——孟母。邹城有完整的孟子出生地—二迁处—三迁处，有“孟母教子”的大量传说故事。

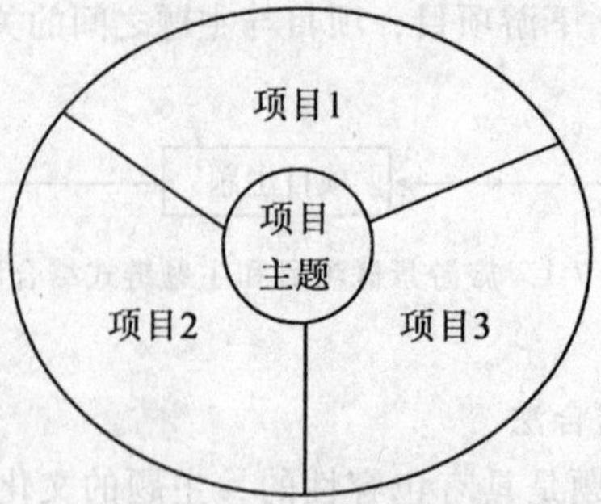

图7-3 旅游景区项目和主题集聚式结合法

因此，中华母亲园项目设计的一个重要方面就是围绕上述本底资源进行构思，如在母亲广场中心矗立孟母教子的巨型雕塑。高大的大理石塑像屹立在花岗岩基座上，座下为层层下落的台基和汉白玉护栏，正面题写“母教一人”镌刻其上，其他壁面镌刻孟母三迁的故事浮雕，雕塑台基之下，层层设置花台。花台之下为花环状水池、音乐喷泉和彩灯。

当项目主题上升到母亲文化这一主题以后，可以衍生出大量项目，从古至今的和母亲有关的题材均可采用。中华母亲园围绕母亲文化设计的项目有：以“女娲造人”为题材的大型人物雕塑，众多不同种族肤色的婴儿、儿童围在以女娲为原型的母亲膝下，寓意为母亲塑造了人类，带来时代的进步和文明；贤妻良母园展示古今流传的贤妻良母相夫教子的故事，场景分八个板块设计，即：举案齐眉、马后抚幼（西汉）、徐母骂曹（三国徐庶母）、陶母却鱼（东晋陶侃母）、岳母刺字（宋岳飞母）、章氏教子（明刘宗周母）、王氏送子（明徐霞客母）、费氏买饼（清郑板桥乳母）。各场景的环境、装束均按相应时代设计，等等。

从母亲文化这一主题延伸，可以向母性关爱、母亲艺术等方向生发，进行项目设计。中华母亲园设计的相关项目有：母亲关爱区，围绕儿童的娱乐活动设置各种现代化的机械游艺和电子游艺设施，开展有益健康的儿童游艺娱乐活动，设儿童科幻园、儿童游艺场、电子游戏城、儿童小乐园、疯狂碰碰车、月亮船、环壁攀援等活动；母亲艺术园，荟萃以母亲为主题的各种文化艺术作品，包括文学、文艺、小说、传说故事、诗歌、散文、音乐、美术、雕塑、戏曲等。

对母性关爱、母亲艺术等方向进行进一步延伸，还可以上升到母亲、女性产业的开发。中华母亲园围绕母亲、女性产业的开发设计的项目有：选址于毗邻小屈庄区域，建立母亲产业的基地。依托附近农村劳动力资源，吸引外部资金、技术与管理，专门从事母亲产业的产品开发，包括美容化妆品加工业、服装加工业、妇幼卫生保健用品加工业、绿色食品加工业、婴幼儿食品加工业、老年保健食品加工业以及旅游纪念品及旅游商品加工业、餐饮业、酒店业等。

中华母亲园的项目设计通过层层联想，将项目设计和项目主题相结合，是链式结合法的典型案例。

2. 案例之二：聊斋文化游览区的主题和项目

（1）基本情况：聊斋文化游览区系以蒲松龄故里蒲家庄、蒲松龄故居纪念馆、主题园聊斋城等为主要吸引点的文化游览区。聊斋城位于淄川城区东郊之蒲家庄。现为 AAAA 级旅游景区。蒲家庄为蒲松龄故里，现村中住户 400 余户，1500 多人，多为蒲姓。该村较好地保留了清代民居建筑风格，将蒲氏故居及相邻庭院辟为蒲松龄故居纪念馆。

（2）主题定位：聊斋文化。

（3）开发思路：以“故里、故居、故事”为主线，全方位打造聊斋文化景观。改变重故居、轻故里的做法。活化“三故景观”。一是田园、故里、故居做场景式活化；二是故事（聊斋城）做参与式活化，使故里、故居、故事三位一体，实现一体化开发。

（4）游览区旅游开发理念板块结构，见图 7-4。

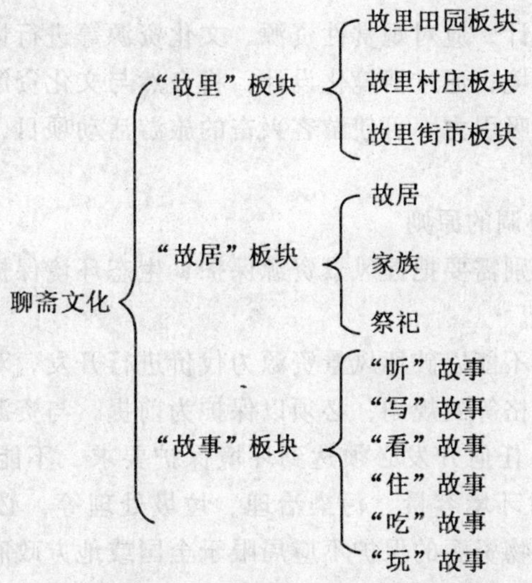

图 7-4　聊斋文化游览区开发理念板块结构

聊斋文化园项目设计，围绕聊斋文化这一主题，从“故里、故居、故事”等三个板块面去考虑，而围绕每一个板块，又分别由不同方面的项目构成，项目对主题起到了很好的支撑效果，而主题则对项目起到了很好的统领效果，是支撑式结合法的典型案例。

第六节　旅游活动项目设计实务

一、旅游活动项目设计原则与分类

（一）旅游活动项目设计的基本原则

1. 人本主义原则

根据人本主义原则，旅游活动项目设计应该以人为本，遵循人体生理与心理的规律，满足人类审美、求知、交流、康体、休憩等需要，尊重人的本性、共性和特性。

2. 景观和活动相结合原则

旅游起源于审美的需求，随着旅游业的不断发展，广大旅游者对旅游欣赏、旅游审美的要求越来越高，旅游活动也逐渐从观光娱乐型向休闲体验型转化，但是景观始终是旅游活动的基础，旅游活动项目的设计必须和景观建设项目相结合。

3. 情境化与体验化原则

旅游活动项目设计，应对观赏性资源、文化资源等进行情境化改造与设计，形成情境化的场景和环境；通过情境化设计，将自然与文化资源，转变为人性化的参与过程，转变为具有吸引力、可使游客兴奋的旅游活动项目，使旅游者能够获得最佳的体验。

4. 保护与开发协调的原则

旅游资源开发特别需要把握风景资源保护、生态环境保护、文物保护、游客安全保护四方面的保护。

风景资源保护：不能以破坏风景资源为代价进行开发，对观赏、游乐、基础设施的位置、体量、风格等的规划，必须以保护为前提，与资源、环境协调。

生态环境保护：任何开发必须达到环境保护要求，不能引起整体生态环境的不可逆转性破坏，对环境容量、污染治理、垃圾处理等，必须有到位的措施。

文物保护：对文物资源的保护不应局限于全国或地方政府保护名单，所有具有文化价值和旅游价值的历史或民俗资源，都应该予以保护。

游客安全保护：在旅游活动项目设计中，必须充分考虑游客安全，包括旅途安全、游览安全、游乐安全、社会安全等几个方面。

（二）旅游活动的分类

旅游活动范畴非常广阔，一般而言，旅游活动是指旅游者在景区旅游过程中所经历的各项活动，旅游者可以从这些旅游活动中得到各种需要的满足。

根据旅游活动的性质可以将旅游活动分为基础旅游活动、基本旅游活动以及提高性旅游活动。基础旅游活动不是旅游活动的主要目的，但是旅游过程所必不可少的，如吃、住、行等。基本旅游活动是旅游活动的主要目的，和旅游者的旅游动机紧密相连。提高性旅游活动虽然是非基本旅游活动，却对整个旅游过程起到了画龙点睛的作用，如主题公园的歌舞表演或文化展演等。

旅游景区的功能性质不同，往往决定着其景区的基本旅游活动也不同。如观光型景区，一般特色鲜明，以资源为依托，但功能单一，是为了满足旅游者的游览需要而产生的，我国现在大多数的景点属于单纯的观光型景区，旅游活动也相应为观光活动；度假型景区，以满足游客休闲度假旅游需求而开发，旅游者的活动主要是休闲度假；娱乐型景点，是以满足游客康体健身、消遣娱乐需求而开发的旅游景点，既有能满足游客体验和参与的活动项目，也有特别设计的有鲜明特色的主题性景点活动，如探险活动、体育活动、竞技活动、节庆活动等，这类景点主要是主题公园，它集观赏、娱乐活动甚至节庆活动于一体，内容和形式都非常丰富。不过，目前旅游景区的发展趋势是向综合性景区发展，在同一个景区中可以开展观光、度假、娱乐等不同的旅游活动。

根据旅游活动安排的时间，可以将旅游活动项目分为常规旅游活动项目和旅游节庆活动项目两大类。与常规旅游活动项目相比，旅游节庆活动项目在策划上需要运用更多的技巧。下面将分别对这两种类型的旅游活动项目设计进行介绍。

二、常规旅游活动项目设计实务

（一）饮食

1. 基本原则

（1）特色化：要挖掘具有当地特色的食品，从饮食方面体现文化的吸引力。

（2）多样化：在不违背野生动物保护法和相关法规的前提之下，尽可能多地采用更多的原料，制作更多的食品种类。

（3）品牌化：通过饮食的发展，形成品牌菜肴、品牌宴席、品牌服务；同时可以将店内就食和客人购买结合起来，使旅游饮食成为目的地发展的重要因素。

（4）体验化：注重就餐环境的营造，增加服务、菜肴、就餐方式、就餐环境的文化内涵和体验要素，如船宴等餐游结合的方式。

（5）大小结合：在旅游活动过程当中，应注意丰盛的饮食和简单的饮食相结合。

（6）快慢结合：白天在旅游途中可采取快餐形式，以节约时间，同时也是条件所限；而晚餐则应让旅游者有时间得到充分的饮食享受，同时也使营养得到充分保证。

2. 餐饮设计模式

餐饮设计由四方面构成：餐饮环境设计+菜谱+服务方式设计+娱乐活动设计。

（1）餐饮类型：主要餐饮类型如餐饮一条街、农家乐（城郊餐饮农家乐、度假型农家乐）、户外烧烤、特色餐馆、宴会餐厅、主题餐饮。

（2）餐饮方式：主要餐饮方式如餐饮+歌舞表演，餐饮+康体活动，餐饮+郊野娱乐，餐饮+门票赠送。

（二）住宿

1. 基本原则

根据体验设计理论，旅游住宿项目设计应该将住宿功能、主题建筑、景观房产加在一起，目的是使客人得到深度体验，而不能把城市房地产直接搬过来。

在住宿设计中，要在确定的规模上形成合理的档次结构和布局体系创新，进一步挖掘住宿文化内涵，提升传统的住宿功能，在一定程度上达到住娱合一，使旅游者通过住宿也能够享受到当地文化的独特韵味，使独特的住宿载体也成为旅游地的吸引物。例如，北京的四合院、湘西的吊脚楼、黔西南的石板寨、陕北的窑洞、东北的大炕、闽西的土楼等都可以设计成让旅游者真正体验的集住宿功能和文化体验为一体的旅游载体，从而让旅游者获得旅游的独特体验。

2. 主要住宿模式

主要住宿模式包括：①地方主题酒店；②地方特色建筑酒店；③家庭民居旅馆；④户外野营；⑤标准酒店；⑥假日村与度假小屋。

（三）交通

1. 基本原则

旅游道路只强调交通是不够的，应该按景观路、生态路、文化路、交通路的四路合一来设计，使游客没有到景区就感觉进入了景区，这样会丰富游客的审美体验。在交通工具上，也应该强调功能性、景观性和娱乐性的结合。

2. 主要交通模式

从旅游交通的空间尺度大小来看，主要可以分为两大类：一是旅游客源地与旅游景区的交通；二是旅游景区内的交通。

（1）旅游客源地与景区间的交通方式：旅游客源地与景区间的交通方式主要有火车、游船、飞机、旅游交通车、自驾车等。

（2）景区内的游览交通方式：景区内的游览交通方式主要有索道、索桥、骑马、电瓶车、游船、小火车、竹筏、滑竿、滑道、雪橇、观光电梯等。

（四）游览

旅游包括两个方面，一是观赏，二是游览。这就得研究怎样让客人关注，尤其是让客人的精神参与进去。针对不同的游客，有不同的参与方式。比如同样是看庙，文物专家看文物，建筑专家看建筑，一般的游客看外表，信教的人最投人，但都是精神参与，要把这些精神参与转化为兴奋，甚至高潮。

旅游游览活动设计主要有三个方面，即游览内容、游览线路和游览时间。通俗地说就是看什么、怎么看、看多久的问题。设计要让旅游者观赏尽可能优的景点，体验尽可能广的游览方式，拥有尽可能多的观赏时间。

对于游览线路的设计，主要有闭合线路、组团线路、联点线路和单点线路等四大类。应针对不同的经济发展水平、不同的旅游交通概况、不同的旅游景区、不同的旅游者，设计出相应的游览方式，从而创造出旅游者的深度体验。

（五）娱乐

1. 基本原则

娱乐的发展首先是民族化、地方化、民俗化。越是地方的，越是世界的，旅游者到旅游地的娱乐体验，应当是具有当地民族特色的娱乐方式；而对于那些比较大众化的，在很大范围内流行的，他们反而兴趣不大。这就需要我们在游憩方式的设计过程当中，充分发掘当地的特色文化和奇特的游乐方式，把丰富的文化内涵寓于新奇的娱乐方式中，让旅游者享受到独特的游乐方式。其次是要考虑集中性的娱乐场所和地方民族文化节，因为通过这样集中的方式，既展示了旅游地的民族文化，又把各种具体的传统的民间游乐方式表达出来，让旅游者既增长了知识，又得到一次全面、深刻的游乐体验。

2. 娱乐类型

旅游景区娱乐是借助景区工作人员和景区活动设施给游客提供的表演欣赏和参与性活动，使游客得到视觉及身心的愉悦，按场地可以分为舞台类、广场类、村寨类、街头类、流动类（如吉卜赛大篷车歌舞）及特有类（如枪战场、滑翔基地），按活动规模和提供频率可以分为小型常规娱乐和大型主题娱乐。

（1）小型常规娱乐。小型常规娱乐是指旅游景区长期性提供的娱乐设施及活动，占用员工较少，因而规模小，游客每次得到的娱乐时间也不长。其形式可分为三大类若干小类（见表7-1）。其中，游戏游艺型是比较简单的，对人数限制不大，往往在演示过程中邀请游客模仿参与，成为一种很能活跃气氛的大众性游戏。

表 7-1　　　　旅游景区小型常规娱乐形式分类

<table>
<tr><th>大类</th><th colspan="2">细分类别</th><th>特征及举例</th></tr>
<tr><td rowspan="4">表演演示型</td><td colspan="2">地方艺术类</td><td>法国“驯蟒舞女”、日本“茶道”、“花道”、吉卜赛歌舞</td></tr>
<tr><td colspan="2">古代艺术类</td><td>唐乐舞、祭天乐阵、楚国编钟乐器演奏</td></tr>
<tr><td colspan="2">风俗民情类</td><td>绣楼招亲、对歌求偶</td></tr>
<tr><td colspan="2">动物活动类</td><td>赛马、斗牛、斗鸡、斗蟋蟀、动物算题</td></tr>
<tr><td rowspan="2">游戏游艺型</td><td colspan="2">游戏类</td><td>节日街头（广场）舞蹈、苗族摆手舞、秧歌、竹竿舞</td></tr>
<tr><td colspan="2">游艺类</td><td>匹特博枪战、踩气球、单足赛跑、猜谜语、卡拉OK</td></tr>
<tr><td rowspan="10">参与健身型</td><td rowspan="4">人与机械</td><td rowspan="2">人机一体</td><td>操纵式：滑翔、射击、赛车、热气球</td></tr>
<tr><td>受控式：过山车、疯狂老鼠、拖曳伞、摩天轮</td></tr>
<tr><td rowspan="2">人机分离</td><td>亲和式：翻斗乐</td></tr>
<tr><td>对抗式：八卦冲霄楼</td></tr>
<tr><td rowspan="2">人与动植物</td><td>健身型</td><td>钓虾、钓鱼、骑马</td></tr>
<tr><td>体验型</td><td>观光茶园、观光果园、狩猎</td></tr>
<tr><td rowspan="2">人与自然</td><td>亲和型</td><td>滑水、滑草、游泳、温泉疗养、潜水</td></tr>
<tr><td>征服型</td><td>攀岩、原木劳动、迷宫、滑雪</td></tr>
<tr><td rowspan="2">人与人</td><td>健身型</td><td>高尔夫球、网球、桑拿</td></tr>
<tr><td>娱乐型</td><td>烧烤、手工艺品制作</td></tr>
</table>

(2) 大型主题娱乐。大型主题娱乐是旅游景区经过精心筹划组织、动用大量员工和设备推出的大型娱乐活动，是景区小型娱乐基础上的点睛之作，一般在推出前进行较高频率的广告宣传，用心营造特定氛围，掀起游园新高潮，“欧洲之夜”与“中华百艺盛会”即属此类，按活动方式可以分为三种类型，各有自身特色及要求。

①舞台豪华型。以世界之窗每晚在“世界广场”推出的大型晚会为代表，一般采用最先进的舞台灯光技术，采用氢气球、秋千、声控模型、鸽子等占据多维空间，并施放焰火、礼炮配合舞台演出。在舞台表演中，服饰强调彩衣华服、夸张怪诞，节目强调时代感与快节奏，集杂技、小品、歌舞、哑剧、服饰表演、游戏娱乐于一台，淡化艺术属性中的教育性、审美性和知识性，极其强调娱乐性，以新、

奇、乐取悦观众。

②花会队列型。以深圳中国民俗文化村的“民族大游行”为代表，是一种行进式队列舞蹈、服饰、彩车、人物表演，一般与节庆相结合，在广场或景区内街道进行，有的以民族民俗为主题，有的以传统神话为主题，有的以童话传说为主题，音响热烈，喧闹喜庆，服饰夸张怪诞，娱乐性强。百艺盛会的游行队列汇集了高跷、秧歌、旱船、威风锣鼓等民间文化娱乐，世界之窗的大游行则汇集了皇家马队、扑克方阵、典礼仪仗、文化彩车等异国文化风情。

③分散荟萃型。这是以一定的节庆为契机，围绕一定主题，在旅游景区多处同时推出众多小型表演型或参与型娱乐活动，从而共同形成一个大型主题娱乐活动，如中国民俗文化村1996年春节推出的以学跳民族舞为主题的迎新春系列活动，世界之窗在欧风街范围内于“欧洲之夜”期间同时推出的诸多活动，等等。

目前大型主题娱乐呈现出舞台型、花会型和荟萃型三种类型的相互交叉趋势，并大量运用声、光、电等高科技手段，使活动更为丰富、更为热烈、更为精彩纷呈（见表7-2）。

表7-2　　旅游景区大型主题娱乐形式分类

类　型	各种设计项目
文化娱乐	影视、音乐、戏剧
游艺体育运动	滑雪、健身、高尔夫、游船、各种比赛
表演型	民俗风情、历史文化表演、体育竞技、动物表演
参观型	民俗、服饰、艺术展示
参与型	游乐园、机械设施
文化休闲型	酒吧、网吧、水吧、书吧、玩具吧、麻将厅、茶馆、陶吧、咖啡厅、工艺自助吧
游乐刺激型	夜总会、量贩式歌城、电子游戏厅、舞厅、激光靶场
室内观赏型	电影厅、音乐厅、环幕电影、动感电影、水幕电影

（六）购物

1. 基本原则

在园区的内部不需要设立更多的购物点，只能在特别的地点设立。按照惯例，购物区集中在出口，客人游览完了出来以后自然产生购物的欲望。出口必须经过商场，这种方法是多年经验积累出来的。从功能的角度来说，体验设计也要求一定要有纪念性的东西。

旅游商品是兼具物质和精神属性的产品，有鲜明的民族、民间文化特色，精美的艺术制作，是旅游商品尤其是旅游工艺品能否走俏的关键。纪念性、观赏性、艺术性、趣味性、知识性、独创性是优秀旅游商品必备的要素，而每个要素都渗透着一定的文化含量。提高文化含量，是提高旅游商品经济效益的重要途径。因此旅游商品的设计一定要注重它的文化内涵，要突出它的地方特色，要有独特的创意，要有良好的质量。而片面追求低成本、高效益，粗制滥造，随意生产出一些游客不想要、不愿买的东西，效果适得其反。只要我们用心抓好开发，在规划设计上坚持高标准、高品位、高质量、多档次分类设计，并根据各类旅游者的文化、心理、消费需要进行针对性设计，旅游商品就可以取得丰厚的经济效益和良好的社会回报。

2. 主要购物模式

主要购物模式如表 7-3 所示。

表 7-3　　**主要购物模式**

购物因子	设计项目
购物方式	免费赠送、主动购买、强制购买、购物+门票
购物空间	旅游纪念品店、国际名品店、特色专营店、土特产店、工艺美术店、书画店、玩具店、古董店、手工艺品店、旅游购物中心
购物类别	纪念品、土特产、工艺品、玩具和其他旅游纪念品

（七）旅游商品设计

1. 旅游商品开发中存在的主要问题

（1）缺少主打旅游商品。这里所讲的主打旅游商品主要是指能反映当地旅游资源特色、带有浓郁地方特色的旅游商品。比如加拿大的专家以当地枫叶为原材料设计出许多别具特色的旅游商品，枫叶已成为加拿大的象征。我国旅游商品无论从设计还是从生产上都缺乏鲜明的地方特色，不是因为没有好的资源，而是对本地区的资源没有充分认识，没有在本地区旅游资源的深度和广度上进行开发，这样导致的结果是旅游商品文化特征及地方特色不鲜明。

（2）商品雷同。不同旅游地区只有生产和销售不同于别处、具有鲜明地方特征、设计独具特色的旅游商品才能引起旅游者的消费行为，扩大旅游商品的销售收入，从而促进旅游业的整体收入和收入结构的合理性。我国地大物博，旅游资源丰富，但各地区缺乏具有地方特色的旅游商品，致使出现许多旅游地区出售雷同的旅游商品，使旅游者很难购买到具有地方特色且具有纪念意义的旅游商品。旅游商品雷同现象的关键在于旅游者与生产者之间缺乏信息沟通，缺乏对旅游商品需求市场的了解和研究。

(3) 包装形象较差、档次偏低、附加值低。旅游商品绝对不可缺少好的包装。精美的包装不仅可以满足旅游者的审美要求，而且是增加附加值的手段和提高商品档次的办法。在我国，许多旅游地区不太重视旅游商品的包装，不太了解旅游市场行情，只强调货真价实，常常出现"一等货色"、"二等包装"、"三等价钱"的现象，表现为旅游商品包装形象较差、档次偏低、附加值低等。

(4) 缺乏相关产业支持。旅游商品的生产是物质的生产，需要相关产业的支持。一方面，旅游商品的设计、生产和销售会给相关产业提供就业机会，促进相关产业的发展；另一方面，旅游商品的发展也需要相关产业的支持，相关产业的发展同时也会促进旅游商品的发展。我国旅游商品在生产、销售环节上都缺乏相关产业的支持。旅游商品涉及多种行业部门，其发展规模、覆盖面的弹性很大，旅游商品的发展必须由相关产业支持，形成旅游商品的开发和产、供、销的良性循环。

2. 旅游商品需求影响因素

我国旅游商品从设计到生产等各环节上的问题症结在于供给与需求之间缺乏信息沟通渠道。对于旅游商品生产者来说，他们希望自己能设计、生产出独具特色的旅游商品，并使其旅游商品在市场竞争中处于有利地位，实现旅游商品的经济效益。但问题在于生产者根本不了解市场需求，不了解旅游者究竟需要什么样的旅游商品。因此，对旅游商品生产者来说，分析、研究旅游商品需求至关重要。只有了解旅游商品需求，旅游商品生产者才会设计、开发出适销对路的深受旅游者喜爱的旅游商品。对旅游商品需求的分析可以从需求动机和旅游商品需求影响因素两方面进行研究。

(1) 旅游商品需求动机。根据调查分析结果表明，旅游者在旅途过程中进行旅游商品消费时，主要出于以下几个动机：①回忆旅游地点或某地的经历；②馈赠亲友；③炫耀自己走过的地方，表明自己阅历和富有；④收藏各地旅游商品、工艺品和古董的爱好；⑤自己使用。

需求动机影响着需求的种类和特点，是首先应该考虑的。

(2) 旅游商品需求影响因素。在对旅游商品需求进行分析时发现，下面的几个因素会促使旅游者购买旅游商品，实现旅游商品需求。

①购买旅游商品的地点。从旅游的意义上分析，旅游商品在某种程度上都具有纪念意义。正是因为旅游商品的纪念意义，大多数的旅游者在进行旅游商品消费时，理所当然地首先要考虑到购物的地点。旅游者都希望在产地或具有纪念意义的

地方购买自己所喜欢的旅游商品，只有这样，所购买的物品才具有商品以外的特殊价值，即纪念意义，才能唤起旅游途中的美好回忆。

②旅游商品的特色和质量。旅游商品鲜明的地方特色和优良的品质是激发旅游者进行消费的另一个重要因素。有特色、质量佳的旅游商品，能够促进旅游者的购买欲望。我国一些旅游地区旅游资源丰富，有着鲜明的地方特色。特色鲜明的旅游资源和旅游商品是激发旅游者购买旅游商品的动力。同时，特色鲜明的旅游商品必须有高质量做保证，任何没有质量保证的旅游商品都不会有长足的发展，因此也谈不上形成具有地方特色的名产。

③旅游商品的艺术价值。旅游商品的艺术价值，在旅游者进行旅游商品消费时是至关重要的。因为旅游商品蕴含着浓郁的纪念意义，所以旅游者对旅游商品的艺术性的要求主要是美观、漂亮。当然，由于人与人的修养不同，生活习惯不同，审美情趣也存在着很大的差异。因此，一种旅游商品的艺术价值，不论它的内容和形式如何，它们都会在各自的审美标准内，在其艺术性上有些分量。

④旅游商品的装潢和价格。据调查分析结果表明，旅游者在进行旅游商品购物时，总会带回一部分作为礼品和纪念品馈赠亲朋好友。因此，旅游者对旅游商品的包装要求很高，既要求造型美观，又要求大小适中。至于旅游商品的价格，要求合理灵活，应该照顾到大多数旅游者的购买能力。

3. 旅游商品的开发策略

（1）加强对旅游市场和旅游者消费心理的研究。我国目前旅游商品存在着诸多问题，在很大程度上是由于旅游商品生产者不了解国内外旅游商品市场，不了解旅游者消费心理。从而导致的结果是，所生产的旅游商品不能满足市场的需求。旅游商品设计与生产者生产旅游商品的目的是使旅游商品在激烈的市场竞争中处于有利的位置。只有充分了解市场，了解旅游者的购物需求，才能生产设计出适销对路的旅游商品，满足市场的需求。由此可见，调查分析旅游商品市场和旅游者消费心理对旅游商品的开发至关重要。因为只有充分了解旅游商品市场以及旅游者的消费心理才能为旅游商品的开发提供科学的依据。市场需求与旅游者消费心理是旅游商品开发的基石。

（2）以地方文化背景为依托。在设计和生产旅游商品时，除了充分调查了解国内外旅游商品市场，了解旅游者的心理和需求之外，更重要的是挖掘自己的文化，以当地文化背景为依托，设计出独具特色的旅游商品。旅游商品消费是一种娱乐性、休闲性的消费活动，其目的是为了丰富和美化人们的生活，陶冶人们的情操，使人们在进行旅游商品购物的同时，开阔眼界，增长知识，满足人们对物质和精神文化的双重追求。因此，在设计旅游商品时，应充分体现当地的文化底蕴。旅游商品的文化含量，是旅游者在进行旅游商品购物时深层次的需求。实践证明，文化特征越鲜明、文化品格越高的旅游商品，其价值越高，也越受欢迎。鲜明的地方特色是旅游商品吸引旅游者进行消费的重要因素。以非洲木雕为例，其形象怪异，独特而神秘，不仅登上国内外的博物馆殿堂，而且也成为深受旅游者欢迎的商品。

(3) 充分利用当地资源。一种资源，从某种意义上讲，可以成为一个国家或一个地区的象征。在设计旅游商品时必须考虑这一点。充分利用当地资源，不仅经济实惠，更为重要的是具有浓郁的地方特色。以当地资源为依托设计的具有浓郁地方特色的旅游商品不但能激发旅游者的购物兴趣，而且是当地旅游资源活生生的广告，起到对当地旅游资源的广告宣传作用。例如，加拿大的枫叶资源很丰富，以枫叶为原材料生产的旅游商品更是不计其数，现在，枫叶已经成为加拿大整个国家的象征。再比如，中国瓷都景德镇的专家们以当地的瓷土为资源，设计出成千上万种深受国内外旅游者喜欢的精致瓷器。因此，要对当地的资源充分认识，发现它们的价值，以当地丰富的资源为原材料设计、生产出独具地方特色的旅游商品。

(4) 利用地方工业优势。旅游商品的生产是物质的生产，离不开地方工业的支持。因此，在设计、开发旅游商品时，应充分利用当地的工业优势。一方面，设计、生产出与地方优势工业相匹配的旅游商品，可以降低生产成本，获得更大的经济效益；另一方面，旅游商品的发展，可以促进地方优势工业的发展，使旅游商品成为本地区新的经济增长点，带动整个地区的经济增长；同时，可以起到扩大就业机会等作用。在设计、开发旅游商品时，除考虑旅游商品的核心功能以外，还应考虑旅游商品的质量水平、特色、式样、厂牌及包装等因素以及可提供的附加利益和附加服务等。这样，设计、生产出的旅游商品具有特色鲜明、包装精美、携带方便、高质量、高附加值等特点，会有较好的经济效益。

(八) 旅游景区节庆活动项目的策划

1. 旅游景区节庆活动的概念和作用

徐舟将旅游节庆活动分为三种类型，一是传统的节日，如春节、中秋节等；二是国家法定的节日、庆典，历史事件的纪念日，如国庆、八一建军节等；三是各城市和地区根据各自的资源和实际情况，人为策划举办的带有浓郁地方民族文化氛围的节庆活动，如大连国际服装节、青岛国际啤酒节、云南民族文化旅游节、上海旅游节等。

本书所称的旅游景区节庆活动和上述第三类旅游节庆活动比较接近，本书将旅游景区节庆活动界定为景区为扩大市场影响、丰富旅游内容以及吸引旅游者而在特定日期举办的大型旅游活动。应该注意的是，旅游景区节庆活动虽然是人为策划的旅游节庆活动，但是也可以利用传统节日为基础，或者利用法定节日开展。

旅游景区举办节庆活动，丰富了景区旅游活动内容，并且可以采取优惠措施，因而可以增加旅游景区的吸引力，对景区起到很好的宣传促销作用。节庆活动往往是旅游景区的一个突出的亮点，也是旅游者最集中、旅游宣传促销效果最明显的项目。

2. 旅游景区节庆活动的分类

根据旅游景区节庆活动的主题，可以将旅游景区节庆活动分为以下类别：

(1) 以景区特色自然景观为主题。以旅游景区最具特色的景观作为主题，举办旅游节庆活动。典型的例子如北京香山红叶节、杭州钱塘江观潮节等。旅游景区的特色景观往往具有时效性，香山红叶最红的时间和钱塘江潮水最壮观的时间，在一年中都只有短暂的数天，抓住这几天举办旅游节庆，可以最大限度地吸引旅游者。

(2) 以景区文化纪念日为主题。以旅游景区相关的历史事件发生、历史名人诞辰等文化纪念日为号召，举办旅游节庆活动。如纪念郑和下西洋600周年泉州、扬州等地举办的旅游节庆活动，以及曲阜国际孔子文化节、四川江油李白文化节等。这些旅游节庆虽然可能是以地域命名的，但主体是在相关景区。

(3) 以承办赛事为主题。承办赛事指不是由旅游景区主办但是由旅游景区承办的大型赛事。很多重要的国际赛事都有可能在旅游景区举行。以此为主题的旅游节庆，旅游者一般不是赛事参与者，而是观看者。

(4) 以主办赛事和群众性活动为主题。景区可以自行主办各种赛事和群众性活动，以此为契机举办旅游节庆活动。以此为主题的旅游节庆，旅游者就是赛事和活动参与者，适合作为旅游节庆活动的赛事和活动一般需要有广泛的群众基础，多是文娱、体育赛事或群众性的活动。

(5) 以表演性活动为主题。以引人注目的表演性活动为号召，举办旅游节庆活动，如柯受良飞跃黄河、阿迪力走钢缆跨越长江三峡，迪恩·波特走扁带穿越恩施大峡谷等。再有常昊和李昌镐在南长城的巅峰对决，与其说是赛事，不如说是表演。

(6) 以传统节日为主题。如利用各种民族节日开展旅游节庆活动。在活动期间，景区围绕节庆进行各种布置，安排各种活动，体现节日气氛。

(7) 以法定节日为主题。这种节庆活动并没有特定的主题，只是利用法定假日，举办各种活动以吸引旅游者。这和商场在节假日的促销相类似。

(8) 以景区冠名的综合节庆。这类节庆往往是景区的标志性节庆，如张家界国际森林旅游节等，其主题往往是几个因素的综合。

3. 旅游节庆的构成要素

最受旅游者欢迎的旅游节庆往往具有一些共同点，它们是旅游节庆的构成要素：

(1)“兴奋要素”。这是旅游节庆应具备的首要要素，是指旅游节庆要避免乏味和枯燥。能令人兴奋的或狂热的节庆活动才能引起广泛关注和参与。

如果把“兴奋要素”进一步细分，首先是旅游者希望“偶发性”事件。这是因为现代社会的方方面面都逐渐步入程序化，更多的人希望在乏味枯燥的生活中有预想不到的事情发生，并为此而兴奋。

其次是旅游者期待“参与性”的活动。人们对旅游节庆的关注已经不仅仅停留在作为旁观者，而是希望作为参与者亲自加入到旅游节庆的活动中去，体验其中的快乐和兴奋。这就要求节庆项目的设计要增强公众参与的含量，而万民参与本身又可以成为一种壮观的旅游景象。

再次是旅游者期望有“竞争性”的节庆，如各种体育比赛等，这也是令人兴奋的重要因素。就是说，即使是一时也好，能让旅游者全身心地投入到某项活动中去，或热衷于某一事件中的“兴奋要素”，是创造有影响力的旅游节庆不可缺少的要素之一。

(2)“娱乐要素”。旅游的本质是身心自由的愉悦体验或娱乐活动。只有使人感到轻松和快乐的节庆活动才能成为旅游者的选择对象，而复杂又索然无味的活动规则和老一套的旅游节庆，会让旅游者敬而远之。

(3)“炫耀要素”。旅游是人的一种求异求新经历，因此，旅游节庆也应避免平淡无奇，能成为日后向人夸耀和谈话资料的节庆活动对旅游者最有吸引力。

如果把“炫耀要素”再进一步细分，可以在突出有名性、古典性、稀有性、远离性几个方面做文章。

“有名性”：比较著名的节庆活动，通常旅游者都想亲自去看看，传统的节日一般名气都很大，也有很强的吸引力。

“古典性”：人们对古典的东西往往有一种强烈的偏爱，但具有古典性的旅游节庆必须保持其正宗的真实感，不具本真意义的“古典”是没有生命力的。节庆的确定要与当地的历史内涵相一致，并将这种历史文化与现代科技相融合，创造出一种现代而精致的古典和粗犷，而不是简单的历史照搬或伪造。

“稀有性”：“物以稀为贵”，稀有可以满足人们的猎奇心理，旅游节庆也一样。“稀有性”同“古典性”相同，都必须是“真品”，不能模仿，否则就失去了其固有的含义和价值。就像相同的博览会到处都开就不稀奇。容易厌倦是现代人的特征。

“远离性”远离性通常是指一些远离普通生活形态的节庆活动。同人们每天的日常生活相差悬殊的节庆活动，对旅游者也很有吸引力。

实际上，很多旅游节庆不只具备一种要素，往往是几种要素的复合。内涵要素越丰富，其吸引力越大，价值含量也越高。因此，研究旅游者的需求，开发出受旅游者欢迎的旅游节庆活动，是使旅游节庆保持长久的生命力，并得以持续发展的根本途径，也将为主办方及所在地区带来更多的经济和非经济效应。

4. 旅游节庆活动的设计

（1）避免雷同。旅游节庆活动是一项重要的旅游产品，旅游产品要有外延扩展或者内在变化才能具有持久的吸引力。节庆活动的主题是否具有特色是产生吸引力的关键所在。缺乏新意、形式大同小异是目前许多节庆活动的一个通病，尤其是每年举办一届的节庆活动，节庆的主题、地点、方式、节目年年都雷同的话，游客难免会失去新鲜感。比如光是以酒文化为主题的节庆活动，我国就有几十个。

（2）了解市场。要充分了解潜在游客的流向、逗留时间、消费能力、交通工具等市场信息，在旅游节庆时间、地点、内容、活动方式等方面的设计都要针对市场，从旅游者的角度出发考虑设计。

（3）深入挖掘文化内涵。独特的地方文化是旅游节庆活动得以系列化延续的保证和源泉。但是目前一些旅游节庆活动的举办者为了自身的经济利益，加入了过多的商业炒作成分，一些模特大赛、演唱会、健美赛等与主题相关性不大的活动常常喧宾夺主，虽然热闹，但缺乏深厚的文化内涵，使游客产生一种腻烦、受骗的感受，长远来看会有损节庆活动的主题。

（4）品牌化和系列化。把节庆活动作为一个产品，打造成为景区营销的标志性品牌，并注重节庆品牌的注册与知识产权保护，使之成为景区推销自己的一张名片。节庆活动虽然瞬时能量很大但其生命周期较短，从引入期到衰退期可能只需要三四年时间。因此要形成一定的规模效应，必须实现系列化，使得节庆在促进地方旅游可持续发展的过程中起到优化发展的作用。

系列化的节庆活动的主题选择应在大背景不变的前提下，每届变化主题，活动内容也应在常规项目不动的基础上更换一些更富有时代特色和创新的项目，使每届参加的游客都能获得不同的体验和感受。崇明森林旅游节自1998年开始已经举办7届，每年的主题口号皆有更新，从第一届的“寻找白雪公主”到2004年的“崇明生态休闲游，千家万户乐悠悠”，活动项目也在“农家乐”、“东滩湿地”、“森林旅游”等固定项目外，每年都根据当地特色开发并更换部分活动节目。2006年上海崇明森林旅游节期间，崇明就邀请气势恢宏的上海旅游节花车到崇明巡游、展示，辅之岛内外专、业余文艺团体的精彩行街和文艺演出，进一步提升上海崇明森林旅游节的集聚效应，烘托浓烈的节庆氛围。

（5）活动组织。旅游节庆活动因素众多、涉及面广，因此在节庆举办前进行规划，是不可缺少的重要内容。在具体过程中，应注意以下几点：在时间安排上，节庆活动应尽可能控制在7～10天（综合性的节庆活动除外），过短无法形成规模、产生效益；过长则累人累己，浪费人力物力。在项目安排上，主题节目要突出，要具规模，气氛要热闹，要增加趣味性和参与性，其他节目则要注重铺垫衔接，切忌重叠冗长。在空间布局上，要合理划分活动区域，注意主会场与分会场的关系，尽可能利用当地特色的建筑空间，彰显地方文化特色，注重人文景观和环境的协调。在游线组织上，要考虑展现特色节点的地域空间和人文风情，不要平铺直叙，要有次序和惊喜，例如，朱家角古镇旅游节的特色活动行街表演（舞龙舞狮、蚌舞、腰鼓队等）的路线根据朱家角的水乡特色设计，主要围绕最热闹的沿河地带的中心区域“美周街—城隍庙桥—漕河街（廊桥）圆津禅寺—涵大酱菜馆—泰安桥”几个特色节点串连成线，每日10点至10点半开始表演，成为旅游节最引人注目的一项活动节目。在交通引导上，要在重要的集散点和转折空间设置指示牌，注意人流疏导和分流，有表演活动的区域要有足够的空间余地作为疏散。在环境营造上，要注意环境污染问题，避免给游客产生不良印象，破坏整个节庆活动的气氛。

（6）加强宣传促销。旅游节庆活动的宣传、包装和促销是十分重要的环节。大多数的节庆活动主要是为了吸引外地的游客，但目前我国参加节庆旅游的往往是散客，团队很少，这说明在宣传促销力度上有待提高。如徐舟对2004年朱家角古镇旅游节的200份调查问卷中统计，63%的游客来自上海（其中包括青浦本地的居民）。可见要使地方节庆走出“地方”，拉动中远距离的游客，还需要在宣传上加大力度。这方面可以多借鉴一些国外好的营销经验，如主动向新闻媒体发布信息，与旅行社联系行程，超前宣传，在进入景区的重要通道设置旅游信息板和导向图，赠送旅游纪念品，组合产品联合促销等。同时节庆内容的包装也要别具特色，容易吸引游客的注意力。

复习思考题

1. 试述旅游景区项目策划的基本概念。
2. 试述旅游景区项目策划的基本原则。
3. 旅游景区项目策划的内容有哪些？
4. 如何进行旅游景区项目定位？
5. 旅游景区项目的设计要领有哪些？
6. 如何理解“创意决定成败”这句话在旅游活动项目设计或旅游产品策划中的含义？

第八章　旅游景区（点）开发与景观设计①

第一节　旅游景区（点）类型

旅游景区（点）可以按资源的性质和开发的程度进行分类。

一、按资源的性质分

（一）自然型旅游景区（点）

自然型旅游景区（点）是以自然资源为主的旅游景区（点），如美国的科罗拉多大峡谷（见图 8-1）、我国的张家界（见图 8-2）等。

图 8-1　科罗拉多大峡谷

（二）历史型旅游景区（点）

历史型旅游景区（点）是以历史古迹资源为主的旅游景区，如埃及的金字塔

---

① 本章部分内容参考了孙文昌主编的《现代旅游开发学》（青岛出版社 1999 年版）第六章。

（见图 8-3）、我国的万里长城（见图 8-4）、故宫等。

图 8-2 张家界

图 8-3 金字塔

图 8-4 万里长城

（三）文化型旅游景区（点）

文化型旅游景区（点）是以文化资源为主的旅游景区或景点，如法国的卢浮宫、我国深圳的民俗文化村、宁夏的华夏西部影视城、武汉的黄鹤楼与古琴台、湖北宜昌的屈原文化旅游景区与昭君文化旅游景区等。

（四）特殊型旅游景区（点）

特殊型旅游景区（点）如自然灾害遗址（唐山、汶川地震遗址，重庆的黔江小南海，三峡的新滩滑坡遗址）等。

二、按开发的程度分

（一）保护型旅游景区（点）

所谓保护型旅游景区（点），即美学特征突出、科研价值高、有着深刻的文化内涵和重大历史价值的景区（点）和自然遗产、文化遗产。旅游开发的任务是按原有形态、内容及环境条件完整地绝对地加以保护，供世世代代的人们观赏、考察、研究，如北京故宫、万里长城、安徽宏村等。在旅游规划中，应明确保护范围、内容和具体措施，并依据有关规定和规划严格地进行管理。

（二）修饰型旅游景区（点）

所谓修饰型旅游景区（点），就是对于重要景物，为了保护好和强化它的形象，通过人工手段，适当地加以修饰和点缀，起到“画龙点睛”的作用。如在山水风景的某些地段，选择观景的最佳位置，开辟人行道和修建一定的景观建筑，将最美的风景画面呈现在游人面前。

（三）强化型旅游景区（点）

所谓强化型旅游景区（点），就是利用人工强化手段，烘托和优化原来景物的形象，创造一个新的景观空间，以便更集中、更典型地表现旅游资源特色。如在滨海地带建“海洋公园”（见图8-5），在冰雪地区建冰雕公园，在民族风情浓郁的地区建“民俗文化村”。

图8-5　香港海洋公园

（四）创造型旅游景区（点）

所谓创造型旅游景区（点），就是根据区域的客源条件、区位和环境情况，利用现代材料和科技手段，将神话故事和幻想变成现实景点，或者设计仿古园、微缩景观、人工园林、主题公园等。

第二节 旅游景区（点）开发与景观设计的原则、任务和重点

一、旅游景区（点）开发与景观设计的主要原则

（一）立意要新

立意即景区（点）开发前总的设计意图，有一个中心主题。这个主题要有创意，它的确定是从市场需求、资源特色、区位和环境条件综合分析得出来的结论。旅游景区（点）规划设计的创意就是追求新颖，如深圳的民俗文化村、北京丰台的世界公园、银川的华夏西部影视城（图8-6）、宜昌的车溪景区等。

图8-6 华夏西部影视城

（二）人工美与自然美的统一

旅游景区（点）规划设计应以自然为主，人工为辅，巧加点缀，顺应自然，人工建筑与环境融为一体。建筑在风格特点、造型体量、比例尺度、色调对比上要服从环境整体，不能喧宾夺主。建筑物宜低不宜高，宜小不宜大，宜分散不宜集中，宜淡雅的乡土之风而不宜取华而不实的商业气息。正如美国建筑大师莱特说的，“建筑要像从地里自然生长出来的那样”，“建筑物应该是自然的，要成为

自然的一部分”（他提出“有机建筑论”，强调建筑应当像天然长在地面上的生物一样蔓延，攀附在大地上）。北京大学的景观设计专家俞孔坚教授曾经提出“天地人神”合一的观点。他曾对忽视自然环境在旅游区和城市绿地系统中的重要地位而仅仅强调匠意的花园构筑意识提出了强烈批评（“情长意短”，“无法无天”），认为景观设计应遵从自然，体现文化。

（三）维护和创造生态平衡

旅游景区（点）未开发前，生态平衡处于相对稳定的状态，一旦进行旅游开发，游客进入，建筑物落地后，这种平衡就会受到破坏，如果保护措施跟得上就会形成更高一级的生态平衡（如杭州西湖）。成功的旅游开发会改善环境条件，创造新的生态平衡。失败的错误的旅游开发会对生态环境造成“建设性破坏”（如泰山建索道，张家界建登山电梯，三游洞附近建蹦极等）。

（四）讲求经济效益

旅游开发是地区经济发展的一部分，是企业行为，因此在开发前要做好经济概预算，进行投入与产出分析，优先开发投资少、回收快、效益好的项目。

二、旅游景区（点）规划与景观设计的主要任务

旅游景区（点）设计的内容很多，但主要的任务是设计风景，主要包括选景、组景和强化风景：

（一）选景

开发旅游景区（点）的第一步就是在调查研究的基础上，经过排比和筛选，透过美的表象，洞察美的内涵，将蕴藏在风景中的美学特质、神韵、亮点发掘出来，将其精华展现出来，供组景使用。

（二）组景

组景就是根据具体景物的特点，选择好的游览方式和游览路线，使游人得到美好的享受。风景是信息，信息需要加工、组合和强化，组景的作用，就是加工、组合和强化风景信息，创造美丽的景观空间。

组景的手法，一是选取辅景烘托主景，使之有主有从；二是扩大风景信息容量，变孤景为群景；三是选取独特的视角、视距、视野，提炼升华景物的艺术美。

（三）强化风景

组景不是造景，而是利用艺术手段强化有积极意义的景物，如利用点景、添景、借景等手段强化风景，创造美景佳境。如扬州瘦西湖的五亭桥（见图8-7）、滇池的龙门就起到了点景、添景的妙用。

图 8-7　扬州瘦西湖五亭桥

三、旅游景区（点）规划与景观设计的重点

（一）游憩空间

在山水林泉中开辟供人们游憩的空间单元，为游客的游、观、听、嗅、触、思等整体活动提供方便，是旅游景区（点）设计的重点。一般来讲，在这些风景特征强烈的部位开辟游憩空间最有价值，如水面的一侧（使得水边的平野、山林、道路、建筑看成被水面单侧包围的空间），山中林地自然形成的区域。有水的山林地区最适合构成游憩空间。

（二）边界和交界部

根据边界信息最大的原理，两种或多种风景因素之间的交接部位最有魅力。这些地区具有较一般地区更优越的组景、构景条件。例如，太湖鼋头渚的风景精华集中在“包孕吴越”石壁至万浪桥的临水石矶一带。

（三）游览路线

游览路线应当选择在风景特征强烈而集中的部位，并考虑游客的心理与行为规律和环境保护。

（四）风景建筑

在自然风景区，主景是自然山水，建筑物起到点缀、陪衬、烘托作用，不能喧宾夺主。设计建筑物，中式西式皆可，主要是应与环境和谐。如果有可能，风景建筑最好是因地制宜采用地方材料和结合当地传统建筑造型特征（见图 8-8）。

图 8-8　三峡人家

第三节　旅游景区（点）设计的主要方法

通过对大量的旅游规划经验的总结与提炼，旅游景区的设计方法主要有“引景空间”设计法、场景活化法、文化包装法等。

一、“引景空间”设计法

（一）理论内容

王衍用于 1994 年在旅游规划研究中首次提出“引景空间”的概念，认为多数景区前面都有一个引景空间，如山岳风景区前的进山道路，陵墓前的神道，府第寺观前的街巷、空地、山路。这是风景区或景区的“前奏”，是其必不可少的组成部分。后来有研究者认为风景区空间结构中，穿越过渡空间、连接外围空间和核心空间的旅游交通路线及其两侧游客视野所及的空间就是引景空间，并认为其包括背景、节点、廊道、标志物四类要素。

引景空间的作用是可以营造环境氛围，使游人收回思绪，消除杂念，培养感情，渐入佳境，思想感情乃至身心与主景区内涵逐步接轨，从而融会到主景区的氛围之中，“水到渠成”地去游览主景区，增加游人的审美感受。

遗憾的是，我国绝大多数风景区或景区的引景空间（如天安门—午门、少林寺前的东西向山路、承德避暑山庄丽正门前的空地及两侧的道路）变成了商业街区和停车场，乃至汽车可以深入风景区或到达山腰、山顶等，严重破坏了游人的审美情趣。在旅游规划中，我们有责任对旅游景区提出保留和净化引景空间的建议。

（二）类型设计

1. 人文景区

利用引景空间的概念与理论，王衍用曾对曲阜“三孔”的游览线路进行了设计，即游人要从孔庙神道（孔庙的引景空间）作起点，北行穿越万仞宫墙（南城门）进入孔庙，游完孔庙后返回南门，东行北拐走阙里街（孔庙东墙外古街，孔府的引景空间），进入孔府，然后出孔府后花园西门，北行到达后作街（新建东西向古街，时值中午前后，游人必然吃饭、休息、购物），然后从后作街东端北拐沿复圣颜庙西侧古街道至仰圣门（北城门），北行又接孔林神道（孔林的引景空间），游完孔林后返回孔庙神道前停车场。这样游览，使“三孔”形成一个虽各自独立但又紧密相连的封闭系统，把游、购、食、行都纳入到这条一贯到底的“封闭”线路之中，使游人一直沉浸在古庙堂、古牌坊、古碑碣、古柏树、古陵园、古围墙、古街、古城门、古代文化、圣人儒学所包围的浓厚的历史文化氛围之中，领略和体会到了儒家文化博大精深的内涵，获得了丰富而深刻的美感和享受，从而还想游览曲阜其他名胜。这种游览方式既合理地安排了饮食、购物、交通，且路线长、时间长，会使大多数游客当日离不开曲阜，无疑使曲阜的宾馆、饭店、商店有了更多的消费者，从而增加了经济效益，解决了游客来曲阜大多只是一日游的缺憾。

2. 生态景区

由于生态景区具有主题产品的生态性和环境的自然性，因而引景空间的设计具有自己的要求。引景空间的道路特征、植物配景及标志物应突出生态特征，与生态主题相吻合，做到引景空间氛围符合生态景区内在游览空间氛围。

例如，济南卧龙峪景区规划中结合其生态主题进行相应了的设计，为其设计了三套方案：其一，将此段路面修成绿色，寓意绿色通道，与景区外的104国道公路色彩截然不同，醒目而且离奇，既能吸引游客欲从该通道进入探个究竟，也与生态环境的绿色相一致。其二，路两侧栽植绿化树木和草皮，分为草坪、灌木、乔木三个层次，草坪用常绿品种，灌木用花季较长的品种（如月季、月月红等），乔木用观叶树（如银杏、水杉等），横观层次感强，纵看色彩分明，分列两侧如双龙对出，其尾至铁路桥处，营造宏大的气势。其三，在路中间隔离带上纵向用绿色植物或用固体材料堆成一条长龙，龙首正对路口，龙身顺路延伸，起伏有状。

二、场景活化法

（一）理论依据

场景活化法实际上是一般学者称谓的意境流设计方法。“意境”是个美学范畴，作为中国古典艺术的特构，指的是诗词、绘画、园林等门类艺术中，借匠心独运的艺术手法熔铸所成情景交融、虚实统一、能深刻表现人生哲理，从而使审美主体之身心超越感性具体、物我贯通那种艺术化境。从旅游角度而言，意境要相对具象、生动、简明一些，应致力于追求身心自由的愉悦体验境界，因而我们更愿意称之为“场景”。

吴必虎（1998）以北京门头沟蓝龙山旅游度假区为案例，讨论了旅游区小区域规划中的意境流设计问题，认为旅游区意境流设计最直接的就是具象的物质景观的营造，实质就是一种场景设计法。

（二）设计要点

我们认为，旅游地场景活化要以具体场地为载体，以地脉文脉为根基，确立场景景观单元主题，围绕景观旋律，以静态场景景观和动态场景活动加以主题包装，不仅注重景观空间的有机分割，而且强调气脉连贯式的自然过渡，强化一种游客感知的场所精神与场所氛围，以达到氛围逼真、动静结合、前后呼应、景观生动的旅游效果，形成物质景观与游客精神感受的一体性，并推动游客游历过程成为一种吻合主题的、富有意蕴的、循序渐进的、层层感受的旅游主题体验。

三、文化包装法

（一）理论依据

中国旅游一直存在重文、重人的传统（喻学才，1995）。所谓“重文”是指重视景物的人文因素，重视观赏的内心发现，重视景观的人文开发。中国游客大多希望在旅游过程中通过了解诗、文、词、楹联、题名、书法等载体上的文化信息，以满足其认识世界、欣赏世界的愿望。所谓“重人”是指在旅游景点的价值判断中十分重视人的作用和影响，“山以贤称，境缘人胜”这种特别看重审美主体的民族心理习惯，对中国人有着深广的影响，只要有杰出人物曾经徜徉其间，本来不甚出色的山水和景观在游客眼中也会因名人而增色。因而对于自然景观和文化景观，可以有意识地采用文化包装手法，渲染一种文化氛围和人文情愫，提升景观品位，激发沉寂景观的人文活力，增强景观的旅游吸引力。

（二）设计思路

可以被旅游规划者利用的文化表现形式主要有历史事件或人物、特色建筑、民风民俗、表演艺术、祭祀庆典、宗教文化、历史遗迹、文学作品等类型。这些文化形式大多处于静止状态，而且还具有无形性的特点。这就与旅游者心理预期的体验性活动的宗旨有一定距离。因此文化包装法的设计思路就是要解决这一矛盾，寻求可以将二者有机融合从容过渡的桥梁，从而达到深层挖掘文化底蕴、延伸包装产品内涵的目的。

用文化包装旅游区是在整个旅游区文化底蕴的基础上，将最能够代表本区特色的、我有人无、人有我优的文化形式提炼出来，对其进行重新设计，并将这个文化特色运用到整个旅游区的形象包装、产品包装等方面，对旅游区进行整体定位包装，以统一形象推向市场。

例如，王衍用在主持山东省济宁市尼山的旅游规划时，针对尼山是孔子诞生地的文化背景，从开发增补“孔子诞生地（尼山）”为世界文化遗产的目标出发，以史料记载和传说为依据，以遗存文物景点和山川环境为载体，以地杰人灵为底蕴，以孔子诞生地文化为主脉，充分利用尼山、尼山水库以及周边山村、田园景观，通过整合资源，确定以“孔子诞生地——东方圣源”的文化特色来包装尼山旅游区，并以此作为尼山旅游区的主体形象。对其景观设计方面突出“圣源文化”这一主题，以坤灵洞为聚焦，做足“圣源文化”的文章。以圣人出生地的山川为圣山圣水，以圣人的父母为圣父圣母，以孔子生平作为圣脉，作“中国圣诞文化”的创意和策划，创造“东方圣源”的大品牌。

第四节　不同旅游景区（点）开发与景观设计要点

旅游景区（点）性质不同，其内部景观的设计侧重点及表现形式也会不同。本节中将针对几种主要性质的旅游景区（点），阐述如何进行旅游开发与景观设计。

一、宗教景区开发与设计

世界范围内宗教主要分为基督教、伊斯兰教、佛教、道教等，这几种宗教在中国都有资源载体，有相应的进行宗教活动的场所。以下将主要以佛教景区为例阐述宗教景区的建设方案。

（一）佛教景区的选址

从景区设计角度，我们将宗教景区设计对象划分为遗址型、原生型、借体型。所谓遗址型就是历史上该地是宗教场所，现仅仅留下部分遗址和传说；原生型是历史上就已经建立，现在依然基本保存完好的宗教场所；借体型即本来该地不是宗教场所，但其环境与氛围非常符合宗教场所建设要求，或其景观具有某种宗教象征意义，可根据其特点和宗教性质进行创意与策划，建成新的宗教景区。有时也会碰到集三者于一体的景区，即该宗教景区既保留原生景观，又有部分遗址，还可利用周边环境进行拓展。

一般来说，最高点和半山坡是佛教景区建设的较佳位置。山顶，是一山的最高点，往往被称为绝顶。地势高处，鹤立鸡群，最能反映高处的气势。游人登上高处，将会产生“山为绝顶我为峰”的感觉。因此在最高点布置寺庙，既可以丰富山体的立体轮廓，又可以适应游客超然于世、羽化成仙的感受。山坡是山顶至山麓的斜坡，地域广大，视野开阔。“山腰掩抱、寺舍可安”、“深山藏古寺”，即说明峰峦环抱的山坡处往往成为寺庙建筑的最佳场所。

（二）佛教景区旅游开发与景观设计注意事项

佛教景区的旅游开发与景观设计要注意宗教文化的活化（软开发），而不仅仅是大兴土木建寺庙（硬开发）。宗教文化的旅游开发、佛教景区的景观设计，重点不是在建筑形式的设计、建筑规模的扩大等硬开发方面，而更偏重于宗教文化的场景化、宗教活动的体验等设计与软开发。佛教景区的景观设计既要能够达到保护并弘扬宗教文化的目的，同时也要为游客们创造一个浓郁的佛教文化感应氛围与空灵、清净的环境，并提供宗教文化活动参与的机会。

纵观目前国内的宗教景点，佛教建筑遍布，佛寺景区林林总总，在景观设计方面往往形成了两种极端：一是景观雷同，替代性很强，在旅游活动上全为“死庙”，景区的保护和开发能形成良性互动的少之又少。目前国内尚缺乏可参与性强的佛教文化项目，观光、朝拜的居多，产品缺乏活力与互动的现代气息。现有佛教景区基本缺乏夜间的活动项目，导致游客的过夜率不高，景区主要靠门票的收入维持占多数。像嵩山少林寺那样既能弘扬佛法宣扬历史，又能激活宗教文化从而达到修行与提高知名度双赢的宗教景区简直是凤毛麟角。二是有的景区开展了参与性的旅游活动，但宗教朝拜区和互动娱乐区的界限不分明，使佛教文化内涵的表现方式既不被一些佛教信徒所接受，又不能被游客接受。造成这两种情况的关键原因是市场意识淡薄，景区管理出现诸多弊端。景区要持续发展，必须引进现代旅游观念。解决这种问题就要靠佛教景观及旅游活动的科学设计。我们通过多项宗教文化景区的规划实践认为，在佛教景区中体现现代旅游观念的一大做法就是创建佛教主题园。佛教主题公园作为一种智力产业，一种富有文化内涵的旅游产品，在世界上有许多成功的案例，既引进国外主题公园的概念、设计与技术，又在民族传统文化中寻找自己的特性，是得到突破发展的捷径。佛教主题园在前期策划上注重文化底蕴和文化品位，防止相互模仿、粗制滥造，确立自己优异的品质同时把好投资决策和管理这两道关，必定能取得传统佛寺所不可及的广泛效益。

（三）佛教主题园的设计

1. 佛教主题园的功能定位

佛教主题公园的功能应定位于融朝拜、观光、修学、休闲和短期度假为一体的佛教文化体验旅游胜地。

2. 景观设计理念

宗教景观是有生命和灵魂的，佛教景观建筑的生命展现于它所蕴含的宗教意义与社会功能，佛教景观建筑的灵魂是它所拥有的独特的佛教文化内涵。佛教主题园的建设要成为兼具宗教信仰及文化教育功能的佛文化景区，透过景观空间、视觉造型，具象地传递佛陀教法及菩萨的慈悲与庄严，通过对景区所具有的宗教建筑的纪念性空间、社会教化的实用性空间以及服务者的生活空间等不同功能特质进行合理配置，达到让人祥和、清静、舒畅的感觉。在外观设计上要庄严、朴实，与周围自然环境协调。

3. 景区的空间布局

佛教主题园包括中轴核心区、佛文化景观区、佛教旅游活动开展区、其他活动区几个重要部分。这几个部分核心功能突出、动静结合、互不干扰又互相补充。在中轴核心区内主要是佛教的主体建筑及宗教活动如日常打坐、功课所在之处；佛文化景观区的主要功能是向游客展示与此寺庙有关的佛教历史、佛教文化等，提供一个游览观光的去处；佛教活动开展区则为游客参与佛教活动、体验佛教文化精髓提供一个场所。

例如王衍用在主持山东汶上中都佛苑旅游规划项目时，即用佛教主题园的思路对宝峰寺进行全面规划设计，将整个宗教旅游区划分成宝峰寺核心区、佛祖生平园林区、异域佛教文化区、佛教文化娱乐区、佛教文化休闲区和服务区，如图 8-9 所示。

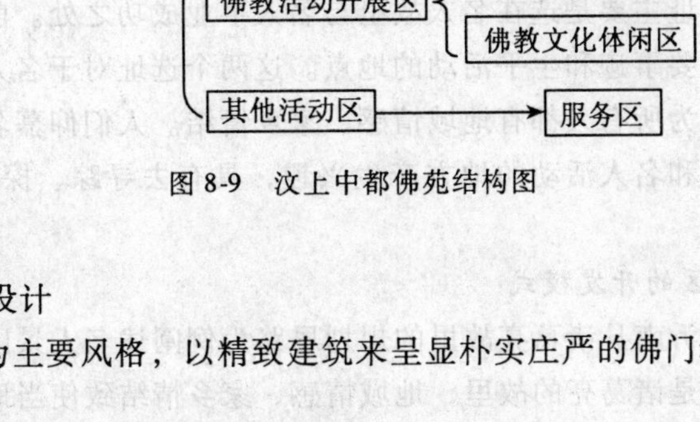

图 8-9　汶上中都佛苑结构图

4. 建筑风格设计

以朴实简约为主要风格，以精致建筑来呈显朴实庄严的佛门精神。例如，中都佛苑的场景设计打破传统繁复的装饰，在颜色、材质、形式上突出质朴、平和的特点，并满足现代人的审美情趣和祈愿心理。造型上，仍采用传统宗教建筑模式（中土佛教建筑以宋式为主，异域佛教建筑以当地最有代表性的建筑为主），但都力求简洁、质朴。从整体来看，朴实而不至简陋，以创造宁静的空间氛围，达到心灵澄净的目的。色彩方面则以石材为主，淡灰色之石材本色可令人感受其沉稳、厚重，脱离了过去庙宇的繁杂神秘及许多繁文缛节的装饰而变得单纯简朴。材质方面，仿古建筑内材料，用钢筋混凝土，而外形上则一定要参考原有宗教建筑的外墙材料，用灰砖、青瓦、白墙等充分营造仿古格调。

5. 主要项目设计

山门：一般寺庙的山门多采取传统宋式寺院的大门形式，门上方悬挂题有寺庙名称的匾额。

殿堂建筑：一般为单檐歇山顶式。屋顶为筒板青瓦。墙壁用灰砖砌成。面阔进深以历史记录为准。

雕塑：石制雕像为上，泥质塑像为下。

步道：以石板路为主。

园林设计：莲花、娑萝树、柏树、银杏、桂花等植被。

主要活动：参禅、打坐、修行、习武、素食、宗教音乐等。

二、名人景区的开发与设计

名人名胜是发展旅游的重要资源。中国五千年文明诞生出不可胜数的名人，分布于神州大地各个角落，几乎每个县市都能找出几个名垂史册的名人。

名人甚至成了许多地方激烈争夺的资源，如湖北的襄阳和河南的南阳争夺诸葛亮隐居地，山东的广饶、惠民争夺孙子故里，河北昌黎和山东无棣争相开发自己认同的曹操碣石山，山东定陶和肥城都自认是范蠡的隐居地。

（一）名人景区的选址

名人景区的地址主要是选在名人故里与名人事业成功之处。前者是名人的出生地，后者是名人主要事迹和生平活动的地点。这两个选址对于名人景区的开发都非常有利，主要是因为所有人都有地域情感、家乡情结。人们仰慕名人，自然对于孕育名人的秀美山川和名人活动的地方产生兴趣，具有去寻踪、探游、体验、经历、品味的愿望。

（二）名人景区的开发模式

我们以山东省沂南县诸葛亮故里的规划思路为例阐述名人景区的开发模式。

山东省沂南县是诸葛亮的故里，地域情感、家乡情结致使当地人对这位谋略宗师十分敬仰。因此，可以利用县城西侧的卧龙山作一主题公园，全方位展示诸葛亮的生平。这个规划的关键问题是诸葛亮在这里有“名”无“实”（没有物质载体），同时沂南县地处沂蒙山腹地，客源和交通条件均不好。规划组成员深入思考后提出了“先以纪念地打造品牌、树立形象，再以场景地对应大众游客”的规划思路。利用诸葛一姓始于沂南，打出“天下诸葛出沂南”的口号，先建诸葛宗祠，做寻根问祖的文章；再用陈列和现代表现手法，以《三国演义》和《三国志》为基础建卧龙宫，展示艺术化的诸葛亮和历史上的诸葛亮。该建筑是寻根祭祀、观光休闲和考察研究的人都可以接受的核心景点。中后期，再根据游人对沂南的认知程度，京沪高速公路和沿海铁路都途经沂南的前景逐步建设其生平景点。评审专家认为这一规划思路为我国名人旅游开发提供了一种模式。

（三）名人景区的景观设计方法

1. 静态展示法

名人景区的核心内容是要展示该名人的生平事迹、丰功伟绩等，因此与该名人相关的物件都能够成为承载这种对名人景仰的载体。将遗落在各地的对名人有过影响的事项、名人用过的器具、名人著作或介绍名人的报道、著作等搜集到名人景区中，设计专门的展厅进行集中展示，以供人们缅怀、追思。

2. 动态展示法

当代科学技术手段的发达，是人们可以通过多种形式游览名人景区的技术保障。电影、录像、幻灯片等声光电的展示手段，对名人事迹进行立体展示将留给游人更为丰富、立体的游历体验。

3. 场景体验法

俗话说“时势造英雄”，名人必定是在特定的历史时期伴随着某种轰轰烈烈的事迹孕育而生的。因此，人们在景仰名人的同时会对当时的情景有强烈的体验欲望。在名人景区的景观设计中应当考虑到游客的这种需求，设计相应的体验空间。

三、人造景观景区的开发与设计

人造景点之定义，众说纷纭。我们认为凡是为开展旅游而仿建、重建、创建的新景点，都应归为人造景点。这里讲的主要是指主题公园。20 世纪 90 年代初，我国旅游掀起了一股人造景点大热潮。时至今日，是耶、非耶的评论从未停止。我们认为人造景点是旅游走向成熟的一种标志，它对促进我国旅游大发展的作用，应予肯定。其主要表现在三个方面，一是从依托固有资源的被动开发阶段走向调整、补充、创建的主动建设阶段；二是从单一性产品开发走上多样性、多功能产品开发、推销阶段；三是从资源依赖性的初级阶段逐步走上市场需求性乃至经济—文化统一的高级阶段。随着旅游产业发展和旅游市场的成熟，摒弃传统人造景观建设的误区，根据地段地理特征和客源状况策划建设人造景观势在必行。

（一）人造景观规划的原则

1. 以客源市场为导向

分析成功的人造景观，无一不是具有充足的客源市场的。例如深圳，本市有300余万居民，所在地域——珠江三角洲有数量庞大而又“钱”“闲”皆备和旅游意识强烈的民众。特区之最的业绩和“身份”致使中国大陆每年有500万人次的入境客，还有南面那块已回归的港区有700万居民和年入境600万的观光客人。这充足的客源支撑起了深圳的“四园”（锦绣中华、中国民俗村、世界之窗、欢乐谷），以1994年为例，深圳接待游客671万人次。据“世界之窗”周末的抽样调查表明：50%的游客来自珠江三角洲，20%游客来自外省，本地和海外游客各占15%。再如无锡，其游客来自于本地、上海、宁杭及周边、外地、外国。前三者均地处长江三角洲，条件与珠江三角洲相似。尤其是具有1300万人口的国际化大都市上海，是一个巨大的客源市场。有人考察后发现，游人6~7成来自于上海，无锡成了上海人的“后花园”。仅无锡唐城、欧洲城、三国城统计，年接待游客就达6000万人次以上。

据不完全统计，我国现代人造景观成功者无一不是依赖充足的客源市场。判定某地可否建设人造模拟景观首先要分析客源市场，分析有多少“活”客源和“死”客源。一般情况下，“活”客源的多少起着决定作用。如深圳85%的游人来自外地，无锡6~7成的游客来自上海。况且“活”客源是活的（即一批人来过另一批人还会来，市场潜力大），“死”客源是死的（即当地人都看过一次后再也没人来了，市场小）。其次要分析游客的欣赏口味、经济收入、闲暇时间、旅游意识。最后要分析“活客源”的可进入性，即距离远近、交通便捷程度等。

2. 考虑地段资源特征

深圳、无锡造景成功，从资源的角度论，均与它们缺乏旅游资源或虽有旅游资源但数量少档次低有关。深圳原为一边陲小镇，改革开放使之成了特区的楷模。除了现代城市风貌外，基本上没什么可观览之处。无锡虽有太湖、梅园等景点，但其水无法与西湖比，其园无法与苏州比，且无锡又地近杭州，与苏州毗邻。资源雷同又近距离重复使得无锡处在“人间天堂”的影区里，因此资源的相对地位很低。无锡要想走出影区，大展宏图，必须另辟蹊径。因此深圳和无锡的“无中生有”均获得了成功。当然，深圳和无锡在全国和本地区人造景观开发上敢为人先，走在了前面也是成功的重要原因。

北京、西安、曲阜等地有数量众多、品位极高的、几乎代表了整个中国历史文化的世界级人文景观，故在此类名城中造景要慎之又慎，这是因为谁也难以造出一个比积淀了几百年乃至上千年历史文化的人文景观更高水准的作品来。事实也正是如此，在此类城市中，造景者众多，成功者却寥寥。在旅游资源丰富的地方建设人造景观应特别慎重，“真景面前不宜造假景”应作为一个很重要的原则。宜昌“三峡集锦”建设的失败并被拆除就是一个沉痛的教训。

综上所述，我们认为：①无资源地或少资源地可以“无中生有”造景，但不能与邻近地域乃至全国雷同。②好资源地一般不宜造景。③“死”资源地可以让某些景观“起死回生”，由静变动。

3. 恰当的定位

包括产品定位（大众层次、专项层次）、客源定位（全域、中远程、近程、周边）、心理定位（大雅、大俗、现代、新奇）三个方面。

例如位于国际风筝之都——潍坊市南 30km 的青云山民俗游乐园是一座以少数民族风情表演和休闲娱乐为主题的综合性游乐园，自 1998 年 4 月建成一期工程并对游人开放，一年多的时间即接待中外游客 80 多万人，门票收入近千万元，安排 1500 多人就业，目前已经成为潍坊市乃至山东省近年来旅游区开发成功的典型。该旅游区的成功关键在于其恰当的品牌定位，即消费层次定位为“大鸡烟”（山东省的一种最为普通的烟，一般老百姓皆消费），产品具有普适性；客源区域定位为“自家人”，选择近地居民为客源主体；游客心理定位为“看新鲜”，产品内容多为异域少数民族风情表演，满足本地人对异域文化的好奇。

旅游资源丰富之地也并非绝对不可搞现代人造模拟景观，如利用“文化反差”原理，设计一些异国他乡的高品位景观还是可以考虑的，毕竟这些地方有大规模的客流。如北京丰台区的“世界公园”经营效益不错就是一例。

（二）人造景观设计的主要方法

1. 集聚活化法

选定一处恰当的位置，将散落于规划地区各处的资源浓缩、荟萃、活化，进行全方位综合展示，赋予有魅力的活动与先进的经营理念。

2. 原生提升法

景区、社区实行场景化，形成“意境流”。

在人文景观旅游区，为了活化、深化、艺术化某些人文景观的历史文化内涵，以适应游人高层次的需求，也可人工造景，如开封建有“宋都一条街”、蓬莱阁东侧建有“八仙幻宫”、山海关孟姜女庙旁建有“孟姜女苑”，等等。

3. 自然要素构景法

充分利用当地的自然要素进行景观设计，如山东省费县的北国石林之创意策划。在山东费县城北十几平方公里的唐县期夷平面上，发育着奥陶系石灰岩被溶蚀而形成的大面积造型奇石，集“瘦、透、漏、皱”为一体，是园林组景中不可多得的材料，据说历代皇家园林造景材料多取于此。近年来，大量奇石被低价出售，流散各地。规划者在临沂市旅游总体规划中提出抢救性保护这些自然遗产，因为这是一层只有2m厚的石灰岩淋溶层，不能自成石林，只能作为园林掇山与小品之用。通过5处特殊地址的多条件对比分析，最后选定费县城南的玉环山，该地石灰岩崖峭、嶙峋多变，石缝山洞，书院古刹、奇松怪柏，清泉飞瀑，汩汩溪流，万亩梨园掩映着山村小院。规划者采用大手笔、大规模、大体量、大市场的“北国石林”建设构想，即将唐县夷平面地表起挖的造型奇石作十二生肖、西游记、红楼梦人物等奇石系列化组合或超大型奇石（如“中华巨龙”等）的独立成景，并科学合理地安排在山崖石谷中、山泉旁、果林中与兴建的粗犷园林中和沂蒙山式石砌民居院落中，试图创建一处区别于云南路南、四川兴文、福建永安等纯自然石林，建成既有观赏性，又有参与性，集自然景观、人文景观、农业生态于一体的“北国石林”，一座中华巨型奇石露天博物馆。

四、景区地标的设计

景区地标，就是一个景区独有的、标志性的形象特征所在的地域标志物。地标的设计涉及建筑、城市规划、旅游、社会学等学科领域。

（一）景区地标设计的思路

国内旅游界关于景区地标的探讨和研究较少。李蕾蕾曾分析了旅游地视觉形象的区位分异和空间结构，将其划分为第一印象区、最后印象区、光环效应区和地标区等。

近年来，围绕着代表北京城市新形象、即将成为城市新地标的三大标志性建筑——国家大剧院、中央电视台新大楼、国家奥林匹克体育场，即“水蒸蛋、板凳、鸟巢”（民众对这三大标志性建筑的戏称），城市规划、建筑学及旅游学者引发了激烈讨论。城市地标、景区地标的建设应广泛征求专家和民众的意见。

景区地标的功能在于彰显景区面目，聚集大众眼球，引起公众关注，提高景区的知名度。随着旅游业发展、景区经营理念的推广和景区间竞争的需要，这一载体自然越来越被旅游开发建设者所重视。

（二）景区地标设计的方法

我们认为地标设计与建设应遵循“因天材，就地利”的基本原则，因地制宜，张扬个性，强调原创性（内涵的原创性与形式的原创性），具体可采用以下主要方法：

1. 文化融注法

融入地域文化资源，提升地段景观的旅游形象，即审视景区中的文化遗址景观与地域文化的关联，寻找两者之间的融合点，通过其在主题文化系统中的地位确认，以个性化主题景观对地域文化进行深入诠释，使地域文化有了张扬的空间，景观也因文化的渗入而得以提升品位，上升到地标层次。游客亦可通过地标发现景区之美、地域之特，并对地域文化有初步直接的了解，促使游客对旅游地形成美好而鲜明的印象。

如作为宁夏旅游中心城市的银川市，地域文化主体是“西夏故都、回乡风情、塞上江南”。“西夏故都”是间断的文脉——文化、民族与建筑在1227年西夏灭亡后灰飞烟灭；“回乡风情”的物象表征体现不足，缺乏回族自治区首府应有的民族文化个性；而“塞上江南”只是银川周边的大区域背景，加之近年来城市建设进入了超常规发展道路，城市整体风貌的时代性较为突出。鉴于此，在银川市不同地段借遗存的景物分别作地标式处理，在老城区西部，以西塔和中山公园的西夏兴庆府遗址作为西夏文化的皇宫区，按照“整旧如故”的原则，营造历史场景，形成西夏主题地标，与银川周边的西夏王陵（皇陵区）相呼应；在老城区东南面，以南关清真大寺为核心，按照回乡民俗特征进行地段包装，形成回乡中心地标景观；在银川东部机场至市区主入口的鸣翠湖，按照场景化、生活化原则，展现“芦苇荡、水田、鱼塘、水车、民居”等主题景观，给远程游客营造“塞上江南”视窗型的地标空间。

2. 景观优化法

根据旅游行为规律，外地游客来到一个城市，通常是选择高级别景区作为旅游目的地，对低级别的景区不予考虑，而地标也是旅游者必须实地感受的。所以核心景区景观突出性的标志形象，使得不少城市出现地标与核心景区景观重叠的现象，地标建设工作实际上变成优化核心景区景观的工作。其面临的主要问题是没有与之协调统一的周边环境，现代化的城市建设使地标沦陷为“文化孤岛、文物孤岛”，犹如大海中的一个孤岛，无依无靠，日渐黯淡（如重庆市的解放碑）。核心方法是采用“场所—文脉”分析方法，保持地标式景区与周边地段的原有历史格局与氛围，突出地标意义上的景观形象。

例如拉萨，从机场行至市区，首先映入眼帘的地域标志就是布达拉宫，然而进城接近它时，由于过高的现代建筑阻碍游客的视野，此标志反而不明显了；布达拉宫前的大广场和穿行的公路亦降低“布达拉宫—八廓街—大昭寺”这一特殊地标区域的氛围。所以应降低现代化宾馆、商业店铺的发展对这一区域的蚕食侵夺，控制建筑物的风格与高度，保持对布达拉宫的良好视域，调整规整式园林化的现代城市建设布局。

再如西藏的扎寺伦布寺以不可替代的宗教地位（班禅的驻锡地）和深厚的佛教文化，使之成为日喀则市区的龙头景点，由于其高耸的位置（位于尼色日山麓，依山而建）、庞大的规模和醒目的寺庙金顶与展佛台景观，亦使之成为地标区。有效控制其周边类似东部的大广场与高楼大厦等喧宾夺主的建设行为，保持其周边特有的宗教氛围与宗教朝圣空间成为保持这一地标形象的核心任务。

3. 遗址展示法

遗址展示法即将本土化的文化遗址进行地标式展示。中国城市发展进入快车道，城市建设中经常会曝出挖出历史文化遗址遗迹的消息，如成都市区水井街酒坊遗址曾是1999年中国十大考古新发现。若是仅仅作为文化考古地，或者是搜寻完文物掩埋变成现代大厦的地基，则是十分遗憾的事情。倘若当做一个醒目的历史地标来对待，配置一定的解说系统，则是升级其文化规格，凸显历史魅力的重要手段。这正如欧美许多国家一样，一截老城墙、一条古沟渠、一段老护城河、一幢古建筑都会精心保护下来，以地标的方式予以突出，周边虽已是高楼大厦，却正好能映衬出它沧桑的历史魅力，给游客以突然的惊喜。

五、村落的旅游开发与设计

村落是一种重要的旅游目的地形态，随着乡村与民俗旅游的开发，以及皖南西递与宏村被列为世界文化遗产名录，村落作为旅游的载体越来越受到旅游开发者、经营者和旅游者的关注。

（一）村落景区的特征

从旅游资源角度来分析，村落具备以下特征：一是生态环境优越。有旅游价值的村落一般位于较为偏僻之地，或是山林环绕，或是河流之畔，或是山岳深处，有天人合一的意境和良好的自然风水结构，空气清新，四季温度相对平和，没有现代污染。二是浓郁的田园风貌，宛若“世外桃源”，诸如特色农业景观、热闹真实的生产场景。三是特色的乡村民俗景观，包括古雅的民居建筑、生动的农家生活（饮食起居、农事劳作、婚嫁、节庆）、纯真的民风民情、朴实的宗教信仰、与世无争的情怀，与快节奏、充满竞争和欲望的现代城市形成强烈的反差。概而言之，村落具有原生的质朴性，自然环境、人文景观的组合诗画性，以及依托局地围合的空间，形成紧密性的空间结构。

村落旅游开发首先应做好村落保护工作，保护民居建筑、街巷格局及纯朴自然、田园风景的村落风貌和生态环境，农家用具、生活习俗保持原貌。在此基础之上还应进行系统设计，合理利用，适度开发，凸显村落景观特色，把山村改造成为环境优美、民俗风情浓郁、富有地方特色、接待功能完备的旅游目的地。

（二）村落设计思路

1. 以山村社区文化建设作为景村开发的核心

山村社区文化建设在刚刚进入小康阶段的我国广大农村，已提上新农村建设的议事日程。山村社区文化包括山村的人居环境文化、民俗文化、宗教及信仰文化、生产文化以及历史积淀下来的古老传统文化等。通过社区文化建设，继承发扬优秀文化，去其糟粕，最终实现现代农村的精神文明建设。

2. 突出山村文化个性

山村改造与建设，实现软、硬两大环境建设，硬环境建设以恢复、保护古朴、典雅、优美、清静的山村环境为目的，实现村容村貌美化；软环境建设以山村社区文化建设为目的，以现有山村传统的主流文化为依托，利用地域文化的历史渊源、广泛的社会基础以及乡村建筑等载体，适当开展民俗文化建设和地域文化建设，通过补充文化、完善文化、系统文化、拓展文化、融入文化，构筑以山地自然生态为背景，以民居、庭院、民俗、传统祭祀场所等为载体，全方位地突出山村文化个性，打造乡村旅游空间。

3. 针对山村旅游的制约因素进行重点治理

乡村旅游地存在的普遍问题主要是可达性、卫生条件、生活条件等方面不尽如人意，影响和制约着乡村旅游的发展，因此，乡村旅游地的设计思路的前提是要将进村公路、生活用水和环境卫生等三个方面进行重点治理。

（三）乡村旅游地设计案例

山东省淄博市的土峪村有围合的大山岭，有郁郁葱葱的山林，有典型的北方乡村民居，更有山村独特的天主教文化景观。旅游规划组通过对土峪的深入调查，提出土峪村的规划性质应当是“以蓊郁葱茏的幽谷山林、高低错落的石筑民居、古朴典雅的天主教堂和清新无染的生态环境以及淳朴的民风民俗为资源，以山村休闲观光度假旅游为主体，以‘土得掉渣、洋得出奇’的山村人文景观为特点，发展成为集民俗休闲旅游、山村度假旅游、生态观光旅游、宗教朝圣旅游于一体的旅游地”。

在规划中，将土峪村的旅游活动系统分为景观游赏系统、宗教与民俗文化系统、旅游接待系统等几个部分。其中景观游赏系统主要是以三条景观轴线和天主教堂至小学之间为农家民居游赏区，以特色鲜明的主导性建筑为中心划分多个农家建筑景观群，以群划片，按片改造。同时突出以“石”为主的地方文脉，根据“石文化丛结”原理和按照“全盘石化”的改造思路，营建古朴的石头山村农家风貌。所谓“全盘石化”系指家居环境和村容村貌以石制的生活生产用具和社区公共设施进行点缀，社区公共设施包括石桥、石塘、石井、石砌护栏、石阶路等，庭院环境用具包括石碾、石磨、石槽、石缸、石桌、石椅、石头鸡窝等，家居用具包括石瓮、石灶、石香台等。

规划组为土峪村开发的旅游产品确定了以山村石头民居、山林生态、宗教建筑观光旅游为主导，以农家旅游房地产和山村休闲度假为特色的产品开发方向。旅游业的拳头产品有石头山村特色民居建筑风貌观光旅游、山村农家乐休闲度假旅游、深山洋教堂文化观光旅游等。

六、博物馆的旅游开发与设计

博物馆是灿烂的历史文化和丰富的历史文物宝库，其最主要的功能是记载和研究自然与人类社会的历史文化，围绕着藏品，博物馆需要承担收藏文物、科学研究和文化教育三项基本工作。除此之外，博物馆还具有较强的旅游功能，博物馆被誉为解读某个国家和地区文明的起点，满足旅游者求知和精神文化需求的目的，成为一个重要的旅游目的地形态。目前国内有2000多家博物馆、纪念馆。

在旅游产业推进的今天，不少博物馆难以引起旅游者关注，缺乏活力与旅游吸引力，处境较为尴尬。究其原因，一是综合性博物馆与专题博物馆不分，不少地方一律以行政区的综合博物馆为主，缺乏特色；二是博物馆一直定位在“不以营利为目的的社会公益性单位”，体制落伍，机制不活，故而许多单位收入低微，在宣传、促销等方面时时囊中羞涩，不被游人和旅游企业所注意；三是博物馆内部设计多有通病，内容既陈旧又乏味，布展既生硬死板又缺乏艺术性、科技含量，图解既程式化又局限在单一说教上；四是在免票的浪潮冲击下，免票的善举不但达不到预期的目的，还加重了财政的负担，难以在社会效益和经济效益上取得“双赢”。博物馆的开发利用可以从以下几个方面着手：

（一）博物馆的开发利用方法

1. 提高科技与艺术含量

四川三星堆博物馆能获得成功，除了其展示的震惊世界的出土文物外，最主要是运用了现代高科技手段与艺术手段，在馆内空间布置、建筑、环境、色彩、灯光处理、解说设置等设计上匠心独运，真实再现了古蜀文明的博大恢弘与幽深神秘。因此，应充分运用高科技、立体化、仿真环境与大场面等现代化展示手段，从视觉、听觉、触觉上极大调动观众的情绪，令游客仿佛身临其境地进入历史氛围，使凝固的历史得到鲜活生动的再现。

2. 拓宽主题内容

根据场馆主题文化特色，将博物馆所界定的核心内容在时间轴（古今）、空间轴（中外）两个尺度上进行广泛延伸，力求围绕核心成分展示多元内涵。

例如，若是某种民俗博物馆，则要求挖掘从古到今民俗的演变，并对中国与世界相似的民俗予以收集。若是钱币博物馆，则需要尽可能收集从古到今、从中国到外国的多种钱币，并将钱币演变的状况、钱币铸造状况、钱币背后的故事一一详细阐述。

3. 精心布置

按照特色主题对场馆进行精心布置，内部布置风格要与主题相一致。若是关于人物的博物馆，在设计与细节上追求与人物的鲜明个性相一致的风格；若是行政区域博物馆，必须突出该区域的文化风格和艺术性格，在门景、装饰等相关器物中融入该区域的文化符号；若是专门器物性的博物馆，则突出该器物多种形态，同时必须以背景性的社会文化与民俗文化予以衬托，等等。

4. 突出参与功能

参与功能的开发有助于提高游客的兴致。根据博物馆的性质，将馆藏物的复制品或馆藏物所反映的人物、原理以不同形式进行扩大与缩小，设立专门空间予以演示，引导游客亲自参与。

5. 结合周边地段联合开发

结合周边地段环境，如建筑物、商业设施、交通设施等，提高形象度和产品广度，增强吸引力。

6. 拓宽相关功能

通过教育基地建设、旅游商品开发、文艺表演等，增加博物馆效益。

（二）案例分析：临淄中国古车博物馆设计

临淄中国古车博物馆位于临淄区辛店东北部后李村。1990 年济青高速公路施工时，发掘、出土了大型春秋时代的殉车马坑，被评为当年全国十大考古发现之一，后据此建成了中国首家古车博物馆。该馆上为济青高速公路，展厅分为地下殉车马展厅和中国古车陈列馆两部分，总占地面积达 1.3 万 m^2。馆内系统陈列了我国迄今为止出土的从殷商至明清各个时代的古车仿制品和相关文物与史料，汇中国古车大观，集考古实物与仿制性展品文物资料为一体，设计品位高，是国内少见的专业性博物馆。

1. 定位

主题定位：中国最大的古车博物馆——古车大观园。

辅助定位：古车博物馆——运载五千年，上下两重天；世界唯一建在高速公路下的遗址博物馆。

功能定位：古代车辆观览增智、驾驶参与。

2. 开发思路

以现在古车博物馆为基础，进一步完善和充实古代交通运输的内容，同时，进行典型古车仿制，使之成为游人可参与、可使用的活动工具，拓展车文化旅游的内容。

3. 内容设计

增强博物馆对济青高速公路过往游客的招徕功能，建议在公路上设置醒目的标志，用最具吸引性的宣传口号吸引游人。扩大高速公路两旁停车场的面积，设休息室，能吸引更多的车辆停驻。中期在南侧扩大地面，建世界古今名车博物馆，展出各国从远古最原始的古车至当今最现代化的名车（可用车模），扩展车文化的内涵。

馆内古车陈列设计和构思虽十分精湛，但缺乏动感是其明显不足。必须使历史活起来，并将车文化的内涵扩展开来，才能使博物馆真正地变成游览地。基本设想是：第一，在展室内，制作大型模拟沙盘，古车按比例缩小，内置动力，表演行走、车战等场面。第二，制作古车模型，作为旅游商品向游人出售，增加经济效益。第三，古车马坑除作好保护外，可利用北部空余空间用图文资料向游人说明殉车马的制度、下葬的方法，将考古发掘这一游客极感兴趣的过程再现，完善展示内容。突出一个“巧”字，营造氛围。在古车坑东西两侧的墙壁上，设计两块展示屏，西壁上播放动画模拟的春秋时代的车战场面，车辚辚、马萧萧，体现古典的雄壮美，屏幕下部时间为公元前 353 年（齐魏桂陵之战的年代，是中国古代以少胜多的典型战例）。东壁上的屏幕外接安放在高速公路上方的摄像机，同步播出高速公路上的滚滚车流的实况，下部显示当天的时间，上下两千年，形成直观而且富有冲击力的对比。

增加室外游客参与性的活动内容。将车文化的游览方式由观光向参与延伸。首先，利用古车馆前部空旷的河滩地，整平后建设古车演示场，按用途和时代进行分类，主要让游人乘坐或驾车，也可以组织游人参与车战、攻城等活动。按类型分，将一些奇特的车作为卖点吸引游人，如驼车、装帆的车等。其次，组织齐国故城历史名车系列游行，把齐文化贯注在流动的历史进程中，游行车队按顺序由商车、周代曲衡车、春秋战国战车、汉车（可以济南洛庄汉墓出土的汉车原型复制）、南北朝牛车、唐辂、辽代驼车、明清之辂、蒸汽汽车、胶皮大车、老爷车、现代汽车组成，车饰和人物装束也相应地从商周衣饰至黄袍马褂和西装革履，游行路线从齐国故城至临淄市区，放在主要节假日，届时进行广泛宣传，可推出“五千年的车流，转动着的历史”等口号。

第五节　旅游景区（点）开发与景观设计手法和技巧

一、提炼主题，进行剪裁

一般来讲，未经人工开发的自然物，显得单调、芜杂，主题不突出，若想把自然物转化为供欣赏的景物，需经过人工剪裁概括、提炼，去杂存真，去粗存精，突出特色，突出主题，使景点独放异彩，如宜昌车溪旅游主题（一级理念）“梦里老家”的提炼。主题提炼出后，应围绕主题形成一个意象系统（二级理念）。

二、点景引人

在旅游开发中，常常会遇到被开发的景点是平淡无奇的，若用恰当的建筑进行点缀，往往起到画龙点睛或化平凡为神奇的作用。一个对人没有吸引力的山丘，若山上建一个亭阁，人们远远就会望到，自然会产生“谁家亭子碧山间”的疑问，吸引游人进行攀登。

点景也可以理解为给景点起个好名，如“西湖十景”之名，可以起到吸引游人的作用。

三、充实丰富自然景色

自然景色若没有人文内容，总会给人一种单调感和不满足感。如果遵循自然规律，把握地域文脉，经过人工修饰，增加文化内涵，景观特色就会更集中、更突出地体现出来，内容更加丰富（如杭州西湖的“三潭印月”的景观设计，见图8-10）。

图 8-10　三潭印月

四、协调环境，烘托景物

在风景区自然环境中布置建筑物，一是体量不能过大，要留出更多的游览空间；二是尺度、造型和色调要同环境协调，烘托景物（如黄山玉屏楼，见图8-11）。与此相反，在风景区建造高楼大厦，会破坏整体景观，大煞风景，如扬州梅岭宾馆、杭州西湖边高大方正的宾馆建筑。

图 8-11　黄山玉屏楼

五、夸张、强化自然美

有些山体低矮、平淡无奇，在旅游开发中常采用夸张的手法，布置有特色的建筑物，使其在整体背景中突出出来，成为有吸引力的景点。如江苏省镇江的金山寺，采用了“寺裹山”的夸张手法（见图 8-12）。又如重庆市忠县的石宝寨，建筑师看中了它临江的位置，利用峭壁建阁修楼。飞阁与崇楼相结合，一竖一横，一险一夷，对比强烈，呼应紧密（见图 8-13）。侧看，如一座多层宝塔，展翅欲飞；正看，重阁叠楼，十分雄奇。这种夸张的建筑手法，使观赏者的景观感受经历“小(山)—大(阁)—无限(江天)”的变化。

图 8-12　镇江金山寺

图 8-13　忠县石宝寨

六、巧妙利用错觉原理组景

错觉原理包括透视错觉（如为了让仰视的某景物显得更加雄伟壮观，可将视距安排在景物高度 1 倍以内）、遮挡错觉（如古典园林的欲扬先抑的造园手法）、模仿错觉（如北京天坛是一件成功的抽象模仿杰作，“天圆地方”的构图高超，寓意深刻，引发联想）、对比错觉（利用景物的尺度、颜色、方向等对比，如沈阳的怪坡）、时间错觉（我们可以把时间错觉看成是游赏质量的主观衡量标准，越是觉得时间过得快，游赏质量就越高，这正是风景设计应追求的境界）等原理。

错觉强化景观的方式主要有显（夸张）、隐（含蓄）、喻（寓意）。

第六节　旅游景点建筑选址和建筑规划要求

一、旅游景点建筑选址

旅游景点建筑应顺应自然，融入自然，“因山就势”，“因境而成”。

在人工建筑选址中，由于自然环境的不同，应采取不同的建筑形式。

（一）山巅

山巅，即山之最高点，或称绝顶。山巅一般有尖顶、圆顶和平顶之分。山顶地势高，鹤立鸡群之上，犹如人首，最能反映山的气势。游人登上峰顶，有“山为绝顶我为峰”的无限征服感和快意；站在山巅，居高临下，极目远眺，视野开阔，鸟瞰周围景色，会产生“登高壮观天地间”的高远意境，也会产生“上观碧落星辰远，下视红尘世界遥”的超然于世、羽化成仙的感受。因此，登山顶活动常成为游览中的高潮，给人留下终生难忘的记忆。

山顶上布置建筑物，可以丰富山峰的立体轮廓，增加生气，又是游人登顶观景的最佳处。山顶多以亭、塔等竖向建筑物居多，与高指蓝天、气势升腾的山峰相匹配。在山顶夷平处，多建色调鲜明的寺观，有天上仙境气氛，例如峨眉山与武当山的金顶（见图 8-14）、泰山绝顶玉皇顶、南岳峰顶的祝融殿、华山峰顶的真武宫等。

图 8-14　武当山的金顶

（二）山脊

山脊是两个山坡的交接带，是两条河流的分水岭。山脊有的浑圆，有的窄如鱼脊，呈条状或线状延伸，连绵起伏而成岭。站在山脊，可观两面景色。九华山的百岁宫，建于摩空岭山脊的最北端，上下 5 层，东以悬崖为基，西临峡谷，群山环抱，云雾缥缈，是山脊建屋的佳例。万里长城，依山脊而建，用险制塞，蜿蜒起伏，盘于崇山峻岭之中，宛如游龙啸天，气势磅礴（见图 8-15）。

图 8-15　万里长城

（三）山坡

山坡是山顶至山麓的斜坡，分直形坡、凹形坡、凸形坡和阶梯状坡。因为坡地地域面积较大，视野开阔，可仰观山岭峰峦、俯视锦绣田园，所以山坡建筑可选择性也大。

在凸坡或阶梯状坡修建建筑物，可环视三方，并同周围的峰、峦、麓环境相呼应。建筑可随山势陡缓，前低后高，旁低中高，分段叠落，参差布置，产生动的景观效果。例如杭州的虎跑寺沿着山坡地布置，自前至后逐渐升高，建筑参差错落，空间院落交替穿插，有着浓厚的寺观园林氛围。

凹坡，“山腰掩抱，寺舍可安”，幽曲而含蓄，隐殿宇于林间，露屋脊于树梢。此环境最适寺观建筑，如嵩山嵩阳书院、泰山普照寺。

（四）山间盆地

在山地中，受陷落等地质构造作用，形成山间小盆地。这里径流丰富，清溪相伴，风力小，空气清新，土壤肥沃，植被茂密，生态环境良好。在此布置建筑物，有“深山藏古寺”和“世外桃源”的意境，如五台山的寺庙（见图8-16）、九华山的九华街、武夷山的“小桃源”等。

图8-16　五台山寺庙

（五）山麓

山麓，为山地与平原地形转折过渡带。山麓背山面向平地，地面组成物质多由冲积物和洪积物组成，地势平缓，地表水与地下水丰富，土质肥沃，森林茂密，交通条件方便，多有居民点分布。在此适宜布置大体量的景观建筑，中线可对着山峰，如泰山的岱庙、华山的西岳庙、衡山的南岳庙、当阳的玉泉寺、兴山古夫镇等。

（六）峭壁

峭壁是山地受断层作用的界面。利用峭壁布置人文建筑成为险景，使游人望而生畏，联想非神仙不可居之地，达到人工“神造”的意境。恒山悬空寺是一处依峭壁而建、以险著名的成功建筑。上载危岩，下临深涧，异常奇险、神奇。有诗曰：“飞阁丹崖上，白云几度封”，“蜃楼疑海上，鸟道没云中”。民谚曰：“悬空寺、半天高，三根马尾空中吊。”可谓世间罕见之作（见图8-17）。武当山的南岩宫也建筑在峭壁之上，险要而壮观。

（七）水体

水是旅游区不可缺少的因素。水给人以清新、明净、亲切的感受；平静水面的倒影，景物成双，使空间扩大，有一种虚幻感；水的流动产生各种声音，激动人的心弦，令人愉悦、欢快。因此，与水体有机结合的各种类型景观建筑是游人最喜欢去的地方。

图 8-17　恒山悬空寺

1. 水面风景处理手法

（1）小水面宜作“见大”处理。即在进入小水面之前的空间上做文章；在小水面上做文章；在湖岸上做文章（“破”、“掩”）；在湖岸的建筑和树木上做文章。

（2）大水面宜作“见小”处理。利用堤围分隔水面（分为粗犷水面和精致水面）；在大湖中修筑环堤。例如武汉东湖和杭州西湖等的水面风景处理手法。

2. 水文取景常用手法

（1）框景入画。把水景引入建筑空间，作为观赏对象。

（2）架桥或筑堤。通过架桥或筑堤等手法，使人能登临水面，或亲临水面观赏。

3. 水体景观建筑选址技法

水体景观建筑选址主要可分为“点”、“凸”、“跨”、“飘”、“引”等技法。

（1）点。就是将景观建筑点缀于水中，或建在水中孤立的小岛上。如杭州西湖的三潭印月（见图 8-18）。

（2）凸。即建筑物布置在岬角或水堤的前端，三面临水，一面同陆地相连，与水面结合紧密。如青岛栈桥一景，是一条宽 10m、长 440m 伸向大海的水泥大堤，在前端半圆形防波堤上，建一大型双层八角琉璃瓦顶、雕梁画栋的回澜阁，远望像一条长龙浮游在万顷波涛之中，成为青岛第一景“飞阁回澜”，也是青岛的象征性景观（见图 8-19）。

图 8-18　三潭印月

图 8-19　青岛栈桥

（3）跨。即跨越河道、溪涧上的建筑物，如桥或水廊。它兼有游览与交通双重功能。例如我国赵州古桥为弧形单孔石拱桥，造型精巧空灵，于雄伟中见秀逸，如初月出云，似彩虹当空，“水从碧玉环中过，人从苍龙背上行”，是我国桥梁史上的一颗明珠。广西三江县程阳村林溪河上的风雨桥，桥上建避风雨长廊，五个桥墩上各有楼亭一座，两端尽头是歇山屋面。造型优美，风格独特，是侗族民间建筑精品、国家重点文物保护单位。

（4）飘。即伸入水中建筑的基址一般不用粗石砌成驳岸，而采取下部架空的办法，使水漫入建筑物底部，建筑物如漂浮在水面。例如拙政园的波形廊，是临近建筑中挑出飞梁，承托浮廊（见图 8-20）。

图 8-20　拙政园的波形廊

（5）引。就是把水引入建筑物中来，形成水院。如杭州的玉泉观鱼，水池在中，三面轩庭环抱，水庭成为建筑内部空间的一部分。又如广州白天鹅宾馆中庭的“故乡水”。

二、旅游景建筑的规划与设计要求

建筑可以满足人们物质生活和精神生活的需要，具有物质功能、精神功能和社会功能。旅游景点的风景建筑主要表现为精神功能，它是人类理想、创造力同环境相结合的艺术升华。所以，在景点设计中，要把握住旅游建筑的一般规律和要求。

（一）我国风景建筑的主要特点

冯钟平先生在《中国园林建筑》一书中指出，我国风景区和园林建筑存在着相互联系又相互统一的四个字，即“巧”、“宜”、“精”、“雅”。这是对风景建筑的基本品格特征的高度概括，对我们进行景点规划和设计具有十分重要的指导意义。

1. 巧

巧，即景观建筑要灵巧、灵活，富有变化。

灵巧、灵活，即风景建筑要非常重视环境，注意同环境协调和结合，灵活布局，有着优美的造型和意境美。在设计中，没有固定的格式，根据山水特点宜亭则亭，宜榭则榭，“景到随机”，“得景随形”。景观建筑应成为观景的交汇点，有最佳的观赏距离、最好的观赏角度，能够观赏到更多的画面，使旅游者心情畅快，得到舒适的休息。

变化，就是在建筑空间处理上的巧。风景建筑物的空间平面不一定都是四边形，可以是三角形、多边形、弧线形；建筑物空间排列剖面不一定限制在一个平面上，可以错落咬合；各空间自由流通、渗透，互相补充、借用。空间的不定性与完整性结合在一起。空间的组织，有直有曲，有静有动，有大有小，有虚有实，有正有变，有疏有密，有隐有显……相辅相成，辩证统一，从而创造富有活力、奇巧变幻的空间境界。要求做到风景中有建筑，建筑中有风景，二者有机融合。游人随着建筑空间的曲折变换，会在心理上产生刺激与兴奋，同时又被不断出现的空间意境所吸引，保持着饱满的情绪和浓厚的游兴。

2. 宜

宜，就是景观建筑的合宜、适用、合情合理、因地制宜。如果说巧是指风景建筑同环境的结合，要求建筑同环境和谐统一，那么宜就是指风景建筑与人的结合，使人同建筑融为一体。景观建筑的主要目的就是为旅游者创造出能够活动的满意空间，“良辰、美景、赏心、乐事”是旅游者在建筑空间获得的最大美感和精神满足。所以，中国景点和园林是“园中有景，景中有人，人与景合，景因人异”，用现代语言表述，就是景点建设中要以人为本，有市场观念，考虑旅游者的心理和需求，并利用可能的物质和技术手段来满足旅游者的愿望。

3. 精

精，就是景观建筑是建筑中的精品，要精巧，精美，有分寸感，少而精。建筑精品的标准条件是：符合建筑形式美的规律，有着整体美、结构美、韵律美、逻辑美。建筑的各个部分之间的位置、大小、粗细、宽窄、质地、色调等均恰到好处，有分寸感和统一感，达到所谓“增之一分则太长，减之一分则太短”（如绝色佳人一样）。这里最为关键的是设计师要做到精心设计。

4. 雅

雅，就是人们对景观建筑形象、色彩、气氛的一种幽雅、雅朴、雅致的感受，也是对景观建筑格调、意境的表述。景观建筑雅的标准是：建筑周围环境气氛要幽雅，建筑造型、装修、细部处理要雅致，建筑色调效果要雅朴。在建筑材料上，尽量就地取材，风格尽量采用当地民居传统建筑形式，强调与自然环境协调，追求山林野趣，反对过分雕琢和商业气息太浓，但也不要太土气、太庸俗。

（二）旅游景点对建筑的规划要求

我国旅游景点的规划和设计，各地都在进行，但缺乏统一的规范。这里根据世界旅游组织顾问爱德华·因斯基普（Edward Inskeep）的研究提出下列规定，供实际规划和设计者参考。

1. 建筑密度

极低密度：为独立屋或平房，每 $hm^2$12～25 间。

中低密度：为 2～3 层楼房，每 $hm^2$25～75 间。

中高密度：为 4 层楼房，每 $hm^2$75～150 间。

高密度：为高层楼房，每 hm^2 在 300 间以上。

2. 建筑物高度

建筑物高度一般不超过 4 层或 15m。因为 15m 是一般大树的高度。

3. 建筑物的缩进

建筑物缩进是指建筑物必须与海（湖）岸线、道路、建筑物地基分界线保持一定距离。其中与海岸线应保持 50～60m 以上。因为这样可保护海岸线的自然风貌，保证海滨地带成为共享空间，保护游客活动不受干扰，也可防止建筑物受海浪冲击而崩塌。

4. 建筑物占景点面积比率

为保证旅游者有足够的观赏和活动空间，在山间和海滨游览地，建筑物所占景点面积比率应控制在 20%～25%。

5. 停车场

根据游人规模和变化规律，开辟若干个停车场，供来往车辆停留。

6. 公共通道

景点内应对大众开放，成为公众自由来往和休憩的空间。

7. 绿化面积比率

为维护景点生态环境和观赏效果，一般景点绿化面积应占 75% 以上。

8. 指示牌的设置

景点内的指示牌类别、设置地点要进行控制。适当设置游览信息牌和指路牌，而大面积广告牌不可在景点设置。指路牌的设计与制作应以人为本，尽量人性化一些，为游客着想，如标明从某景点到某景点的距离和步行需要的时间等。

9. 地下设备线路

景点各种线路应尽量埋设在地下，以保持景观的完整性，也有利于对线路的保护。

10. 建筑设计

建筑设计体现旅游设施的直观特征，要有灵活性，以发挥建筑师的创造性，但应坚持下列原则：

第一，建筑设计中应充分体现当地的地理特征并有机融入本土文化元素，运用本地区传统或历史的设计风格和图案，使建筑与文化环境相适应，体现民族性和地方性特色，给游人一种地域感（如九寨沟的旅游建筑）。

第二，屋顶线条是体现建筑物特点的重要因素，因此对屋顶更要精心设计（屋顶好比人的发型）。

第三，尽量使用当地材料，体现当地建筑风格，这样也为当地带来经济利益。

11. 环境美化设计

景点的美化对于创造一个优美、舒适的环境至关重要。环境美化设计包括建筑小品、植物、水域、小径、室外装饰和照明等设计。景点美化的功能是：在阳光照射地方提供阴凉；提供避风避雨的地方；遮挡不悦目的景色；为游客提供植物、文物、历史等知识。

12. 工程设计

建筑物结构和基本设施工程必须合理，以使设施正常运转。同时，要符合安全标准和健康标准，减少并避免灾害发生。建筑坚固标准要考虑当地最大可能的地震级数，要有防火设备及安全通道。

13. 为残疾人的专项设计

景点的游览道路、宾馆、厕所等设施，要有方便残疾人的轮椅通道。

14. 旅游设施质量标准

旅游设施即能源、邮电、暖气、上下水道、排污净化工程等，应按规定标准与质量要求建设。

第七节　旅游景点设计中的花木配置

花木配置是景点建设中的重要内容，也是绿化体系的一部分。它是景点绿化的精品，起着生态平衡和改善环境质量的作用。

一、花木在景点建设中的作用

花木配置扩大了绿化面积，而且在景点建设中起着重要作用：

第一，花木是风景素材，也是风景的主题。在旅游景点中，有的以建筑、或文物、或山石、或水体为主题，也有一些景点以花木为主题。例如，承德避暑山庄的“万壑松风”景点即以离宫周围古松林为主题，每当风掠松林，发出瑟瑟涛声，山壑、松林和清风构成“万壑松风”美景；丽江的茶树王即以玉峰寺内的500年茶树为主题，每年春夏之交，有2万多朵盘子大小的茶花竞相开放，形成“树头万朵齐吞火，残雪烧红半边天”的壮观奇景。

第二，丰富景点构图，软化视觉环境。景点的山石、屋宇线条较硬、直，色调也较单一，而植物线条柔软、弯曲，色调丰富，二者相结合，可以改变景点的构图，打破生硬轮廓，在树木环境中得到“软化”，调整单一色调。例如，西安大雁塔景点由于有松柏、垂柳、花卉陪衬，在蓝天白云下，大雁塔更加显得雄伟、秀丽、高耸（见图 8-21）。

图 8-21　大雁塔绿化

第三，赋予景点时空变化和生气。植物是生长变化的物体，花叶一年有周期性季相变化，蓬蓬勃勃，焕发着生机。因此，在植物的衬托下，山石、屋宇就显示出了生气，一年中有春花、夏荫、秋叶（色）、冬雪的变化，四时有景，四时景异。

第四，植物有分割空间和隐蔽建筑物的功能。景区、景点常常划分为若干个独立空间，用树木把空间分开，便于游人游览。同时，有的地物和建筑观赏效果差，可用树木隐蔽，形成完整、优美的观赏环境。例如颐和园西侧平直呆板的围墙，割断了颐和园同玉泉山和西山的视觉联系，在造园时用西堤垂柳挡住墙体，将中景玉泉山和远景西山纳到颐和园内，扩大了观赏空间。

二、花木种类

风景树木各有特殊之美，或以树古，或以花胜，或以叶形，或以果名，或成“茂林”，或成“浓荫”，按生态和观赏特点可划分为六类：

（一）林木类

林木类分针叶树、阔叶树和竹类，其中富有观赏价值的以苍劲、古老和有一定造型的树木风景为最。在我国旅游区中，著名的古树有黄帝陵的轩辕柏、晋祠的周柏（树龄 3000 年左右）及孔庙的古柏、嵩阳书院的“大将军”与“二将军”（树龄 2000 年左右）。

松、竹深受人们的喜爱。松，冬夏常青，生命力强，象征着坚强不屈，“经隆冬而不凋，蒙霜雪而不变”。竹，清丽拔秀，静雅高洁，“未曾出土先有节，纵入凌霄亦虚心”。古人曾有“宁可食无肉，不可居无竹”的偏爱。

（二）花木类

花木以花大、浓艳、花期长为贵。白色玉兰，莹洁清丽，花香袭人；红色茶花，鲜艳，热烈。牡丹有“花中之王”的美称，杜鹃有“花中西施”之誉，月季有“花中皇后”之说，水仙有“凌波仙子”之谓。樱花是春天的使者；梅花铁骨冰肌，顶霜傲雪，有忠烈之骨气；荷花“出污泥而不染”，亭亭玉立。

（三）果木类

树果色彩以红、紫为贵，黄色次之。果实成熟正值盛夏、凉秋之际，自然景观处于冷色系统中，为浓绿（夏）和黄绿（秋），此时成熟果实以红色、黄色特别引人注目，如苹果、桃、李、杨梅、荔枝、樱桃和柑、橘、橙、枇杷、柿等。

（四）叶木类

以树叶作观赏的树木，以新绿和红叶为最。当早春之际，天气渐暖，叶芽初崭，呈鹅黄或微绿色，出现“枝间新绿一重重，小蕾深藏数点红”的景象；夏去秋来，叶色随变，如枫、栌等树叶，经霜变红，妖艳如锦，呈现“霜叶红于二月花”的艳丽景象。

（五）荫木类

荫木类具有修干密叶之特点，供蔽荫用。如桉树、樟树、榕树、梧桐等。

（六）蔓木类

蔓木具有攀缘习性，干枝部纤弱，依附于山石、墙壁和花架之上。如葡萄、紫藤、蔷薇、爬山虎等。

此外，还有灌木类（比如迎春花、火棘）等。

三、花木配植方式

花木所引起的感官效应，不单由花木本身的特性所支配，而且在很大程度上由配植方式所决定。花木配植的主要方式有：

（一）孤植

花木有着独特的性格，或名贵，或挺拔，或苍劲，或古拙，或盘根错节，或婀娜多姿，或娇艳，或芬芳。从花木独特性格的角度考虑，可孤植。栽植位置可选择院内一角，切忌居中。其高低、大小、疏密要与院落空间相适应。

（二）点植

庭院较大，孤树不能蔽荫，从空间布局的角度考虑，可点植，即点植二三株或三四株。根据树干大小、树叶疏密、姿态的差别、色调明暗适当地安排，切忌对称和平均排列。例如，拙政园玉兰堂庭院平面呈矩形，共有乔木两株，一大一小，分列两侧，大者广玉兰是主景，小者桂花起烘托、陪衬作用。

（三）丛植

丛植是从植物生态和季相变化考虑而栽植。乔木与灌木结合，常绿树与落叶树结合，使园林构图内容丰富，错落有致，形成枝叶繁茂、嘉木葱茏的气氛。树种和数量的选择要考虑季相变化、开花先后、色彩的对比和协调。

（四）群植

在一定空间范围内，为强化某一主题，可将花木成片栽植，即群植，形成森林或花海。如苏州邓尉山的梅花“香雪海”、长白山二道白河的美人松林等。

此外，还有线植（如沿河岸、湖岸、路边绿化带）等。

四、花木配植技巧

花草树木是景观设计不可或缺的要素，在配植上应注意技巧。

我国传统园林中的林木，有很明显的特征，就是遵循“取其自然，顺其自然”之原则，无论松、柏、柳、梧、梅、竹、樟、槐等，都按它们自己生长的姿态种植，几乎不加修饰；林木组合也不将树木列队而植，而是自然而然地散植于园中。这和中西方传统园林美学理念的差异有关。

园中之植树，须看树而种树。有的树往往宜单植，如松、柏、樟、梧桐、银杏、棕榈等。或者也有多株同类之树植于一处，但总是有自己单独的形象、轮廓线。我们欣赏这类树，也总是赏其单棵树的形态。观松柏之矫健，看梧桐之魁然，视银杏之高耸，赏竹枝之秀雅。有的宜合种，如冬青、女贞、木樨、柑橘以及竹类等，种得浓密，意象丛生。这种树往往不欣赏其单株的形象，而且往往起渲染环境的作用，作为某个主题景物（如单石、单株树、亭、轩等）的陪衬物。这种“丛林”宜密不宜疏。这也是中国画之方法论，所谓疏可跑马，密不通风。

园中之植树，须注意主次，切忌松柳竹槐乱种一起。所谓主次，就是一处地方以某树为主题，其余则作为陪衬。主题之树，不在数量之多少，而在于位置是否显要，形态是否突出。陪衬之林木，一要少个性（如冬青、女贞、洋槐之类）；二要对主题之树起烘托作用，位置、疏密等是关键。一处景观，树的种类宜少不宜多。树的种类多，难以统一。

园中之植树，也须注意植于何处。柳宜植水边，有“杨柳岸，晓风残月”之趣。棕榈不宜植阳处，否则它会疯长，太高则不好看。庭中宜植槐、榆之类，数年后亭亭如盖，夏荫于庭，能生凉意；冬则落叶，阳光满院。樟宜植于园宅前部，楝宜植于其后部。我国民俗有“前樟后楝”之说，吉利之意。松柏多植于山丘或陵园。山石松柏，其美学思想多有“言志”、“比德”之意。竹宜丛生，山前、屋后、庭内皆宜。文人爱竹，因此，大多数园林种有竹。梅与竹相仿，也为文人喜欢之物。园中之梅，不可能有那漫山遍野大片梅的条件，所以多为零星的。

园中林木要注意由小至大。新建园林多小树，植时不能太密，要考虑长大后的情形。如今有很多人不懂这个道理，如银杏、香樟之类，种得很密，殊不知这类树将来会长得很大。树植好后应少移动，须知“人挪活，树挪死”，特别忌移动大树。

花卉在园林中也须重视手法。这种手法关键在于意境。如苏州拙政园海棠春坞小院中植海棠，院周有回廊，这是取苏东坡之诗《海棠》之意：“东风袅袅泛崇光，香雾空蒙月转廊。只恐夜深花睡去，故烧高烛照红妆。”

荷花也植于园林池中，而且往往把它诗化了。夏日荷花盛开，“映日荷花别样红”。苏州拙政园大水池中有荷风四面亭，与岸有小桥相连，亭有楹联：“四壁荷花三面柳，半潭秋水一房山。”荷到秋末冬初，荷叶残败，给人有萧瑟之感、悲凉之美。拙政园有座留听阁，阁前水池，池中有荷。留听阁之名取自李商隐诗“秋阴不散霜飞晚，留得枯荷听雨声”。

和中国园林林木手法一样，中国园林的花卉，也不同于西方园林之规则构图，布局十分灵活。草的处理也不一样，西方园林多做成几何图案的地毯式的大草坪；中国传统园林则不同，多为分散的、点缀式的，在土坡表面植些草皮，而且往往还要植些灌木，置几块石头。园林中的草，还有一个用途是假山单石脚下植之，作为石与地面交接。所谓“山露脚不露顶，露顶不露脚”也。

五、花木选择应注意的问题

各地景点配植花木时，要多选择本土树种，因为土生土长的花木存活率高，成长快，几年就可成林，显示地方特点。

在栽植花木时，要考虑时令的变化，使园林景色四季常新，做到细竹迎春、荷莲爽夏、秋菊烂漫、腊梅傲雪、松柏常青。

第八节　旅游景区（点）游览线的设计

旅游活动是人在地域空间上的流动过程。任何一种类型的旅游规划，都必须安排好路线，搞好交通建设，组织贯通的旅游网络。旅游线路设计对旅游景区的发展有着非常重要的影响，并直接影响旅游景区项目效果。因为线路设计的优劣决定着线路在市场上的影响力与吸引力，从而决定了旅游者的购买行为。这里主要探讨旅游区的游览线组织和建设的几个重要问题。

一、游览线设计原理——组景

游览线组织的关键是组景。组景，就是按照美学和心理学的原理，通过科学设计和组织游览线，使旅游者在游览中获得大量信息和快感，达到最佳的观赏效果。其具体内容如下：

（一）景物之间要有时空连续性，讲求渐变的动观感受

因为静观的感受只产生一个个孤零零的不连续画面，动观的感受则是把一个个孤立画面联系起来，形成景观整体的印象。游览线组合成的各个艺术画面，正如连续镜头组合成的电影画面，能使人产生强烈的整体印象和动观感受。所以，在组景设计时应充分考虑渐变的动观效果。

（二）采用障景或对比手法，突出突变的动观效果

突变的动观比渐变的动观给人感受量大、感受强烈。“山塞疑无路，湾回别有天”是人们对游三峡巫峡段的突变动观效果的概括。因此，在组景中常常采用先藏后露的障景手法或反差对比手法，使游客的感受达到最大限度的强化。

（三）适当重复出现某一事物，以达到加深认识、强化美感的目的

在游览线设计中，要使旅游者从不同角度、不同侧面观赏到主景或标志性景物，以强化他们的感受。

（四）动观游览线的布局要富于变化

做到有扬有抑、有旷有奥、有虚有实、高低起伏、曲曲折折，使人目不暇接、步移景异。像乘船游武夷山的九曲溪一样，“曲曲山回转，峰峰水回流”。

（五）加强景观提示

有提示的景观比无提示的景观感受要强。在规划中应在游览道路的重要出入口、功能区、景区、重要景点设置导游标志，对游览内容和注意事项加以说明，增强游览效果。

二、游览线设计应注意的问题

第一，组景主题鲜明，既要有统一感，又要有层次感和变化感。规划中要对反映主题的景物多设计几个观景点，以便从不同角度、部分重复观览，以强化游人的感受。

第二，游览线组织要有序，要符合人们认识事物的过程。可采取文学创作中的“凤头、猪肚、豹尾”的创作原则安排游览路线，做到有入景、有展开、有高潮、有结尾。入景要新奇，引人入胜；展开，即在景象特征、景感类型、游览方式和活动内容上不断变换，一波未平，一波又起，迂回曲折，起伏跌宕，使旅游者驰骋想象、流连忘返；高潮是游览感受最集中、最突出的体现，应安排在游人兴致最浓之际，有时利用泄景手法制造悬念，使之隔而不断，若即若离，延长高潮时间，待成

熟时达到“千呼万唤始出来”的高潮效果；结尾，应特色鲜明，富有韵味，让人感到“余音绕梁，回味无穷”。

第三，在设计游览线路时，应选择最佳的观赏点。观赏点应有最佳位置，形成远景、近景、特写景的组合，本着“美则显之，丑则隐之”的原则进行设计。并善于运用“距离美”的原理。观赏角度的变化会获得不同的观赏效果。被观赏的景物由于观赏点的变化，可以改变其相关位置，导致景象发生变化，表现不同的意境。旅游规划中对线路布局和观赏点确定应有远、中、近、特写画面的变化，角度也应有平、俯、仰的变化，它们相互组合，可称为游览线的“蒙太奇”。蒙太奇（这是电影制作的术语，指剪接组合镜头，以形成完整的画面）手法在规划中的运用会大大提高游览质量。

三、不同类型游览线的设计要求

旅游区的游览线一般分景外游览线和景内游览线。

（一）景外游览线

景外游览线为旅游区主要干道，用做游览运输和供应运输。要求路面平整，无尘土，符合行车技术标准。汽车行驶在游览线上既有远景吸引，又可在近处注意观看，车过后还能够回味，留在记忆中。路两旁用树木组成景窗，有景则开，无景则合，切忌两侧林深无缝，视线夹在狭窄的无变化的空间走廊里。为了保证游览区的安静和组景的意境，道路同景区间应有一定的间隔，中间设置停车场，游人下车后需步行一段（经过引景空间）进入游览区。丹霞山的阳元石景区、兴山昭君村的景外游览线设计就存在缺乏引景空间方面的问题。

（二）景内游览线

景区内的道路一般以步行或小型车辆通行为主。具体要求如下：

（1）沿途有丰富的风景观赏面，有最佳的视角和视距，扬景之长，避景之短。

（2）景内小径宜曲不宜直，宜险不易夷，宜狭不宜宽，宜粗不宜平，保留自然风貌。游人或攀山，或越涧，或穿林，或涉水，不断变换空间、变换视线，处处领会诗情画意的意境。

（3）根据步行的长度和攀登的高度，适时设休息点，走走停停，随处可安，灵活行止。

（4）景区游览线应有多条，供不同年龄、兴趣的游人选择。

（5）游览线尽量为环形，不走回头路，使游人处处感到新奇，游兴未尽。

四、游览线设计手法和游览方式的组织

游览线的设计既是科学的旅游网络组织，也是美学的艺术创造，因此在手法上

常常采用步移景异、曲径通幽、豁然开朗、峰回路转和渐入佳境等手法，运用时采用单一手法或几个手法并用。成功的手法运用会推进旅游区的开发和建设。游览方式的组织有陆上游、空中游、水上（中）游、地下游览等，丰富多彩。

五、旅游线路设计的理论与实务

（一）旅游线路设计的制约因素

旅游线路的设计与经营是一个技术性、经验性很强的问题，它主要受以下三个因素的制约：旅游产品所针对的目标市场；旅游者的消费行为，即成本（费用、时间、距离）最小化与满足最大化；旅游资源的空间分布与组合状况。

（二）指导思想

根据总体布局，坚持从旅游风景区的实际出发，突出资源特色，注重资源的深层次开发和旅游线路质量的提高，推出绝品、精品和特色品。

本着“市场导向”、“突出重点”和“旅游线路创新及生态环境保护同步并重，以确保旅游资源永续利用”的原则，合理地优化配置旅游风景区的资源。对于旅游风景区稀缺的不可再生的旅游资源，要把保护放在第一位，有限度、科学地创新利用，防止建设性破坏。

在旅游风景区旅游线路创新的过程中，突出当地资源特色和民俗风情特色，加强“自然”和“文化”的融合、“新”与“旧”的融合、“动”与“静”的结合，以满足不同层次旅游者的需要。

（三）旅游线路设计的原则

旅游线路销售的成败同线路设计水平的高低密切相关。旅游线路的设计是一项技术与经验性很强的工作。在旅游线路设计中必须遵循以下原则：

1. 市场性原则

旅游线路设计的关键是适应旅游客源市场的需求，最大限度地满足旅游者的需要，路线设计必须符合旅游者的意愿和旅游行为规律。旅游者出游的一般规律是“最大效益原则”，即在花费最少的时间和旅游费用的基础上，力争获得最大限度的旅游愿望满足。通常能让旅游者满意的旅游线路是，当旅游费用一定时，整个游程所带来的各种体验水准等于甚至高于某一预定的水平。因此在旅游线路设计上，所安排的观赏时间长短、游览项目多少与途中时间、旅游费用之间的比值大小，都将影响旅游者出游决策和对旅游线路的选择。

2. 特色性原则（主题突出的原则）

由于旅游者动机、旅游活动形式以及各地旅游资源的属性特征各不相同，旅游路线设计一定要突出特色，形成有别于其他路线的鲜明主题，只有如此才能具有较大的旅游吸引力，如宜昌推出的“三人”（诗人屈原、美人昭君、神农架野人）旅游线。特别是从旅游者的心理倾向来说，线路特色性越强，吸引力也就越大。因此，旅游线路设计要根据各地旅游资源的不同属性，从不同旅游动机与旅游活动内容出发，突出线路的特色性。一是要有鲜明并富有特色的线路主题；二是尽可能串联更多的、有内在联系的旅游点和丰富的旅游活动内容，将其形成群体规模，并在旅游交通、食宿、服务、娱乐、购物等方面选择与此相适应的方式，展示其整体特色效果。

3. 效益性原则

旅游线路的设计，既要注重其经济效益，又要注重其整体效应。首先，设计中尽可能做到在途的时间短，游览时间长，旅游点精华多样，旅游费用较低，重复路线少，避免大的迂回往返等，以满足旅游者“最大效益原则”和达到经济效益最大化。特别应注意不得随意缩减已承诺的景点，而增加某些购物点的不良做法，这种做法极令游客反感，并肯定有损于线路所串联的若干景点，应该把整条线路的重点放在中间偏后的位置。这样“好戏在后头”会使游客对整个游程留下更加深刻和美好的印象。此外，旅游线路的设计还应从整体效应出发，可以加大旅游点、旅游地的开发力度，提高目前旅游温点、冷点的文化品位和有效卖点，将旅游热点、温点和冷点进行科学合理的搭配，组织到旅游线路中。

4. 安全性原则

出门旅游，安全第一。因此，安全性是旅游者，更应该是旅游线路设计者首先必须考虑的重要因素。没有安全，就谈不上其他任何效果。所以旅游线路设计中要特别关注游客的安全，一方面要避免线路中游客拥挤、碰撞、阻塞线路，甚至造成事故；另一方面要避免气象、地质、人为等灾害的影响。可在旅游线路上设置必要的安全保护和救护措施，如在旅游线路的危险地段设置警示牌，设置旅游车辆安全检修站、江河漂流救护队、山地救护队等。

5. 多样性原则

旅游线路要尽量满足不同的旅游者的旅游需求。由于旅游者年龄、职业、旅游偏好、消费水平等方面的差异，旅游线路的种类与数量也应是极其丰富的。遵循这一原则，旅游线路需适应旅游者的要求而组合多种类型。

6. 协调性原则

在旅游线路的设计中，要协调好旅游风景区、旅游交通、饭店等各项服务与项目，避免偏重于其中一点，而忽略其他，致使旅游者不能形成完整的旅游体验。

7. 节奏性原则

旅游线路的设计应使旅游过程做到有张有弛、动静结合、富有节奏、高潮迭起，游客始终兴致满怀。

8. 弹性原则

旅游线路的设计应留有余地，机动灵活，以应对意外情况的发生。

简要地说，旅游线路设计的具体原则是：一短（旅途时间短），二长（游览时间长），三多（景点变化多），四少（重复路线少），五高（观赏对象知名度高），六低（旅游费用低）。总之，应符合旅游者的意愿和行为法则。

（四）旅游线路的设计程序、步骤与方法

1. 旅游线路的设计程序

（1）环境分析。旅游风景区的环境分析是旅游风景区旅游线路创新设计的首要步骤。包括：旅游风景区的内部环境分析，主要对风景区内的旅游资源、设施设备、交通工具、活动项目的分析，通过分析了解旅游风景区自身的资源特色、基础设施设备水平和发展潜力；旅游风景区的外部环境分析，主要是对旅游市场需求、竞争状况和旅游需求趋势分析。只有搞好环境分析，才有利于线路的构思。

（2）线路构思。线路构思是指人们对某一种潜在需要和欲望，用功能性加以勾画和描述。寻找线路构思不能依赖于偶然发现，而应在分析旅游风景区内外环境的基础上，善于激励和把握线路构思的来源，并从中确定线路设计的方向与内容。

（3）设计多种旅游线路。在线路构思的基础上，结合旅游市场和旅游风景区资源的特点，对相关旅游基础设施和专用设施进行分析，设计出若干可供选择的多条旅游线路。

（4）线路的选择。根据旅游线路设计原则进行评价，从中选取合适的线路。

2. 旅游线路的设计步骤与方法

（1）步骤。根据目标市场确定旅游线路的性质和类型→根据游客类型和期望确定线路及其景点的空间格局→根据游客意愿、景点、设施设计出若干可供选择的线路→选择最优线路（筛选、比较）。

（2）方法。旅游线路设计可采用图上作业的方法。

复习思考题

1. 试说明旅游景点设计的原则、任务和重点。
2. 简要说明旅游景区（点）设计的主要方法、常用手法和技巧。
3. 风景建筑有哪些特点？旅游景点对建筑有哪些具体要求？
4. 花木在旅游景点建设中有哪些重要作用？怎样进行花木配置？
5. 试对某旅游景区的建筑、绿化等景观设计进行评析。
6. 简述旅游景区线路设计的原则和程序、步骤和方法。

第九章　旅游发展规划

第一节　旅游发展规划的概念与框架

一、旅游发展规划的概念

旅游发展规划是根据旅游业的历史、现状和市场要素的变化所制定的目标体系，以及为实现目标体系在特定的发展条件下对旅游发展要素所做的安排。旅游发展规划又称旅游发展战略规划，通常也称为旅游发展总体规划。简单地说，它是指对某个地域大范围（国家、省、市、县）的较长期的规划，是从宏观的角度出发所进行的综合性规划，涉及的部门和行业相当广泛。

旅游发展规划包括近期发展规划（3~5年）、中期发展规划（5~10年）或远期发展规划（10~15年）。

旅游发展规划的主要任务是明确旅游业在国民经济和社会发展中的地位与作用，提出旅游业发展目标，优化旅游业发展的要素结构与空间布局，安排旅游业发展优先项目，促进旅游业持续、健康、稳定发展。

旅游发展规划按规划的范围和政府管理层次分为全国旅游业发展规划、区域旅游业发展规划和地方旅游业发展规划。其中地方旅游业发展规划又可分为省（市）级旅游业发展规划、地区（市）级旅游业发展规划和县（市）级旅游业发展规划等。

地方各级旅游业发展规划均依据上一级旅游业发展规划并结合本地区的实际情况进行编制。

二、旅游发展规划的框架结构

旅游发展规划应正确评估该地区的旅游业发展，在旅游市场需求和旅游供给之间对应分析的基础上提出科学的对策与合理的建议。旅游发展规划的框架结构可用图9-1表示。

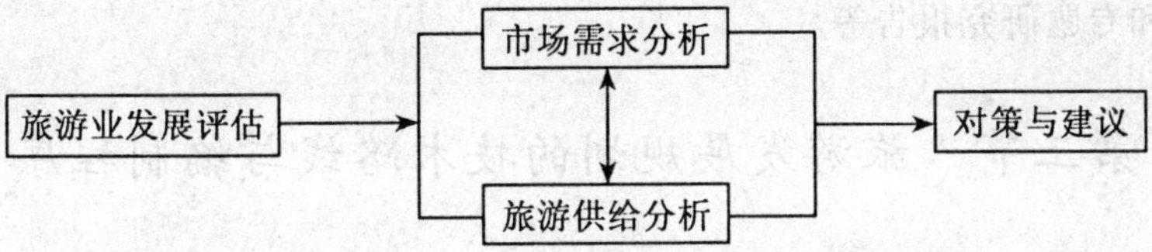

图 9-1

第二节　旅游发展规划编制的要求与成果

一、旅游发展规划编制的要求

旅游发展规划编制要以国家和地区社会经济发展战略为依据，以旅游业发展方针、政策及法规为基础，与区域经济发展规划、城市总体规划、土地利用规划相适应，与其他相关规划相协调。

（1）旅游发展规划编制要坚持以旅游市场为导向，以旅游资源为基础，以旅游产品为核心，以旅游企业为主体，以产业政策为保障，实现经济、社会和环境效益协调发展为指导方针。

（2）旅游发展规划编制要突出地方特色，注重区域协调，强调区域旅游一体化发展，避免近距离不合理的重复建设，加强对旅游资源的保护，减少对旅游资源的破坏和浪费。

（3）旅游发展规划编制鼓励采用先进方法和技术。编制过程中应当进行多方案的比较，并征求各有关行政管理部门的意见和公众的意见。

（4）旅游发展规划编制工作所采用的勘察、测量方法与图件、资料，要符合相关国家标准和技术规范。

（5）旅游发展规划技术指标，应当适应旅游业发展的长远需要，具有适度超前性和战略指导性。

（6）旅游发展规划编制人员的组成，应有比较广泛的专业构成和合理的知识结构，如有旅游、经济、市场营销、资源、环境、地理、城市规划、建筑、园林、文史等专业人才。

二、旅游发展规划的成果

旅游发展规划成果包括规划文本、规划说明书、规划图表及附件。规划图表包括区位分析图、旅游资源分布及开发现状图、旅游客源市场分析图、旅游分区图

（旅游空间布局图）、旅游交通图、旅游业发展目标图表等。附件包括规划说明、基础资料和专题研究报告等。

第三节　旅游发展规划的技术路线与编制程序

一、旅游发展规划的技术路线

（1）旅游规划的立项（可行性论证，编制规划任务书）。

（2）选定规划编制者（选择合适的方式，签订协议书或合同）。

（3）组建规划机构与班子（成立规划编制领导小组，组建规划班子，由多学科成员组成）。

（4）编制规划工作计划（规划任务目录、人员分工、日程安排和实地考察路线、拟订需要甲方提供的基础资料和地形图等图件的清单）。

（5）编制纲要成果。

（6）规划初稿（汇报、修改）。

（7）规划送审稿。

（8）规划评审。旅游规划的评审采用会议审查方式。规划成果应在会议召开5日前送达评审人员审阅。旅游规划的评审，需经全体评审人员讨论、表决，并有3/4以上评审人员同意方为通过。评审意见应形成文字性结论，并经评审小组全体成员签字。旅游规划评审组由7人以上组成（由旅游、资源、环境、经济、城市规划、工程建筑、园林或景观设计等方面的专家和相关部门管理官员共同组成）。其中行政管理部门代表不超过1/3，本地专家不少于1/3。规划评审小组设组长1人，组长人选由委托方与规划评审小组协商产生。

（9）规划修改完善并上报实施。旅游规划文本、图件及附件，经规划评审会议讨论通过并根据评审意见修改完善后，由委托方按有关规定程序报批实施。

二、旅游发展规划的编制程序

（一）任务确定阶段

1. 委托方确定编制单位

委托方应根据国家旅游行政主管部门对旅游规划设计单位资质认定的有关规定确定旅游规划编制单位。通常有公开招标、邀请招标、直接委托等形式。

公开招标：委托方以招标公告的方式邀请不特定的旅游规划设计单位投标。

邀请招标：委托方以投标邀请书的方式邀请特定的旅游规划设计单位投标。

直接委托：委托方直接委托某一特定规划设计单位进行旅游规划的编制工作。

2. 制定项目计划书并签订旅游规划编制合同

委托方应制定项目计划书并与规划编制单位签订旅游规划编制合同。

（二）前期准备阶段

1. 政策法规研究

对国家和本地区旅游及相关政策、法规进行系统研究，全面评估规划所需要的社会、经济、文化、环境及政府行为等方面的影响。

2. 旅游资源调查

对规划区内旅游资源的类别、品位进行全面调查，编制规划区内旅游资源分类明细表，绘制旅游资源分析图，具备条件时可根据需要建立旅游资源数据库，确定其旅游容量，调查方法可参照《旅游资源分类、调查与评价》（GB/T18972—2003）。

3. 旅游客源市场分析

旅游客源市场是指旅游区内某一特定旅游产品的现实购买者与潜在购买者。在对规划区的旅游者数量和结构、地理和季节性分布、旅游方式、旅游目的、旅游偏好、停留时间、消费水平进行全面调查分析的基础上，研究并提出规划区旅游客源市场未来的总量、结构和水平。

4. 对规划区旅游业发展进行综合分析

对规划区旅游业发展进行竞合性分析，确立规划区在交通可进入性、基础设施、景点现状、服务设施、广告宣传等各方面的区域比较优势，综合分析和评价各种制约因素及机遇。

（三）规划编制阶段

（1）规划区发展目标与战略定位。在前期准备工作的基础上，确立规划区的发展目标与战略定位，包括总体目标、发展战略、发展方针、旅游产业定位、旅游产品定位和旅游主题形象定位等。

（2）确立规划分期及各分期任务和发展目标。

（3）对旅游产业发展作出安排，提出旅游产品及设施的开发思路和空间布局。

（4）确立重点旅游开发项目，确定投资规模，进行经济、社会和环境评价。

（5）提出规划实施的措施、方案和步骤，包括政策支持、经营管理体制、宣传促销、融资方式、教育培训等。

（6）撰写规划文本、说明书和附件的草案。

（四）征求意见阶段

规划草案形成后，原则上应广泛征求各方意见，并在此基础上，对规划草案进行修改、充实和完善。

第四节 区域旅游发展战略的理论基础与区域旅游开发类型

一、区域旅游发展战略的理论基础

确定一个区域的旅游发展战略可以这样考虑：以旅游资源为基础，认真研究一个区域的区位条件和区域经济发展背景，从而拟订这个区域的旅游发展战略。

（一）旅游资源决定区域旅游的吸引向性和旅游活动层次

旅游资源的吸引向性可分为三重结构：国际海外向性、全国向性、本地向性，且相互重叠。

旅游资源的吸引向性主要是由旅游资源的质量和性质决定的，旅游资源的级别越高，其吸引向性结构越复杂，吸引力和吸引范围就越大，并且这种吸引力随着距离的增加而递减（受距离衰减规律的制约）。

旅游活动的行为层次（如观光旅游、文化旅游），一方面依赖人的价值观念和经济发展水平，另一方面还取决于旅游资源的性质与价值。

正确地确定区域的旅游吸引向性和旅游活动行为层次，有利于统筹规划，制定正确的发展战略，以促进旅游业的发展。

（二）区位条件决定区域的可进出性和门槛的游客量

区位条件（地理位置）主要是指一个区域是否接近中心城市、交通干线和人口密集区，它往往决定一个区域的可进出性和门槛游客量（指一个旅游区的最低的旅游人数保有量）。

正确地把握门槛游客量有助于各旅游区在制定区域旅游发展战略中合理安排开发规模，以减少投资风险。

（三）区域经济背景直接影响投资能力和开发规模

区域经济的发达程度，直接影响到旅游地建设的投资能力、开发规模与方向、旅游产业的发展品质。

如深圳经济发达，用大量投资搞人造景观（“绵绣中华”、“世界之窗”、“民俗文化村”等）的办法来发展旅游业；而四川则因经济条件的限制，许多丰富的旅游资源（国家级旅游资源居全国第二位）未能得到很好开发。因此，经济背景条件也是区域旅游发展战略中应考虑的重要因素。

此外，客源市场条件也应作为区域旅游开发的重要因素加以考虑，它决定着区域旅游开发的可能性。

二、区域旅游开发的类型

根据旅游资源价值高低、区位条件优劣、区域经济背景好坏等，可以把区域旅游发展划分为以下四种类型：

（一）资源价值高，区位条件优，区域经济背景好

这类地区旅游资源量多质高，地理位置优越，交通发达，可进出性好，客源充足，经济发达，是旅游开发最理想的地区，应优先发展和全方位开发。如北京、南京、苏州、杭州等地属于这类地区。

（二）资源价值高，区位条件较好，区域经济背景差

这类地区旅游资源非常丰富，对游客的吸引力较大，区内交通比较方便，可进出性较好，但区域经济较落后，旅游开发的最大问题是资金短缺。对这类地区可采用国家扶持，或引进外资，适当超前开发，把旅游业的发展作为振兴地方经济的生长点。如湖南的张家界，安徽的黄山等地属于这类地区。

（三）资源价值高，区位条件劣，区域经济背景差

这类地区旅游资源非常丰富，并且具有很大的神秘性（因区位偏僻而鲜为人知），对游客有很大的吸引力，但由于位置偏僻，交通比较闭塞，加上经济条件落后，发展旅游业困难重重，不过发展潜力巨大，对这类地区主要是采取保护性开发（伺机发展）和适当超前开发等措施，并通过旅游者的“示范效应”更新和提高本地居民的思想文化观念、商品经济意识。这类地区如九寨沟、香格里拉、丽江、泸沽湖以及三江并流等地。

（四）资源价值低，区位条件优，区域经济背景好

这类地区的旅游资源比较贫乏，发展旅游业的先天条件与潜力都不足，但地处交通要地，人口稠密且流动量较大，区域经济发达，旅游需求量大。这类地区的旅游开发应充分利用区位条件好、区域经济发达的优势，扬长避短，建设人造旅游景观（如深圳建“锦绣中华”等），或恢复历史上有名但已被毁的名胜古迹（如武汉重修黄鹤楼，南昌重修滕王阁等），积极开发新的旅游资源，从而发展旅游业。如武汉、郑州、南昌、石家庄、深圳、珠海等地属于这类地区。

第五节　旅游发展战略的制定

一、制定发展战略的依据

制定发展战略的依据即是对规划区现状和趋势的客观分析。具体包括：本地旅游发展的综合条件，旅游产品的竞争力，社会对旅游产品的需求，竞争的优劣势，

旅游业发展的外部环境和机遇，旅游发展趋势和旅游需求趋势，地方社会经济发展对旅游业的要求，现有政策和策略的有效性分析，战略目标的指标选择和指标依据的科学性分析。

二、指导思想

旅游发展战略应体现指导性、科学性、综合性、效益性、预见性的指导思想。如《宜昌市点军区旅游业发展总体规划》确立的指导思想是：坚持发展科学化、区域一体化、产业互动化、城市旅游化、旅游产业化、产品特色化等六大战略，按照“一城两核四区”旅游空间布局，大力发展都市休闲产业和乡村休闲产业，高起点规划设计，高标准施工建设，高品位塑造形象，高效能强化管理，促进传统旅游向人文旅游、休闲旅游转变，建成宜昌城市旅游拓展地、夷陵历史文化传承地、水电旅游名城形象地、三峡最佳休闲旅游地，整体提升宜昌城市的水电旅游形象和宜昌城市的可识别性，使旅游业成为点军区国民经济的引爆型支柱产业。

三、发展原则

发展原则是旅游发展行为所依据的准则，应是切关宏旨的东西（如可持续发展，以人为本等），与指导思想有所区别。

《宜昌市点军区旅游业发展总体规划》明确的五个发展原则是：①坚持科学发展观的原则。遵循以人为本、全面、协调、可持续发展，统筹协调旅游业发展与国民经济发展、社会和谐构建、新农村和新城区建设的关系，增强全区旅游业发展的协调性和持续力；②坚持区域旅游一体化的原则。突出后发优势和文化特色，统筹规划，合理布局，立足宜昌，融入三峡，资源共享，产品互配，客源互流，管理互动，有所为有所不为，增强全区旅游业发展的整体性和拓展力；③坚持旅游特色取胜的原则。以优势资源为基础，以客源市场为导向，以王牌产品为核心，以特色文化为灵魂，以旅游管理为保障，以供给引导需求，以智慧创造财富，增强全区旅游业发展的独创性和竞争力；④坚持大旅游产业发展的原则。推进旅游业与城建、商业、农业、工业、文化、交通等相关产业的互动与融合，延伸产业链，形成产业群，发展大旅游，建设大产业，增强全区旅游业发展的联动性和凝聚力；⑤坚持政府引导发展的原则。政策引导，市场主导，企业主体，社会参与，部门配合，全方位开放旅游市场，营造优良的旅游创业环境，创新项目融资和运作机制，做大做强旅游企业，增强全区旅游业发展的活力。

四、发展模式

旅游发展模式的选择应建立在旅游发展突破口和主导旅游业发展的战略抉择

上，与旅游发展观、价值观和宏观环境密切相关。如国家“十五”计划确立“大力发展入境旅游，积极发展国内旅游，适度发展出境旅游”，实施“政府主导”旅游发展模式，进一步提升了政府主导发展旅游业的职能；“十一五”计划调整为“全面发展国内旅游，积极发展入境旅游，规范发展出境旅游”，并实施“和谐旅游”发展模式，旅游业因符合构建以人为本、循环经济、资源节约、环境友好型和谐社会的国策取向，将全面释放旅游业促进社会和谐新功能。

五、战略目标

旅游发展战略目标包括总体经济目标和发展水平、机制目标、产品目标、结构目标等。如宜昌市提出“建设三峡最佳旅游目的地城市、中国最佳（观光）旅游城市、世界水电旅游名城”总体目标，到2010年接待国内外游客达到1250万人次，旅游业总收入突破100亿元，形成“党委领导、政府主导、标准引导、市场主体”的发展机制，打造长江三峡高峡平湖精华游等七大精品线路和中国宜昌长江三峡国际旅游节等十大精品节事活动，形成旅游六要素协调发展、旅（游）工（业）农（业）商（业）文（化）城（建）交（通）统筹发展的大旅游产业发展格局。

六、战略定位

旅游战略定位就是在分析区域的旅游现状和展望未来的基础上，回答“我是谁？我目前处于什么样的位置和状态？我向何处去？”等问题，按照唯一性、排他性、权威性的原则，因地、因时制宜地找到区域旅游发展的个性、位置、方向与灵魂。如2007年王志刚工作室对长江三峡区域旅游总体战略定位是：“东方黄金休闲走廊，峡江文化体验胜地。”

七、战略重点

基于旅游业发展的SWOT分析，围绕旅游发展战略目标的实现，明确规划区发展旅游业的优势和弱项，发挥竞争优势，解决旅游产业“水桶短板”（弱项），据此选择旅游发展战略突破口。

如宜昌选择三峡大坝、江南新区、西陵峡口、夜间旅游、度假旅游、漂流产品作为新时期实现转型增效的六大突破口。抓热点，谋大策，促进大坝旅游彰显新功能；抓增点，拓空间，促进城市旅游出现新格局；抓节点，出新招，促进西陵峡口呈现新局面；抓难点，破难题，促进夜间旅游凸显新生机；抓拐点，促转型，促进度假旅游出现新转机；抓亮点，建品牌，促进漂流产品产生新经济。

八、政策和策略建议

在区域旅游发展战略的制定中，应对区域发展旅游的政策和策略提出建议。如旅游规划组在研究三峡国际旅游目的地时提出八个方面的建议，突出解决三峡旅游“公地悲剧”，共建长江三峡国际旅游目的地和生态旅游示范区：

(1) 建议国家旅游局将长江三峡作为中国建设世界旅游强国最有代表性的国际旅游目的地予以重点建设，尽快研究制定《长江三峡国际旅游目的地建设与管理实施方案》。

(2) 鉴于三峡地区的行政区划实际，建议国家旅游局牵头成立长江三峡区域旅游发展协调委员会，并尽快出台《长江三峡区域旅游发展管理条例》，加强三峡地区的依法治旅力度。

(3) 建议国家发改委、财政部、国家旅游局和地方政府设立长江三峡旅游发展基金，结合三峡库区移民新农村建设，推进三峡旅游移民示范区建设，建立三峡地区移民旅游培训机制，探索旅游开发式移民的新模式。

(4) 建议国家环保总局和科研机构加强三峡库区消落带治理和库区生态环境建设方案的研究，有效解决长江三峡旅游的视觉污染问题。

(5) 建议国家交通部和旅游局联合研究并出台三峡游船建设标准、国内游船质量标准和服务标准，加强三峡游船标准化建设和编队式管理。

(6) 建议湖北省和重庆市进一步推进三峡区域旅游经济的实质性合作，联合编制《长江三峡区域旅游合作规划》，重点在长江三峡国际旅游目的的品牌建设、资源开发、形象推广、市场营销、交通对接、产品整合、行业监管等领域的合作，把旅游业培育成为三峡库区国民经济的第一支柱产业。

(7) 建议发挥武汉旅游交通枢纽和客源输出地优势，以宜昌为旅游集散地，以“一坝两江”（三峡大坝、长江三峡和清江）为核心吸引物，实行武汉与宜昌（三峡）交通互动、产品互动、市场互动、营销互动、管理互动等旅游发展对策。

(8) 鉴于三峡坝区的特殊性，建议长江三峡开发总公司和地方政府在规划开发坝区旅游的同时，应突破坝区红线发展旅游，编制《长江三峡坝库区旅游发展控制性规划》，有效整合坝区周边旅游资源，让更多的坝区移民从旅游业中受益；待条件成熟的时候，可组建三峡坝区（含周边四个乡镇）旅游经济开发区，成立旅游经济管理委员会，统一规划开发和经营管理。

第六节　旅游发展规划的具体内容与重点解决的问题

旅游发展规划主要是从宏观、长远的角度，对旅游业在该地区的经济地位、发展方向与导向、客源市场、旅游开发的总体布局、行业与部门的综合配置、规划期限、项目开发的时序、投资效益、政策与法规等重大问题作出明确规定，成为政府部门宏观调控和项目建设的依据。旅游发展（战略、总体）规划的制定应根据各地区的具体实际情况，因此各个规划差别较大。

一、旅游发展规划的具体内容

国家旅游局提出的《旅游规划通则》规定旅游发展规划的内容包括：

（1）全面分析规划区旅游业发展历史与现状、优势与制约因素，以及与相关规划的衔接。

（2）分析规划区的客源市场需求总量、地域结构、消费结构及其他结构，预测规划期内客源市场需求总量、地域结构、消费结构及其他结构。

（3）提出规划区的旅游主题形象和发展战略及定位。

（4）提出旅游业发展目标及其依据。

（5）明确旅游产品开发的方向、特色与主要内容。

（6）提出旅游发展重点项目，对其空间及时序作出安排。

（7）提出要素结构、空间布局及供给要素的原则和办法。

（8）按照可持续发展原则，注重保护开发利用的关系，提出合理的措施。

（9）提出规划实施的保障措施。

（10）对规划实施的总体投资分析，主要包括旅游设施建设、配套基础设施建设、旅游市场开发、人力资源开发等方面的投入与产出方面的分析。

二、旅游发展规划应重点解决的问题

一般而言，旅游发展规划着重要解决的问题包括：

（一）旅游经济在该地区整个经济中的地位

主要是根据该地区的旅游资源、市场需求、旅游发展现状与地位（占 GDP 的比重）、地区的经济发展形势诸方面进行综合分析得出结论。

（二）旅游供给和旅游市场、旅游开发导向、旅游发展方向和总体布局

旅游业的发展取决于两大因素：旅游供给和旅游市场（需求）。旅游供给包括旅游资源和为旅游服务的各种物质条件和人力资源。旅游市场可以划分为国内市场、港澳台市场和国外市场。

开发导向：资源导向（早期观念，只看重旅游资源而忽视市场需求，旅游产品必将被旅游者冷落）→市场导向（后来的观念，只强调市场需求，而忽视资源特点与地位，难免导致旅游开发项目雷同，失去自己的资源优势）→资

源—市场二元导向（偏重经济效益，忽视综合效益）→资源—市场—文化并重的三元导向（统筹兼顾，可持续发展）。旅游开发导向有一个随着社会发展而逐步演进的过程。

在确定旅游发展方向时，应遵循以下原则：①重点优先。优先开发那些最有垄断性、竞争力的旅游资源，防止全面开花，分散力量；②客源市场导向。根据各自的旅游资源和区位条件来确定自己的主要客源市场和开拓对策，并根据旅游市场形势的变化，进行旅游项目的调整。

旅游总体布局包括旅游景区景点的布局、旅游企业的布局、相关行业和部门的布局，以及入境口岸、交通运输等布局。

三、全面考虑旅游业内部和各种有关行业以及部门的综合配置

我国旅游行业涉及30多个产业和部门，因而在制定旅游规划时，应全面考虑旅游业内部和各种有关行业以及部门的综合配置。特别应注意旅游业与农业、工业、商业、交通运输业等产业和文化、教育、城市建设等部门的互动与融合。

旅游的“六大要素”（行、食、宿、游、娱、购）涉及旅行社、饭店或宾馆、交通、通讯、旅游景点、旅游商店、文体设施，以及文化、教育、保险、医疗、检疫、银行、海关、公安、法律等。旅游发展战略规划应根据需要和可能对这一切有关的行业和部门进行综合配置和整合，使之形成合理的结构与规模。否则，短缺方面必将成为“瓶颈因素”（或产生“水桶效应”），限制效益的发挥。

四、规划期限、项目开发顺序和投资效益

每个规划都应明确本规划对实施期限的设想，可分为近期（3～5年），中期（5～10年）和远期（10～15年），应明确提出旅游项目开发建设的时序。对近期项目，应说明投资数额并进行经济效益的分析预测。

五、制定有关政策和法律法规，确立旅游发展保障体系

旅游业发展的事实越来越提醒人们，必须强化政府的职能作用。20世纪90年代末，我国明确地提出了政府在旅游发展中的主导作用问题，要求加大政府的宏观控制，要求通过立法手段推进旅游业的健康发展。政策和法律将会有效地体现社会发展的基本利益，以保证规划切实符合社会需要；同时也极有利于协调所涉及的各个方面的关系，以有力地保障规划的实施。

此外，旅游产业与产品发展规划，区域旅游形象定位与市场营销策略，旅游环境保护等也是旅游发展规划应解决的问题。

我国各地的旅游发展规划在20世纪80～90年代已经基本完成，现主要是进行修编和完善。

复习思考题

1. 简述旅游发展规划编制的基本要求和基本程序。
2. 简述区域旅游发展战略的理论基础与区域旅游开发类型。
3. 讨论你所在地区的旅游发展定位或旅游发展战略问题。

案例

《宜昌市旅游发展总体规划》(2005—2025年) 纲要

《宜昌市旅游发展总体规划》共分为六部分二十二章。

第一部分“基础分析”包括总纲，旅游业发展背景，旅游业发展态势分析，旅游资源评价（宜昌市拥有旅游资源747处），旅游市场分析。

旅游规划编制背景：宜昌市面临中国旅游进入黄金发展时期，三峡旅游空间格局发生新的变化，湖北省旅游发展战略重点调整，宜昌市三次党代会提出的建设世界水电旅游名城的战略目标等众多外部发展机遇与变革，需要重新调整旅游业发展总体规划，以动态的观点和广阔的视野指导旅游业的发展。

第二部分“目标战略”包括目标与定位，总体战略。

总体目标：将宜昌建设成三峡旅游最佳旅游目的地城市、中国最佳（观光）旅游城市和国际知名旅游城市、世界水电旅游名城。具体分为近期（2005—2010年）、中期（2011—2015年）、远期（2016—2025年）三个阶段实施。

总体战略：产品综合化战略、品牌个性化战略、服务国际化战略、区域一体化战略、城市游憩化战略、大旅游产业（化）带动战略。

第三部分“分项规划”包括旅游空间结构与功能布局，旅游形象策划，旅游产品规划，市场营销规划。

旅游空间结构：一极（包括宜昌都市旅游核心区和宜昌环城休闲游憩带两个空间层次），三轴（宜昌长江三峡旅游发展轴、宜昌清江旅游发展轴、宜昌三国文化旅游发展轴），六区（都市观光旅游片区、长江三峡高峡平湖旅游片区、“两坝一峡”旅游片区、当阳—远安三国文化—丹霞山水旅游片区、清江民俗风情与生态旅游片区、香溪屈原—昭君—神农旅游片区）。

旅游形象：金色三峡，银色大坝，绿色宜昌。

旅游产品规划：八大旅游产品组团（都市观光旅游产品组团、长江三峡高峡平湖旅游产品组团、“两坝一峡”旅游产品组团、三国文化观光旅游产品组团、清江民俗风情体验旅游产品组团、香溪文化生态观光旅游产品组团、五峰生态旅游产品组团、当阳—远安—丹霞山水休闲度假旅游产品组团)，三大核心旅游品牌（金色三峡国家地质公园生态科考旅游、银色大坝生态观光旅游、绿色宜昌都市观光旅游)，七大精品旅游路线（高峡平湖三峡精华游、环坝双神游、“两坝一峡”游、清江风情游、三国遗迹游、屈原—昭君—神农游、宜昌都市游)。

市场营销规划：海外市场（重点市场是美、英、德客源市场，拓展市场是港澳台、日韩和东南亚客源市场)；国内市场（重点市场是湖北及周边省市客源市场——重庆、四川、湖南、河南，拓展市场是京津唐、长江三角洲和珠江三角洲等经济发达地区)。

第四部分“旅游要素规划”包括旅游住宿业规划，旅游餐饮业规划，旅行社业发展规划，旅游商品开发与购物服务规划，旅游文化娱乐规划，旅游交通规划。

第五部分“大旅游产业规划”包括旅游业与相关产业（如农业、工业、商业、交通运输业、城市建设事业、文化产业、教育事业等）的融合、统筹发展。

第六部分“实施保障”包括目的地统筹治理规划，旅游人力资源开发规划，生态旅游与可持续发展规划，安全防灾与危机管理。

问题讨论

试对《宜昌市旅游发展总体规划》(2005—2025 年）纲要进行简要评价。

第十章　旅游区（地）规划的层次与基本类型

旅游区（地）规划按规划层次分总体规划、控制性详细规划、修建性详细规划等基本类型。旅游区（地）在开发、建设之前，原则上应当先编制总体规划，然后编制控制性规划，最后编制修建性详细规划。

第一节　旅游区（地）总体规划

一、旅游区（地）总体规划的概念

旅游区（地）总体规划是指为了开发、利用、保护和经营管理旅游区，使其发挥多种功能和作用而进行的各项旅游要素的统筹部署和具体安排。简单地说，旅游区（地）总体规划是为某一特定空间或项目而制定的全面规划。较之旅游战略规划，旅游区（地）总体规划所涉及的地域范围相对较小，一般规划期限也较短。对于旅游区近期的发展布局和主要建设项目，应作出近期规划，期限一般为3年左右。其规划内容具体、详细，必须具有较大的可操作性。

旅游区（地）总体规划的主要任务是分析旅游区客源市场，确定旅游区的主题形象，划定旅游区的用地范围及空间布局，安排旅游区基础设施建设内容，提出开发措施。

二、旅游区（地）总体规划的步骤

政府或企业在兴建旅游项目之前，须首先做可行性研究。

项目的可行性确定之后，关键问题则是制定旅游总体规划。此时须委托旅游规划机构或由不同学科专家共同组成的规划组，承担此项工作。可以由一个规划机构和专家组进行，但最好是同时或先后由几个规划机构或专家组进行，分别提出规划方案。尤其重大项目更应采取后一种做法。这样虽然在时间上和投入上所花费的代价高一些，然而却提供了对多种方案加以比较的机会，能从中择优，能有效地提高最终规划的水平，防止失误，其最终结果更为理想。规划承担者在政府或企业的指导和协助下开展工作，并及时同他们沟通，不断修改和完善规划。最后提交规划说明书、文本和必需的图件以及附属资料。

规划说明书与文本完成后由委托者聘请有关专家组成规划评审委员会，对规划进行评审并提出修改建议。若该规划方案被评审组通过了，原规划组再根据评审委员会的建议加工修改，形成最后的规划；若此项规划未能通过评审，则应责成原规划组重新进行规划，或组建新的规划组重新进行规划。如果属于同时或先后组织了不止一个规划，更需对各规划进行分析比较，从中选出较为满意的方案，以其为基础，吸收其他方案的可取之处，形成最为理想的规划。

规划通过后，将规划呈报政府或企业董事会，经批准后实施。有关主管部门随时监督规划的实施情况，在必要的时候，会同规划组对规划的某些部分加以调整。

三、旅游区（地）总体规划的主要内容与重点解决的问题

（一）旅游区（地）总体规划的具体内容

国家旅游局制定的《旅游规划通则》规定旅游区（地）总体规划的内容主要包括：

（1）对旅游区的客源市场的需求总量、地域结构、消费结构等进行全面分析与预测。

（2）界定旅游区范围，进行现状调查和分析，对旅游资源进行科学评价。

（3）确定旅游区的性质和主题形象。

（4）确定规划旅游区的功能分区和土地利用，提出规划期内的旅游容量。

（5）规划旅游区的对外交通系统的布局和主要交通设施的规模、位置；规划旅游区内部道路系统的走向、断面和交叉形式。

（6）规划旅游区的景观系统和绿地系统的总体布局。

（7）规划旅游区其他基础设施、服务设施和附属设施的总体布局。

（8）规划旅游区的防灾系统和安全系统的总体布局。

（9）研究并确定旅游区资源的保护范围和保护措施。

（10）规划旅游区的环境卫生系统布局，提出防止和治理污染的措施。

（11）提出旅游区近期建设规划，进行重点项目策划。

（12）提出总体规划的实施步骤、措施和方法，以及规划、建设、运营中的管理意见。

（13）对旅游区开发建设进行总体投资分析。

（二）旅游区（地）总体规划应重点分析与解决的问题

一般而言，旅游区（地）总体规划着重要解决的问题（或规划说明书与文本的主要内容）包括：

1. 当地自然、社会状况分析

包括自然条件、历史沿革、居民的民族构成、社会经济状况、环境质量、自然灾害及地方性疾病等。应对该地最主要的特征部分加以较详细的阐述，涉及旅游项目需要时，更需在某些方面提供非常详细的、系统的材料，例如，在自然条件方面，最基本的要素是地形、地质、气候、水文、动植物等；若属自然保护区，则应对其保护区建立历史、动植物品种、重点保护物种等详加阐述；若是少数民族地区，则应对有关少数民族在本地区发展的历史、人数、生活习俗等加以必要介绍；还应提供本地社会经济发展水平的主要数据，如国民生产总值、产业结构、人均收入和消费结构等。

2. 周围旅游业及其有关方面的状况分析

包括本地及附近地区已建、在建和计划兴建的旅游项目的性质、规模、经营状况、社会反映等，包括同旅游有关的各种基础设施和服务设施的规模、等级或档次、经营状况等。这方面的状况对分析很可能出现的旅游业竞争态势极为重要，对旅游项目创意有直接影响。

3. 规划范围

包括面积和边界等。此范围多由委托方提出，有时为了旅游发展的需要，规划者也可提出建议同委托方协商，加以必要的调整。在涉及生物保护，特别是野生动物保护问题时，规划范围和各功能区范围必须考虑生物生存需要，不能过小。一般情况下，范围每缩小 1/2，动物种类可能将减少为原来的 1/4。

4. 规划依据和原则

规划依据包括中央和地方对该地的各种有关政策规定，特别是与该地主要旅游资源相关的政策和对该地旅游发展方向有关的决定、决议。规划者须充分领会有关要求，最后确定对该地进行规划所应遵循的原则。一般要坚持保护资源与环境的原则、发挥优势原则、突出个性原则、因地制宜原则、最大效益原则、以人为本原则等。

5. 旅游资源状况和评价

包括旅游资源的种类、数量、分布、组合及评价等，从而确定该地旅游资源的优势和开发方向及顺序，明确本旅游地的性质。这是旅游规划开发的基础。

6. 客源市场分析

根据旅游资源特点、旅游项目创意和对旅游业竞争态势的分析，明确旅游地的主要客源市场目标，包括客源市场范围、客源地、客源规模及结构和消费水平。尤其首先要明确主要客源市场是国内市场还是海外市场。客源市场分析将直接涉及旅游接待设施和旅游服务项目规划。反之也对旅游项目创意发生影响，有时须根据客源市场分析对旅游项目创意做部分调整。

7. 旅游规划开发方向和旅游项目创意

这是旅游规划的关键部分。根据本地旅游资源状况、市场预测、旅游业竞争态势、规划目标，首先需确定旅游规划开发方向，即最终要实现的旅游体验类型，例如是观光型、娱乐型、知识（科普）型、文化型，还是度假型……一般要避免在同一地区出现性质和内容很相近的旅游项目。然后提出能够充分达到此一类型旅游体验并充分发挥旅游资源优势的旅游项目。现今，应尽可能既满足观赏的需要，又有足够的参与性项目，要提高其文化内涵和品位，要注意对新科技的运用。旅游项目创意是最能体现规划者水平的部分，也是最花费心血的方面。旅游项目创意直接关系到旅游项目的经济和社会效益，对产品生命周期的长短有决定性影响。人称旅游业为“点子行业”，而“点子”最集中地体现在旅游规划开发方向和旅游项目创意中，所以此项内容是旅游规划的关键和灵魂。

8. 旅游形象策划（CIS）

旅游者面对众多熟悉或不熟悉的旅游目的地时，他们的决策并不完全取决于距离、时间和费用的大小，在前者都有可能实现时，目的地的知名度、美誉度、可满足度所构成的总体吸引力将是其中的决定性因素。旅游目的地的形象，正是这种总体因素的最简明、具体、生动的体现。在CIS设计广泛运用的今天，旅游目的地的形象构建就成了旅游目的地开发、建设和推广中必不可少的事情。因此，旅游区（地）总体规划应重视旅游区（地）的旅游形象定位与策划问题。形象定位的最终表述，往往以一句主题口号加以概括。口号是旅游者易于接受的，了解旅游地形象最有效的方式之一。它用精辟的语言、绝妙的创意，构造一个富于吸引魅力的旅游地形象，产生出强烈的广告效果。旅游形象策划是旅游规划中的“出彩”部分，应在旅游规划工作中高度重视。

9. 景区和功能区划分

包括各景区的范围、特点、旅游项目的组织、旅游容量、功能区的作用、各景区之间的隔离及通联、本旅游点内外的游览路线组织等。景区的划分以及其旅游容量取决于自然环境和旅游项目。应力求每个景区（组团）各有特点。在自然风景区内，其景区间有一定的隔离，以避免一览无余和互相干扰。可利用地形、树木、建筑物等实现隔离要求。

10. 基础设施和旅游接待设施规划

包括旅游接待设施、生活和商品流通供应、给排水、供电、邮电通讯、医疗卫生、防灾系统等的规模、档次。其规模和档次取决于旅游容量和预计客源数量及其消费水平。建筑风格要同旅游地性质相一致。建筑在样式上应具有特色。在自然风景区内，其体量上宜小不宜大，布局上宜“藏”不宜“露”。在容积率（建筑面积/总面积）上必须低于城市，越是高档游览区和度假区，其容积率应越低。要防止旅游区建设出现城市化、公园化的倾向，反对将度假区开发房地产化。

11. 交通规划

包括对外交通系统和区内交通系统两部分。多数旅游地的对外交通依靠原有交通系统，故规划重点在区内交通。

旅游地内的交通以游人为主要服务对象，兼顾区内居民（如果有居民）和旅游经营需要，因而其规划应同城市交通规划有明显区别。

（1）游路布局。应有主要游览路线能够便利地通达各景点，保证使大多数游人能够充分领略该旅游地的精华部分。又应有与之相衔接和交叉的次要路线，组织成大小不一的环形或“8”字形，以供游人根据个人情况自由选择，并避免走重复路线。其总布局应避免布线过于平直，充分利用山丘、河流等自然条件，使得通道有适当的起伏和弯曲，以获得移步换形之妙，让通道形成最佳游览路线。

（2）道路和交通方式。力争多样化，并互相配合，以使交通方式本身也具有旅游体验性质。可以采用步行道、登山道、桥梁、丁步、索道、缆车、轻轨电动火车、电瓶车、机动游船、人力游船、自行车、牲畜以及其他富于地方或民族特色的特种交通方式等。

（3）与环境和谐一致。交通建设需要往往同环境保护要求出现很大矛盾。应以保护景观特色不受破坏、其他游人的活动少受干扰为前提条件。合理、充分地利用原有地形的配置关系和起伏变化（例如傍水者应路基低而不被水浸为好，盘山者应以有自然野趣为好），尽量使其起到隔景、障景、引景作用而增强景观的欣赏价值，要加强沿线的绿化与美化。

在选线和交通方式的选择上采取谨慎的态度，尽可能将对地形和植被的破坏减少到最低限度，与本景点无关的道路，尽可能与景点保持一定距离。对不可避免的破坏，也应采取加强绿化等方法使其及早减少或消除对景观的不利影响。

对是否修建索道问题应格外慎重，必须进行充分论证，高级别的景点景区尤其如此。即使确定了要修建索道，对其选线亦须反复考察，应避开主要观赏对象，力争将对景观的影响减少到最低限度。

（4）尽可能减少“瓶颈现象”。即减少因某个路段过于狭窄而阻塞交通的现象，保证游人能够“进得去，散得开，出得来”。避免出现安全事故。

（5）注意路线的组织结构。其组织结构应从游人的心理出发，和其他因素配合，使之形成序幕—发展—高潮—尾声的结构顺序。

12. 绿化规划

包括绿化范围、植物品种等。力求做到利用植物品种的配置突出景区特征，增强季相色彩和丰富林相及层次。绿化为突出各景区特色服务，最好能够兼顾观赏和花卉、果品供应。应避免一般人工林的整齐单调。绿化应多采用本土树种。绿化应与景观小品的建设有机结合。

13. 服务项目规划

包括服务种类、服务方式等。一个成功的旅游地在服务方面当然应当是热情周到的。但应创造自己的特色，包括地方特色、民族特色以及独有的方式，以给游人留下深刻的印象。

14. 管理机构和人员设置

包括管理机构和服务人员数量及其培训等。包括人力资源开发规划。

15. 旅游资源与环境保护和防灾措施

包括不同等级保护区的划分和制定保护措施等。尤其涉及自然保护区和文物古迹，更应提出严格的保护要求，特别是防火、防盗、防偷猎等。环境保护方面须特别注意对“三废”的处理。水上活动旅游景区和漂流旅游景区还要有防洪灾措施。

16. 其他

包括旅游纪念品研制和生产、其他可经营业务问题，以及同本项目有关的方面，如景区内原有居民安置等。

17. 效益分析

包括旅游的经济效益、社会效益、环境效益分析。其中最重要的是经济方面的投入产出分析。包括为实现规划目标所需的投资数量及资金来源、预计可达到的接待游人数量和消费水平、经济效益分析、投资回收期和风险预测等。

最常用的有关经济效益分析的公式有：

（1）纯利润 = 收入 - 成本 - 税额

（2）$投资回报率 = \frac{利润+折旧}{总投资} \times 100\%$

（3）$静态投资回收期 = \frac{1}{投资回报率}$

（4）盈亏平衡点计算公式：

$$保本点营业收入 - 变动成本 - 税金 = 固定成本$$

根据保本点接待数量与规划接待数量的比例，还能够了解到抗风险能力的大小。保本点接待数量除以规划接待数量所得的百分比越小，抗风险的能力越强。

（三）旅游区（地）总体规划的成果要求

1. 规划说明书

旅游规划说明书应内容齐全，体系完整，体例基本符合国家规定的《旅游规划通则》要求，但也不能生搬硬套，要有特色和创新。

2. 规划文本

规划文本是旅游规划说明书的缩写，内容为条款式的，力求简洁明了，主要供领导部门参考。

3. 图件

一般应绘制的图件有：地理区位图，综合现状图，旅游市场（客源）分析图，旅游资源分布与评价图，土地利用现状图，综合（总体）规划图，功能分区及景区划分图，道路交通规划图，绿化规划图，供电和供水、排水规划图，景观效果图等。图纸比例，可根据功能需要与可能确定。图件比例一般应达到 1/2000 ~ 1/5000，图幅大小应达到零号图纸（零号图纸长 1189mm，宽 841mm。1 号图纸在此上长宽各除以 2，值取整数，依此类推）。若规划面积很大，部分图件比例可适当缩小，但力求不小于 1/10000。目前已经有些规划提供了基于地理信息系统（GIS）的交互式多媒体光盘，其中除必要的旅游规划内容以外，还有更为丰富的信息。

4. 其他基础资料

其他基础资料主要是与规划内容相关的调研报告、专题研究报告等。

第二节　旅游区（地）控制性详细规划

一、旅游区（地）控制性详细规划的概念

在旅游区总体规划的指导下，为了近期建设的需要，可编制旅游区控制性详细规划。它是在旅游总体规划获得批准之后，依照总体规划要求，对其近期实施部分，进行更为深入的、完全可操作的规划。控制性详细规划详细规定旅游区内建设用地的各项控制指标和其他规划管理要求，指导旅游区内的开发建设活动。它是综合规划的具体化，是进行工程设计的依据。

二、旅游区（地）控制性详细规划的任务

旅游区控制性详细规划的任务是，以总体规划为依据，详细规定区内建设用地的各项控制指标和其他规划管理要求，为旅游区内一切开发建设活动提供指导。

三、旅游区（地）控制性详细规划的主要内容

（1）详细划定所规划范围内各类不同性质用地的界线。规定各类用地内适建、不适建或者有条件地允许建设的建筑类型。

（2）规划分地块，规定建筑高度、建筑密度、容积率、绿地率等控制指标，并根据各类用地的性质增加其他必要的控制指标。

（3）规定并提出交通出入口方位、停车泊位、建筑后退红线、建筑间距等方

面的要求。

（4）提出对各地块的建筑体量、尺度、色彩、风格等要求。

（5）确定各级道路的红线位置、控制点坐标和标高。

建立旅游区（地）规划控制指标体系是控制性详细规划编制的核心内容。控制性规划指标体系一般包括保护、游赏控制，土地利用控制，环境容量控制，设施配套控制，建筑建造控制，景观环境控制，行动活动控制。

四、旅游区（地）控制性详细规划的成果要求

（1）规划说明书。规划说明书应内容齐全，体系完整，体例规范。

（2）规划文本。规划文本是旅游规划说明书的缩写，主要是供有关部门领导阅读。

（3）图件。包括旅游区综合现状图，各地块的控制性详细规划图，各项工程管线规划图等。图纸比例一般为1/1000～1/2000。

（4）附件（基础资料）。主要是与规划内容相关的环境资料、调研报告、专题研究报告等。

第三节　旅游区（地）修建性详细规划

一、旅游区（地）修建性详细规划的概念

对于旅游区当前要建设的地段，应编制修建性详细规划。

修建性详细规划是从建筑角度对控制性详细规划作进一步深化和细化，用以指导各项建筑和工程设施的设计与施工。它侧重于在某一局部地区或地块内，在总体规划和控制性详细规划的指导下，对该地区或地块的建设方案提出详细的布局与配套建设方案。其落脚点在以指标控制为前提的平面布局规划上。

二、旅游区（地）修建性详细规划的任务与人员素质要求

旅游区修建性详细规划的任务是，在总体规划或控制性详细规划的基础上，进一步深化和细化，用以指导各项建筑和工程设施的设计和施工。

旅游区修建性详细规划的制定者和工程设计者，应具有相当丰富的旅游规划、建筑设计、风景园林方面的专业知识。

三、旅游区（地）修建性详细规划的主要内容

（1）综合现状与建设条件分析。

（2）用地布局。

（3）景观系统与标志系统规划设计。

（4）道路交通系统规划设计。

（5）绿地系统规划设计。

（6）旅游服务设施及附属设施系统规划设计。在旅游服务设施及附属设施系统的建筑设计中，控制建筑开发的几类具体标准包括：开发密度、建筑物高度、建筑物与景观、道路及其他建筑之间的退进关系、容积率、建筑覆盖率、停车位要求、绿化造景、公共进入区、标志控制等。这些标准将根据各地的具体开发原则和当地环境而定。

（7）工程管线系统规划设计。

（8）竖向规划设计。

（9）环境保护和环境卫生系统规划设计。

四、旅游区（地）修建性详细规划的成果要求

（1）规划设计说明书。规划设计说明书应内容实在，各项技术指标科学合理，具有可操作性。

（2）图件。包括综合现状图、修建性详细规划总图、道路及绿地系统规划设计图、工程管网综合规划设计图、竖向规划设计图、鸟瞰图、透视效果图等。图纸比例一般为1/500～1/2000。

旅游区（地）规划除上述三种主要类型以外，还有旅游专题规划（如旅游营销规划、旅游人力资源开发规划、旅游线路规划）等。

复习思考题

1. 试编制某地旅游开发总体规划纲要。
2. 简述旅游区控制性详规的主要内容。
3. 简述旅游区修建性详规的主要内容。
4. 请在网上查阅《旅游规划通则》(GB/T18971—2003)。

案例一

《安徽省淮北市旅游产业发展总体规划》(2009—2020年) 目录

案例二

《湖北省建始县野三河景区旅游总体规划》(2009—2023年) 目录

三、旅游市场定位
四、客源规模与旅游收入预测
第四章　旅游项目总体定位与景区整体布局
一、景区旅游项目总体定位
二、旅游景区的整体布局
第五章　旅游产品开发规划与旅游线路设计
一、旅游产品体系划分
二、旅游产品开发策略
三、旅游产品系列设计
四、旅游产品开发类型与设计内容
五、旅游线路规划与设计
第六章　旅游景区重点项目策划
一、“建始直立人”遗址文化寻踪游览区
二、野三河自然探秘游览区
三、景阳河画廊揽胜游览区
四、黄鹤桥峰林游览区
五、花坪旅游休闲度假区
六、景区重点项目建设时序安排
第七章　旅游形象策划与设计
一、旅游形象策划与设计的前提和应考虑的因素
二、旅游形象定位及设计的基本原则
三、旅游形象定位与宣传设计
四、旅游区旅游形象展示与传播
第八章　旅游市场营销规划
一、旅游景区市场营销战略
二、旅游形象推广与营销策略
三、旅游景区促销策略
四、旅游景区价格策略
五、旅游景区分销渠道策略
六、旅游景区其他营销策略
第九章　旅游基础设施与服务体系建设规划
一、发展目标
二、总体思路
三、规划内容

第十章　景区环境保护与环境优化规划

一、生态环境现状及存在环境问题

二、环境保护规划

三、游客容量测算与控制

四、景区绿化规划

五、景区环境优化规划

第十一章　旅游发展保障体系规划

一、政策法规保障体系规划

二、组织保障体系规划

三、人力资源开发规划

四、经营管理规划

五、资金筹措规划

六、环境生态保障体系规划

七、土地利用规划

八、安全保障体系规划

第十二章　投资估算与投资效益分析

一、编制依据及投资估算

二、收入、费用及投资效益分析

三、项目综合效益评价

第十一章 不同类型旅游区（地）开发规划①

旅游区（地）是旅游业在地域上的基本单位，是旅游规划的重点。

旅游区（地）是含义较为广泛的概念，是环境质量高，景物相对集中，以开展旅游活动为主要功能，并有相应的统一管理机构的地域基本单位，它主要包括风景名胜区、森林公园旅游区、观光农业旅游区、旅游休闲度假区、旅游城市以及主题公园等类型。

不同类型的旅游区（地）的旅游规划在内容和方法上有着较大区别，本章将对主要类型的旅游区（地）的旅游规划进行详细介绍。

第一节 风景名胜区开发规划

风景名胜区是指具有美学价值和科学价值，以风景名胜资源为基础，以开展旅游活动为主要功能的地域。它相当于西方概念的国家公园中的一种主流类型。

到2009年为止，全国已有国家级风景名胜区208个。全国41处世界遗产中，有25处是国家级风景名胜区。此外，全国还有698个省级风景名胜区。

一、风景名胜区的特点

（一）既有大自然美，又有优秀的历史文化

即以具有美感的自然景观为基础，渗透着人文景观美的地域综合体，如泰山、武夷山、长江三峡、杭州西湖、武汉东湖等。

（二）地域空间的法定性

风景名胜区是国家法定的区域概念，是由国家或地方政府批准的，区域范围明确的分级别的地域。其地域范围一旦划定，就有法律效用，有明确的边界，受法律保护。

---

① 本章的部分内容参考了孙文昌主编的《现代旅游开发学》(青岛出版社1999年版）第五章内容。

（三）规模较大，旅游资源丰富而集中

风景名胜区需要有一定的规模相支持，特别是国家级风景名胜区，如泰山风景区为310km^2，黄果树风景名胜区为425km^2。面积最小的也在10km^2以上。规模大，景区（点）多是风景名胜区的一大特点。

（四）涉及面广，综合性、整体性强

由于规模较大，风景名胜旅游区的保护、管理与开发建设涉及面广，需要从整体上出发，综合考虑。

正是因为风景名胜区具有上述特点，为了风景名胜区整体全面发展，风景名胜区主管部门应在所属政府的领导下，会同文物、旅游、农业、林业、水利、交通、邮电、商业、文化、教育等有关部门及专家，组织编制好总体规划和详细规划，经批准后严格执行。风景名胜区开发规划相对于其他旅游开发规划具有很强的综合性、政策性和专业技术性。

二、风景名胜区开发规划中应注意的几个问题

（一）风景名胜区的保护

风景名胜是稀有的自然遗产和文化遗产，建立风景名胜区的首要目的是保护风景名胜及其生存环境（景物、景观、环境、意境等），保护规划是风景名胜区总体规划中最核心的内容。

在风景名胜区总体的规划中，保护与开发的方法主要有：

1. 分区保护与开发

一般将保护区分为三个等级：绝对保护区（区内严格保护风景资源及其环境的原始性或真实性与完整性），严格保护区（指风景资源中能反映风景区特色的供游览的精华地区，以保持景物、景观的长久性为目的），环境保护区（严格保护区的周边地区）。

风景名胜区的保护与开发，关键是实施科学合理的分区模式。分区模式指的是依据生态保护地的自然地理、生态学特征，其所能提供的游憩体验和承载力，以及相关各利益主体的权益等因素对保护地中全部土地进行分类、赋予特定目标后再予以管理的办法。风景名胜研究专家谢凝高教授认为，风景名胜区应搞好功能分区。认为功能分区是风景名胜区开发规划的重要内容，因风景名胜区资源的特点、类型、价值不同，可分为大分区和小分区。

所谓大分区，指风景名胜区之内和之外，主要解决区内外的不同功能，即区内以精神文化和科教功能为主，区外以经济功能为主（可依托城镇作为旅游服务基地）。俗话说："山上游，山下住"，"沟内游，沟外住"，"内景外商"，"内名外利"，都指大分区，大定位。我国大多数风景区皆可运用上述概念。少数大的，个

别特大风景区，因区内原有历史城镇，可以成为本区的旅游服务基地，但因城镇处在区内，并有保护历史文化的任务，故在发展产业上，应有其限制，并与景观环境取得协调。

所谓小分区，即风景名胜区内的小分区，有多种分法，综观国外分区方法，比较适合我国国情的，一般分五个区为宜：

一是生态保育区，面积较大，只对科研工作者开放，不对游人开放，不搞硬开发。

二是特殊景观区，对游人开放，适当建设步行游道、解说系统、观景点（选择自然山石为主，个别可建亭、台），游时游程较长的可建小憩茶饮点，但不建过夜设施。

三是文化遗产保存区，供参观游览，按文物保护法利用，可建防火、灭火等文物保护设施。在不影响其真实性和完整性原则下，可展示遗产的历史文化价值知识，或设休息茶饮，不能新建营业性设施。

四是服务区（游憩区），在大风景区间，除以上三个区之外，在环境容量允许，交通、供水、供电较方便，影响景观较小的地方可建设服务区——游憩区，建设安全、卫生、简朴的体验性过夜设施以及相应的设施。建筑的高度、体量要有限制，色彩、形式、材料等应反映地方文化的延续和发展，与环境协调，不宜建豪华宾馆及相应设施，防止商业化和城市化。世界旅游组织亚太部主任徐京先生曾经尖锐批评我国旅游景区丑恶的人工建筑——色彩缤纷，奢侈豪华，与环境不和谐。我国风景名胜区的商业化和城市化现象应该遏制和治理。

五是一般控制区，除以上四个区以外，皆属此区。本区内一般多有数量不等的村落农田，或从事其他产业，为林业、牧业、畜业等地带，本区应限制发展。如农业，应改革粗放的农业结构，发展精细农业和生态型农业，改山坡地为果木林地与旅游业结合起来发展经济。随着国家城镇化的发展，逐步引导他们迁居区外的旅游服务基地，发展旅游经济。暂时迁不了的村落，要控制新建民居的高度、体量、色彩、规模等，亦可有家庭宾馆，建筑风格应体现地方文化的延续和发展，形成现代田园风光。此外，风景区的外围应有保护地带，其范围视地理环境条件而定，如附近不准建有污染的工业企业，四周防止破坏性开发，以免造成视觉污染和环境污染。

2. 建立合理的旅游规模容量

旅游容量是指在可持续发展前提下，旅游区在某一时间段内，其自然环境、人工环境和社会经济环境所能承受的旅游及其相关活动在规模和强度上极限值的最小值。

规划中应考虑下列因素：资源和环境的最大容量、旅游接待服务设施的接纳能力、基础设施的拥有能力、社会容纳能力。

风景区遗产地规划，必须始终贯彻“限量利用”的原则。国外把“人满为患”视为破坏景观生态的严重现象，不少国家公园的重要景区景点，采取定量游览，如韩国智异汉国家公园中的古塔，一天只准许400人参观。但对我国风景区建设地来说，人满为患，皆以为常，更严重的是“屋满为患”，在风景区内甚至在核心区内，大兴土木，架索道，建观光火车，建宾馆、饭店、商店、游乐城、城市园林等等，把具有世界级价值的自然文化遗产地的核心区，发展成为商业性的山区小集镇。“人满为患”，踏坏了土坡与草灌木，还有恢复的可能。“屋满为患”，则工程所到之处，彻底破坏了岩石、地形、土地和植被，并造成视觉污染和精神损害。因此，有限利用风景区遗产地，首先必须严格限制建筑物和构筑物的建设，减少服务设施是减少游人量的有效办法。限制的标准就是不影响风景区遗产地的真实性和完整性。功能分区能有效解决过度开发和错位开发的破坏后果，景区开发必须以生态环境容量和视觉容量加以限制。

3. 确定保护措施

如污水及废弃物处理方式，燃料结构，建筑物的位置、数量、体量、造型、色调、交通线、游览线路与工程管道的走向、宽度、最小破坏量等。

(二) 风景名胜区的开发建设

谢凝高教授认为，风景名胜区开发建设必须在总体规划的基础上，再分区或分项目编制详细规划或专项规划。据此，再行设计具体建筑或某项工程，经各相关管理部门批准后才能建设。多年来，由于无法无规，程序混乱，而造成许多违法、违规、违约（公约）的破坏性建设。因此，必须健全规划设计和审批程序，来纠正错位、超载开发的错误导向，整治人工化、商业化和城市化对风景区遗产地破坏性开发，尽可能恢复其自然度、美感度和灵感度。

风景区遗产地的任何开发建设工程，都必经严格选择景观空间的位置——景位，做到“点缀得宜，不掩其胜”（徐霞客语）。任何建设设计都应融于自然，不夺自然之胜，尽可能不破坏自然，不破坏生态。不然，最好的建筑也会破坏自然风景。因此，离开景位谈建设，是无济于事的。融于自然，还包括建筑的体量、高度、色彩和形式等人文景观要素与自然的协调。

风景区开发建设不同于一般城乡建设，更不同于经济开发区的建设，我们必须明确风景区建设的概念，以免在实际工作中产生误导作用。风景区的开发建设可以分为有形开发建设（或称“硬开发”建设）和无形开发建设（“软开发”建设）。风景名胜区建设应少搞“硬开发”，多搞“软开发”。所谓“硬开发”，即指一切人工的建筑、构筑物建设；“软开发”是指对风景区遗产地所蕴含的科学价值、美学价值和历史文化价值，通过深入研究体验不断发现新的价值，提高审美水平和认识水平。硬开发是有禁止的、有限制和控制的，其总量要少，因境制宜，并以“小、散、藏”而融于自然。软开发则是没有止境的，因为人对自然的研究认识和对山水的审美，是没有止境的。硬开发应以尽量减少对风景区遗产地真实性和完整性的影响为原则，而软开发则以不断提高对风景区遗产地价值的认识，达到可持续利用和发展为目的。因此，风景名胜区的开发建设就是具体实现总体规划所确定的价值、性质、功能、利用等宏观目标，同时明确风景名胜区开发建设的特点，反过来也为总体规划提供借鉴。

我们认为，风景名胜区的开发建设，应坚持“以天为本”或“以自然为本”的原则，按“天理”、“自然规律”办事，不能因人的某些欲望或所谓某种“发展”的要求与理由在保护问题上无原则的让步。自然遗产和文化遗产是“传家宝”而不是“摇钱树”，旅游开发上应尽量减少人工设施，规划工作的重点是资源环境保护规划、游览道路系统规划、解说系统规划和旅游设施控制规划。大量旅游建筑和游乐设施的出现，是错误的景区开发，是不理解风景审美和旅游文化的庸俗开发行为，是违背可持续发展的“败家子”行径。

（三）风景区的农民问题

风景区面积大，开发建设必然涉及社区农民问题，由此出现几种不同的处理观点：①放任自流观点；②控制观点；③移民观点。规划时要解决风景区农民问题，可根据具体情况采取如下两种有效方法：

第一种方法是把农民、农舍（民居）、农田融入风景区之中，将其作为旅游资源加以发掘利用。一是可提供农业休闲度假旅游产品；二是可作为风景区生产与供应花卉、水果、药材和餐饮原材料基地；三是可提供传统地方手工艺品制作、参观、参与、购物等项目；四是可提供旅游业所需的人力资源；五是可提供农舍作为家庭宾馆，缓解旅游旺季旅游住宿的难题。

第二种方法是通过分层次控制区内农村人口规模和村落规模，有计划地转移农村人口，拓宽就业渠道，解决农民问题（如发展农特产品生产、食品加工、旅游产品加工和饮食业、旅馆业、演艺业等）。

孙九霞等研究认为，旅游开发中社区参与与旅游发展的路径可选择：政府有限主导；社区参与能力的建设（对当地居民的旅游知识与旅游服务技能的培训，培育社区组织与社区精英）；合同制约与法制规范。这对解决风景区的农民问题有重要的参考与借鉴作用。

三、风景名胜区规划的主要内容

（1）现状分析。包括自然环境、历史沿革、风景资源评价、接待条件及管理现状分析。

(2) 总体布局规划。包括风景名胜区性质和特点、发展目标与指导思想、功能分区、布局结构、景区划分、旅游线路组织、风景名胜区保护规划、风景名胜区管理范围、外围保护地带、保护区分级和保护措施、风景名胜资源（自然、人文）保护与利用规划、全区容量与分区容量分析。

(3) 客源市场分析。风景名胜区的开发应考虑经济效益，进行旅游客源市场分析和营销策划。

(4) 旅游项目策划与旅游产品设计。在旅游客源市场分析的基础上，结合资源特点，在可持续发展的原则指导下进行有特色有创意的旅游项目策划，开发有吸引力的旅游产品。

(5) 绿化植被规划。包括区内植被的改造、美化、优化和培育、保护。

(6) 交通规划。包括区内交通与区外交通的规划。

(7) 基础工程设施规划。包括给水排水规划和供电、邮政、通讯规划。

(8) 旅游服务、生活设施规划。包括导游、餐饮、住宿、娱乐、购物、医疗服务等规划内容。

(9) 近期建设规划。包括重点景区规划、服务基地规划、居民点规划、大型建设项目规划、技术经济论证。

(10) 投资估算与效益分析。风景名胜区的开发建设应进行科学的投资估算与效益分析（经济效益、环境效益与社会效益分析），防止开发的失误，减少风险。

(11) 管理规划。包括管理体制及机构设置、人员编制建议，法规及政策建议。

风景名胜区规划的相应图纸（总图1/5000～1/25000、详图1/1000～1/2000），包括风景地区现状图（行政区、居民点、设施），风景资源分类分布与评价图，功能分区、布局结构示意图，景区划分与游览路线组织图，风景区管理范围界线、分级保护界线、外围保护地带界线图，绿化、植被规划图，交通规划图，给水排水规划图，供电、邮电规划图，旅游服务、生产生活、管理设施规划图（含居民点调整规划图），近期建设规划图，重点景区详细规划图，中心基地详细规划图，重点项目规划图。

第二节　森林公园旅游区开发规划

森林公园是以良好的生态环境为主体，充分利用森林生物的多样性、多功能，经科学保护和适度开发，为游人提供游览、休闲、保健疗养、文化娱乐和科学教育的场所。

森林旅游在旅游中具有重要地位：①森林是现代人休闲度假的场所（这是因为现代人成天生活在钢筋、混凝土的硬质世界中，强烈希望走向自然、返璞归真，于是森林旅游成了最佳的选择）；②森林旅游空间广阔、项目多，适应现代旅游者多方面的需求（如观光、野营、野餐、徒步旅行、拓展训练、登山、漂流、狩猎、科学考察、康体保健、养生、疗养等）；③森林旅游具有引导和教育功能，增强旅游者的环保意识；④森林旅游是经济、简便的旅游活动。

一、森林公园地点的选择

（1）森林环境质量优良（森林覆盖率达70%以上，群落优势、观赏优势突出），旅游资源丰富，特色突出，对旅游者吸引力强，能满足旅游者的多种需求。

（2）综合考虑森林中的小气候（气温、空气流通状况、受光量、风、降水等）、地形、土壤、水、环境等自然因素对旅游地选址的影响。

（3）能取得较理想的经济效益（区位、市场、可开发性等条件较好）。

二、森林公园开发规划构思

（一）规划的基本原则

（1）遵循开发与保护相结合的思想。

（2）建设规模与游客规模相适应，充分利用原有设施，注重实效。

（3）突出自然野趣和医疗、保健、养生多种功能，发挥自身优势，形成地方特色和独特风格。

（4）突出重点，滚动发展。

（二）森林公园的功能分区

森林公园可划分为以下功能区：①游览区；②野营区；③狩猎区；④旅游商品生产区；⑤生态保护区；⑥接待服务区；⑦行政管理区；⑧居民住宅区。

三、森林公园的开发建设

森林公园的开发建设应重点抓好以下五项工程：

（一）植被景观工程

根据突出公园景观的特色要求，搞好主景（指具有植被特色，专供旅游者观赏的森林植被）、配景（指景点或建筑物周围环境的美化植被）和衬景（主景与配景之外的植被）的设计。

新建的森林公园如果植被结构和分布不适合旅游要求，应采取人工调整措施，有计划地进行改造和整形、培育。

（二）生态保护工程

1. 生物资源保护

保护好现有植被，积极增加物种，防止病虫害，特别是火灾（选择通视良好、视野开阔、控制范围广的地方建瞭望台；在火险地段设置防火隔离带，宽度为20~30m），禁止捕杀或其他妨碍野生动物生息和繁衍的活动。

2. 景观资源的保护

古树名木、中心景区的景观必须严加保护，一般景观实行常规保护。

3. 生态环境保护

防止植被破坏、水土流失、水源枯竭以及生态失调现象发生发展，对“三废”、噪声等要有具体防治要求。

（三）旅游服务设施工程

各种设施建设的高度、体量、色调和风格要同森林环境、景观相适应，体现自然野趣（如森林木屋等），切忌将城市建筑搬到森林中来，将森林公园城市化。

森林公园由于森林郁闭度大，旅游者进入易迷失方向，因而导游标志十分重要。一般设置在交叉路口，游径端点和边界上。

（四）基础设施工程

森林公园中的基础设施工程通常包括道路、水、电、通讯、燃气等线路的布置，一般要求是：不破坏景观，电气和给排水工程的配套设施应设在隐蔽地带；安全、卫生、节约和便于维修。

在园内的基础设施工程中，道路交通具有重要性与特殊性，规划中要有明确要求：园内道路所经之处，两侧尽量有景可观，使游人有步移景异之感，创造连续展示风景景观的空间。路的转折、衔接流畅，符合游人的行为规律。内干线宽度一般按5~7m进行设计，纵坡度不得大于9%；支线宽度一般按3~5m进行设计，纵坡度不得大于13%；人行道（游览观光道）宽度一般按1~3m进行设计，纵坡度宜小于18%（大于18%则有劳累感，但特殊地段例外）。

（五）野营区和野餐区建设工程

野营区一般选在森林公园较为僻静场所，依山傍水，离水边45m以上，同主交通线相连，并保持一定距离，整体布局上以餐饮点、管理点、游乐中心为核心，根据规划地区实际情况分设若干个亚营区。每个亚营区主要安排住宿设施和卫生设施，以容纳24人左右为宜。亚营区与主营区之间通过这种组团式布局共同构成一个完整的集餐饮、住宿、娱乐、营火、游泳、垂钓等多功能为一体的营地。

四、森林公园规划主要内容

（一）总体设计说明书编写提纲

第一章：基本情况（自然地理概况、社会经济概况、历史沿革）。

第二章：森林资源与开发建设条件评价（森林资源评价、开发建设条件评价）。

第三章：旅游客源市场分析。

第四章：总体设计依据和原则。

第五章：旅游项目策划与旅游产品设计。

第六章：总体布局（森林公园性质，森林公园范围、空间布局）。

第七章：环境容量与旅游规模。

第八章：景点与游览线路设计。

第九章：植物景观设计（设计原则、植物景观设计、种苗与花卉供应）。

第十章：保护工程设计（保护原则、生物资源保护、景观资源保护、生态环境保护、安全与卫生工程）。

第十一章：旅游服务设施设计（餐饮、住宿、娱乐、购物、医疗、导游标志等设施的设计）。

第十二章：基础设施工程设计（道路交通、给水工程、排水工程、供电工程、供热工程、通信工程、广播电视工程、燃气工程等设计）。

第十三章：组织管理（管理体制、组织机构、人员编制）。

第十四章：投资概算与开发建设顺序（概算依据、投资概算、资金筹措、开发建设顺序）。

第十五章：效益评价（经济效益评价、生态效益评价、社会效益评价）。

（二）设计图纸

（1）森林公园现状图（1/1000～1/5000）。

（2）森林公园总体布局图（1/1000～1/5000）。

（3）景区景点设计图（1/500～1/1000）。

（4）单项工程设计图（1/500～1/5000）：植物景观设计图、保护工程设计图、道路交通设计图、供电工程设计图、给水工程设计图、排水工程设计图、供热工程设计图、通信工程设计图、旅游服务设施工程设计图以及其他图件。

（三）附件

（1）森林公园建设可行性研究报告及其批准文件。

（2）森林资源调查报告。

第三节　观光农业旅游区开发规划

观光农业是指充分利用具有观光、游览、休闲价值的农村田园景观、农事活动、农业产品、现代农业科技、乡村风俗等农业和乡村资源，开展农业生产及游览、观赏、科普教育、文化娱乐、休闲度假等多种形式的农业旅游活动。

观光农业是农业和旅游业相结合的一种新型的交叉型产业。观光农业旅游的产生、发展过程，就是农业和旅游业相交叉、相结合、相融合的过程。观光农业旅游不仅拓展了旅游资源开发形式，而且有效地促进了第一产业与第三产业的交叉与渗透，建立起以农业养旅游、以旅游促农业的互动机制，使两大产业之间做到优势互补、互为促进、共同发展。

一、观光农业的功能与特点

(一) 观光农业的功能

观光农业具有农业和旅游业的双重特性，因此它具有生产、观光游览、度假休闲、娱乐参与、科普文化传播等多种功能。

(二) 观光农业的特点

观光农业具有高附加值、高科技、高重游率、产品生命周期长、市场目标明确(城市居民为主) 等特点。

二、观光农业的类型

(1) 观光农业按结构划分，可以分为观光种植业、观光林业、观光牧业、观光渔业、观光副业、观光生态农业等。

(2) 观光农业按功能划分，可以分为观赏型观光农业、品尝型观光农业、购物型观光农业、务农型观光农业、娱乐型观光农业、疗养型观光农业、度假型观光农业等。

三、观光农业旅游区的发展模式

(一) 改造开发的观光农业园区

此类观光农业园区是在原有的果园、农科所、蔬菜基地等基础上进行适当改造后接待游客的，一般投资不很高。由于该类园区在原有的发展过程中没有考虑旅游功能，在改造中虽然着重考虑了旅游者的需求，但在旅游设施和功能设置上会有一些缺陷，需要进一步完善。

(二) 专门开发的观光农业园区

此类观光农业园区具有主题公园的特性，是为全面满足游客需求而专门设计的产品。作为专门开发的观光农业园区，为了追求较高的项目创意设计水平和产品规格档次，保证稳定的客源，需要高额投资。

观光农业园见图11-1。

四、观光农业旅游区的功能分区

一般分为观赏区（让游客真切地感受田园风光）、示范区（如农业科技示范、

图 11-1 观光农业园

生态农业示范、科普示范等)、休闲体验区（让游客体验丰富的乡村生活)、产品区（让游客亲身体验农产品的生产和制作过程)。

五、观光农业旅游区规划设计要点

（一）设计观光农业产品要突出特色

观光农业区的规划应从各地的资源、环境、区位和农业生产特点出发，突出地方（乡土）特色、生态特色、绿色产品特色，突出“农味”、“野趣”，设计风格各异的观光农业产品。

（二）观光农业区规划设计应坚持多功能、动静结合

观光农业区可设计农业观光旅游、农业科普旅游（如各种生态农业模式展示项目：立体利用型、同居共生型、边际利用型、食物链型等)、农业休闲旅游(下农田干活、采摘等)、农村度假旅游、农业娱乐旅游、农村餐饮旅游、农家乐等。

农家乐旅游项目目前在我国城市郊区发展普遍而迅速，但要努力提高品位，切实在“农”（农味、野趣)、“家”（亲情、温馨)、“乐”（快乐、娱乐）三个字上做足文章。农家乐体验见图 11-2。

（三）充分利用园区环境营造适宜的观光、娱乐、度假氛围

观光农业园除展示其生产产品外，还应设立解说牌、展览馆、陈列室、影视厅等多种解说设施，系统介绍产品的生态、观赏、营养价值等，强化园区的观赏、娱

图 11-2　农家乐体验

乐、教育目的。在宣传介绍的同时，专设体验区，供游人采摘和务农习作，把增长知识与观光、习作体验与购买、品尝等活动结合起来。观光农业园区规划设计时，应更多地采用有利于游人康体健身的农业观光植物，美化园区环境，强化园区对游人的康体健身作用和休闲功能。观光农业园区的建设，还可以与休闲度假有机结合起来，建设一些与环境和谐并具有浓郁乡土特色的旅游接待设施，营造适宜的旅游观光、休闲度假氛围。

（四）观光农业区规划设计应搞好科学论证

并非所有具有观光价值的农业资源和农村资源都能开发成观光农业区，只有具备了稳定的目标市场、优越的地理区位和便捷的交通才能确保观光农业区建立的旅游经营效果，因此观光农业区规划设计应搞好科学论证。

第四节　旅游休闲度假区开发规划

一、休闲度假旅游与旅游休闲度假区的概念

休闲度假旅游是以消闲、健身为目的的旅游，其特点是停留时间长，多为中高档次的消费阶层，项目多，活动内容丰富多彩，并多以家庭为基本单位，且多为近距离旅游者，一般以 2 ~3 小时车程到达。其旅游经济效益比观光旅游要高。休闲度假旅游的发展可以被认为是一个地方旅游业发展进入成熟阶段的表现或标志。

旅游休闲度假区是以休闲为导向、具备功能齐全的设施与优质服务的有机组合

体。它有丰富多彩的旅游项目，如消闲观光类、娱乐类、体育类、健身类、特殊类等。休闲度假村见图 11-3。

图 11-3 休闲度假村

二、旅游休闲度假区的经营成功的关键因素

影响旅游休闲度假区经营成功的关键因素主要是：

（一）区位

旅游休闲度假区的地理位置应比较优越，最好是毗邻大中城市，并拥有便捷的交通条件。

（二）环境

旅游休闲度假区应具有优美而宁静的地理环境，最好是依山傍水，这是由度假活动的性质决定的。

（三）市场定位与营销

旅游休闲度假区的经营应搞好市场定位，并做好相应的营销工作。

（四）服务设施与服务质量

休闲度假旅游属于中、高端旅游项目，消费水平较高，对旅游、休闲的服务设施与服务质量要求较高。

（五）文化和特色

休闲度假旅游项目目前在我国发展相当普遍，旅游休闲度假区在城市郊区可谓遍地开花，但旅游经营普遍缺乏文化和特色，同构竞争的现象相当严重。可以预见，文化和特色将是影响未来旅游休闲度假区经营成功的关键因素。

此外，经营管理等也是影响旅游休闲度假区经营成功的关键因素。

三、旅游休闲度假区规划的主要内容

一般来讲，旅游休闲度假区规划应包括以下主要内容：基本概况（企业规模与经营现状、地理环境与区位条件），开发优势分析，项目背景与规划指导思想、原则，客源市场分析与项目定位，企业形象设计与 CIS 策划，旅游度假项目（或产品）策划与建设规划，功能分区（如划分度假居住区、游乐观光区、文化娱乐区、运动区、公共设施区、供应设施区等），旅游市场营销策划，环境优化与保护规划，基础设施建设规划，经营管理规划，分期建设规划与投资效益分析，规划图件等。

四、旅游休闲度假区规划与建设应注意和抓好的几个问题

（一）旅游休闲度假区要以开发和提供高质量的旅游产品为宗旨

旅游休闲度假区的开发要把握度假产品的特点，即综合性，旅游休闲度假区的旅游与休闲活动项目较多，品位与档次较高，对服务质量要求高。旅游休闲度假区应努力向客人提供舒适、优雅的食宿条件和受人喜爱的消遣娱乐活动以及充满人情味的服务，让客人享受家庭式的温暖。

（二）突出旅游休闲度假区的特色，增强吸引力和竞争力

旅游休闲度假区特色的确定，主要应把握住两点：一是旅游资源的特色；二是旅游项目的特色。特别是要因地制宜，体现地方特色和文化特色，并在开发设计上注重提供多样化的“反城市”的新鲜体验，如安静放松、接近自然、人文关怀、运动游憩、社会交往、旅行的文化和生活方式等。只有突出了度假区的特色，才能增强吸引力和竞争力。特色和文化是旅游休闲度假区的核心竞争力。

（三）目标市场一般确定在毗邻地区的大中城市

旅游休闲度假区的客源市场主要是邻近的大、中城市居民，开发的旅游休闲度假产品应适应这部分消费群体的需要。因此，旅游休闲度假区的目标市场一般确定在毗邻地区的大中城市。

第五节　城市旅游开发规划

现代城市已成为现代旅游开发中的一个特殊的地域，旅游城市是旅游区的一个重要类型。

一、旅游城市

（一）旅游城市的基本条件

旅游城市是具有旅游功能的城市，基本条件如下：

（1）具有一定数量和特色的旅游资源，开发出较高质量、有一定规模的旅游景点和较高品位的产品。

（2）城市环境基础性良好，旅游服务设施配套齐全。

（3）旅游成为城市重要产业，旅游总收入应占 GDP 的 5% 以上（一般来讲，旅游总收入占 GDP 的 5% 以下为行业，达到 5% 为产业，达到 5% ~ 8% 为重要产业，达到 8% ~ 10% 为支柱产业，达到 10% 以上为主导产业）。

（4）较高水平的旅游行业管理。

（5）市民热情好客，文明素质较高。

（二）旅游城市的分类

（1）风景旅游城市，包括滨海旅游城市、名山旅游城市、山水旅游城市等，例如青岛、黄山市、张家界市等。

（2）历史文化名城旅游城市，包括古都型旅游城市、名人纪念地旅游城市、古典园林旅游城市、少数民族旅游城市等，例如西安、曲阜、苏州、大理等。

（3）现代旅游城市，主要是新兴的并具有现代化基础设施的旅游城市，例如深圳、珠海等。

二、城市旅游开发规划的特点

（一）在城市性质与发展目标中确定旅游业的地位

城市旅游开发规划应在城市性质与发展目标中确定旅游业的地位。如宜昌市旅游发展总体规划根据宜昌旅游城市的性质与建设“世界水电旅游名城”的发展目标，确定旅游业为支柱产业。

（二）在总体规划布局中充分发挥旅游的经济、文化职能

（1）突出旅游城市的个性，维护风景和名胜的完整性（如承德、桂林、成都等）。

（2）正确处理风景与工业的关系，合理布局风景区、工业区与居住区（保持“通、空、松、透、隔”）。

（3）因地制宜配置交通网络。对外交通的车站码头布置在靠近市区处，运输繁忙的铁路和机场远离城市和风景区。

（三）将城市建设与旅游开发有机结合

城市具有旅游、休闲功能，城市旅游目前已经成为一些地区旅游的重要组成部

分。城市在进行总体规划时应充分考虑城市的旅游功能和旅游景观、休闲娱乐设施的布局，城市总体规划中应有专门的旅游规划。无论是城市总体规划还是城市旅游发展规划都应注意将城市建设与旅游开发有机整合。

（四）结合原城市特点，勾绘和突出城市风貌

通过风貌特色分区（传统风貌、时代风貌）、建筑高度、视线通廊、街景对景、建筑造型、城市雕塑与小品等反映城市的风貌与特点。

三、历史文化名城的保护

（一）保护历史文化名城与文物古迹的意义

（1）古城与文物古迹是历史、文化、艺术、科技的载体，具有重要的历史、文化价值。

（2）古城与文物古迹是两个文明建设基地，是进行爱国主义教育的课堂。

（3）文物古迹是历史文化名城的象征（如秦陵兵马俑之于西安，故宫、天坛之于北京，古典园林之于苏州）。

（二）历史文化名城文物的保护内容

（1）文物部门确定的具有保护价值的历史文物，例如西安碑林、曲阜孔府孔庙等。

（2）在城市发展史和建筑史上有相当影响的建筑物和规划格局，例如北京故宫、天坛、城市中轴线等。

（3）可供发掘的地下文物，例如西安古城地区丰富的地下文物等。

（4）独具特色的历史上成为城市标志的建筑物遗址，例如西安大雁塔、武汉黄鹤楼等。

（5）富有地方特色的传统民居，例如北京的胡同、四合院，湘西凤凰城的吊脚楼等传统民居。

传统民居的保护应具有人文关怀精神，不仅要考虑传统民居的历史价值、文化价值，也要考虑居民对现代化生活的追求，努力在二者之间找到一个平衡点。例如北京的胡同、四合院，就可以采取“置换”的方案，即旧主人“买新房”、新主人“整旧房”，新主人可改善房屋内的生活设施，但应本着“外土内洋”、“整旧如故”的原则进行改造。也可以请建筑专家专门设计一些能够和老房子配套的，在外型上、色彩上，特别是屋檐、屋顶的结构上，能够相配套的建筑方案。如果当地居民坚持要住现代化的楼房，不愿住古色古香的老房子，相关部门也可提供一种可以参照的方案，使得整个建筑景观不至于太不协调。风景区的乡土建筑保护与改造也是如此。

（6）建筑艺术价值高、造型优美、对城市景观影响较大的建筑物。例如北京

天坛、西安的钟楼、荆州的古城墙等建筑艺术价值高、造型优美、对城市景观影响较大的建筑物，应重点保护。

（三）文物古迹保护办法

（1）划分保护区，分级进行保护。对于文物古迹可以划分为绝对保护区、重点保护区、一般保护区进行分级保护。

（2）古城墙保护。古城墙的保护办法主要是在完整城墙的两侧建立保护带，即禁建区范围、外环路宽度为城墙高度的2.5~3.5倍，为绿化、交通、观赏地带。保护带的两侧为协调区，其建筑物的高度不宜超过墙高。将残墙和护城河加以绿化，成为绿荫带。

我国目前古城墙保存较完好的城市有：西安、南京、平遥、曲阜、江陵（荆州）、襄阳等城市。

（3）古建筑视廊的保护。限制建筑物的高度或通过笔直道路形成视廊带。

（4）空间保护。将文物放入室内，免受大自然风雨的侵蚀。

（5）环境绿化或道路的围合。采取环境绿化或道路的围合等措施，使要保护的名胜古迹成为交通中心安全岛，免受新建筑的干扰，如郑州的二七纪念塔等。

（6）将古建筑放在道路轴线位置成为对景。将古建筑放在道路轴线位置成为对景，使其更加突出，引人注目，如西安的钟楼、巴黎的凯旋门等。

（7）按原样搬迁，进行复建。如三峡工程的兴建，张飞庙、江渎庙、大昌古镇等名胜古迹均按原样搬迁，进行了复建。

（8）培修复原，整旧如故。如武汉的黄鹤楼、南昌的滕王阁、宜昌的镇江阁等在城市建设中得到修缮复原，达到了整旧如故的效果。

四、现代城市旅游功能的设计

（一）设计构思

（1）寻求美、创造美（整体美、个性美、韵律美、和谐美）。

（2）反映居民生活质量的提高。

（3）反映时代气息（如大连、上海的城市建设）。

（二）特色街道、形象建筑与雕塑

特色街道，如上海的外滩（万国建筑博览）与南京路、哈尔滨的中央大街（全街由方石铺装，建有欧式、仿欧式建筑71栋，是国内罕见的一条建筑艺术走廊）、广州的沙面、武汉的江汉路步行街和“楚河汉街”、宜昌的沿江大道及滨江公园等。

形象建筑与雕塑，如兰州滨江公园的水车与黄河母亲雕塑、珠海的情侣路与珠海渔女雕塑、武汉的江汉路步行街的市民文化雕塑、重庆的人民大礼堂和三峡广场的名人文化雕塑、宜昌市五一广场与晓溪塔镇的水电明珠雕塑。不少城市建设很大的缺憾是没有像样的雕塑，缺少文化气质与文化内涵。

（三）主题公园与度假休憩场所

如深圳的香蜜湖、西丽湖等度假村和锦绣中华、世界之窗等主题公园，宜昌市滨江公园等是市民很好的休憩场所。旅游城市规划与设计应重视游憩功能。

第六节　主题公园开发规划

主题公园是为了满足人们休闲娱乐的需要，围绕特定的主题，由人工创造而成的模拟环境空间。其类型多种多样。

主题公园具有主题鲜明、参与性与娱乐性强、投资大、回报与风险高等特点。

一、主题选择的原则

主题公园的主题选择应遵循经济原则、市场原则、区位原则、资源原则、旅游者行为规律原则以及把握文脉、突出形象、体现意境、人文关怀等原则。

二、主题公园布局的影响因素

（一）客源市场与交通条件（或区位条件）

主题公园要求选址在经济发达、流动人口多的大城市和较大城市，以保证有良好的客源市场。对于大型主题公园而言的一级客源市场（1 小时汽车距离内）至少需要 200 万人口，二级客源市场（3 小时车程内）也要有 200 万人口以上，之外的三级客源市场不能过分依赖。我国发展主题公园比较好的几个城市——深圳、北京、无锡、苏州都具有良好的客源市场条件。深圳锦绣中华主题公园见图 11-4。

除客源市场条件以外，良好的对外交通即可进入性要好。主题公园应尽可能选址在交通（公路）干线旁（这样可以节省交通投资，视域好，易于向游客展示标志性景点，吸引游客）。

（二）区域经济发展水平

区域经济发展水平在两个方面影响主题公园的发展，一方面是投资能力与建设规模，另一方面是游客的消费水平。

成功的大型主题公园都是布局在区域经济发达、人口众多的地区，如我国长江三角洲（江苏、上海）、珠江三角洲（广州、深圳、珠海）、北京等地。经济落后的地方建造主体公园比经济发达的地方风险大。

图 11-4　深圳锦绣中华

（三）城市旅游感知形象

城市的旅游感知形象对旅游者的决策行为影响很大（主要是影响大、中尺度旅游者的决策行为）。如外地游客对北京（古都印象）的名胜古迹故宫、长城、颐和园等感兴趣，对郊野风景区和游乐场主题公园不感兴趣。而深圳（新兴城市印象）的主题公园对外游客则具有一定吸引力。一般认为，城市旅游形象个性很强的城市（如北京、西安等），建主题公园引起轰动效应并很快成为城市的旅游形象标志的困难很大，同时对于大尺度旅游行为的游客吸引力较小；城市旅游形象个性特征不明显，且在变化之中的城市（如深圳等），新建有特色的主题公园能较快成为城市旅游形象的新标志并易引起轰动效应，对大中小尺度旅游行为的游客都有吸引力。

（四）空间集聚和竞争

主题公园的空间集聚一般指主题公园在同一城市的集聚，多个主题公园在空间上集聚，可以增加这一地区的总体吸引力，同时也会产生空间竞争，使游客分流。一般来讲，是知名度大、地位高的主题公园抑制知名度小、地位低的主题公园。由于主题公园都有自己的主题或个性，因此主题公园的空间竞争一般而言是一种非替代性竞争。在同一地域出现的几个主题公园竞争中，知名度小、地位低的还是会有一定的客源市场，只要规模和经营适当，也能求得发展。过多的主题公园在同一地域集聚，要使每个主题公园的游客都达到或超过门槛游客量是很难的，因而集聚程度应适当。

（五）决策者行为

目前各地政府都很重视旅游业的发展，对旅游投资都给予扶持和优惠政策，甚至在基础设施方面给予配套，这对主题公园的经营成本有很大的影响。另一方面，由于我国的特殊国情，政府行为对旅游发展作用明显，甚至是一切由政府领导人说了算，许多地方的领导好大喜功，为追求所谓的政绩，胡乱投资，致使不少主题公园建成后就无法维持经营而倒闭（如宜昌的“三峡集锦”等）。企业领导者的文化与情趣偏好等心理行为也是影响主题公园布局的因素之一。

（六）旅游资源基础

一般来讲，旅游资源贫乏或旅游资源品位和知名度低的地方，适合造主题公园，用其弥补先天不足，产生“无中生有”的效应（如深圳、武汉等）。旅游资源丰富且品位与知名度高的地方，建造主题公园应当谨慎行事，但用文化反差的原理也可以建造，如北京的世界公园。

三、主题公园规划

主题公园规划的流程：

第一阶段：任务确定。

第二阶段：任务委托。

第三阶段：可行性分析。

第四阶段：创意提出。创意是主题公园开发和经营的关键和核心。原创性开发理念是主题公园个性化和特色化的前提条件。

第五阶段：主题策划。构建主题系统结构框架是主题公园开发的中心任务。主题策划应树立以大众文化为内涵、以综合效益为目标、以资源整合为关键的规划理念。

第六阶段：方案形成。在可行性分析、主题策划的基础上，根据“主题—形象—功能—技术”的导向模式，构建主题公园的创意性游园线索和策划性活动方式，提出产品组合、游线设计、设施布局、环境艺术设计、形象策划、文化展示、经营管理和营销策划等方面的基本思路与对策，制定出总体规划、控制性详规和专题规划。

第七阶段：方案优选。

第八阶段：方案实施与监控。

复习思考题

1. 试述旅游区的概念与分类。

2. 试述风景名胜区的特点、保护区的划分和农民问题的解决方式。

3. 试述森林公园规划的主要内容。

4. 旅游休闲度假区建设应注意解决哪些问题？试以某旅游休闲度假区为例，分析目标市场、产品特色与优势及发展方向。

5. 旅游城市应具备哪些条件？城市旅游发展规划有哪些特点？

6. 试说明历史文化名城保护的意义、内容和措施。

7. 说明观光农业旅游区的特征及规划要求。

8. 试对某旅游休闲度假区或某观光农业旅游区进行规划构思，并写出规划提纲。

第十二章 旅游保障体系规划

保障体系规划是旅游发展规划的重要组成部分，有力高效的领导和管理机构，完善的政策保障，以及科学的人才教育和培训体系等，是保证旅游发展规划得以贯彻实施的必要前提。

第一节 政府保障体系规划

旅游业具有综合性产业的特点，关联带动作用十分明显，旅游产品具有公共产品性质，在发展过程中必须得到各个方面的大力支持和配合。某一个旅游企业或者旅游管理部门无法进行这种协调开发工作，只能由政府干预才有可能得到解决。而且目的地的旅游业在旅游市场上以何种形象出现以及这种形象的建设和确立，只有政府才能参与决策。在规范市场、保护消费者权益、防止不公平竞争、保护环境等方面，都需要有政府的参与。

基于此，在我国旅游业处于整体开拓、上升阶段时，应实行政府主导型的旅游发展战略，政府必须为旅游发展制定总体政策，发挥旅游业的开拓者、规范者和协调者的作用。在目前尚未建立强有力的公共管理体系的情况下，旅游行政部门要在实际工作中实现高速、有效的运转，领导者（特别是一把手）是旅游业发展的重要力量已经在很多地方得到了证实，领导者的旅游产业发展意识的增强和如何进一步提高旅游管理部门的地位和作用是旅游业发展近期重点解决的问题之一，也是我国旅游业多年发展的历史经验。旅游业最终要走市场化的道路，但近中期不能完全离开政府的主导作用。

一、政府保障系统的作用

旅游规划的实施必须得到政府强有力的组织保障。政府角色在旅游业发展中的作用主要体现在研究和指导、制定规划、直接投资、管理监控规划过程几个方面。具体来讲，政府保障系统在旅游业发展和旅游开发中有如下作用：

第一，旅游业所涉及的范围之广以及旅游业构成的综合性使得各有关方面缺乏自动协调，因而很多问题需要经由政府干预才有可能得到解决，特别是在整个目的地的协调开发和协调营销方面更是如此。

第二，作为旅游目的地，一个国家在国际旅游市场上以何种形象出现以及这种形象的确立和建设，并非某一部门或旅游企业力所能及，因而需要政府的参与和决策。

第三，在保护消费者权益和防止不公平竞争等方面，政府有责任对旅游业加以管束。

第四，基础设施以及其他公共产品是一个旅游目的地总体旅游产品中的重要组成部分，而这些基础设施和公共产品都需要由政府提供，因而政府不可避免地要介入到旅游业中来。

第五，为了社会安定，政府有必要规范社会行为。如果放任自流和不加管制，诸如黄赌毒等不良现象便会泛滥并危害社会健康。

第六，出于保护环境和旅游资源以及行业可持续发展的需要，政府有必要对旅游业进行干预。

总而言之，由于旅游业和旅游产品的综合性和复杂性，一个国家的旅游目标不可能仅靠旅游企业的自身行为就能实现。政府对旅游业的干预程度和介入范围因各地情况不同而有所不同，但干预和介入这一事实已经反映出对政府介入旅游业必要性的共识。

二、政府保障系统的规划

政府对区域旅游产业发展的保障作用体现在旅游组织建设、旅游投资环境建设、宏观调控机制建设、旅游规划监控机制建设、旅游项目管理机制建设等方面。

（一）旅游组织建设

1. 组建旅游产业决策组织

区域旅游产业发展的决策协调工作应由党委和政府承担，因为这种协调工作无法由旅游部门或某一个旅游企业单独来完成，必须由旅游、计委、城建、财政、交通、农林、工商、财贸、文化、公安等与旅游密切相关的部门负责人组成一个旅游产业决策组织。这种旅游产业决策组织是全地区旅游业发展的最高领导组织，应当由地区主要领导或主管领导牵头，就全地区发展旅游产业的战略、规划、政策等重大问题进行研究、协调和决策。

旅游产业决策组织的一般表现形式是旅游产业管理委员会。

2. 建立旅游行业管理组织

在我国旅游行业管理组织主要是各个级别的旅游局，其内部机构可根据实际需要，本着精简高效的原则设置相应机构。一般包括下列职能机构：办公室和产业发展、规划与开发、市场促进、行业管理、旅游协会、质量监督、教育培训、导服中心等。

旅游局的管理职能有：编制区域旅游事业发展规划，协调组织旅游资源的开发建设，负责新开发旅游景点和新增旅游设施的审核；制定各项旅游行业制度和规定；制定区域旅游行业管理办法，负责行政区域内所有旅游企业的行业管理工作，对其进行监督和检查；负责旅游行业经济指标的汇总统计工作；负责二星级以下旅游涉外定点宾馆、饭店、餐厅、商店、旅游商品生产企业的初审、初评、年审工作，上报市局批准；负责定点宾馆、饭店、餐厅、商店、旅游商品生产企业的审核、评定工作；负责旅游行业管理人员及从业人员的培训、考核、发证工作；负责所有对外开放的旅游景点门票监制工作；负责牵头组织，与工商、税务、卫生、公安等部门密切合作，治理整顿旅游市场，受理行政区域内的旅游投诉；组织实施旅游对外经济合作、大型宣传活动和业务交流；负责重点旅游区的开发建设和管理工作；完成地方政府交办的其他工作。

3. 成立行业自律组织

随着市场经济的发展、旅游企业的壮大成熟，树立大旅游观念、建立可协调各有关部门的管理机制显得更加重要，因此建议成立旅游行业协会，以强化行业管理。行业协会的成员由旅游企业和相关管理部门组成，主要职能是：维护共同利益，防止恶性竞争；对保护和开发区内的旅游资源进行指导；维护经营者权益和旅游市场秩序；沟通信息，扩大宣传，充分发挥连接政府、行业和企业的桥梁纽带作用，进行上下、左右、内外联络、沟通、咨询和培训等；通过建立市场经济下旅游行业管理的新渠道、新方式，促进地区旅游事业健康发展。

（二）旅游投资环境建设

良好的投资环境是旅游地招商引资的基础条件，它对于拓展融资渠道、广泛吸收外来资金用于旅游开发建设至关重要。按照旅游投资环境的内涵，分硬环境、软环境两大部分。道路交通、通信以及水、电、能源等基础设施构成投资环境的硬环境条件。各种政策法规、社会文化环境、劳动力素质、居民的价值观念、道德标准以及治安状况等构成投资环境的软环境条件。软硬环境条件的质量成为投资者实施投资决策的严重影响因素。良好的投资环境建设涉及社会经济的方方面面，非企业、个人所能左右，当属典型的政府行为。地方政府应提供硬环境建设资金，同时大力开展精神文明建设，实现构建和谐社会的目标，创建良好的社会环境和法治环境。发展旅游产业实施的“政府主导”战略，政府的主导作用即体现于此。

旅游投资环境的建设还体现在领会上级精神，为旅游业发展制定相应的政策法规上。根据本地区旅游业发展状况，制定出相应的产业政策和地方性的法律法规是政府保障体系的重要职责之一。政府要明确上级主管部门对旅游业发展的意见，明确旅游业在产业发展中的地位，领会上级部门乃至国务院有关发展旅游业的措施，制定适合本地特色的政策法规。我国已经把旅游业作为积极培育的新经济增长点之

一、需要大力扶持发展的产业之一，旅游目的地地区政府应把旅游经济列为积极培育的新增长点之一、大力扶持发展的产业之一，进一步明确旅游业的产业功能、地位和发展战略；增加对旅游的投资；继续加强对国家、上级政府有关加快旅游业发展的决定和意见等文件的实施力度，用纲领性文件倡导、指导和引导旅游产业的政策体系。具体的政策法规保障体系将在第二节中阐述。

（三）宏观调控机制建设

实施旅游产业发展宏观调控是政府保障工作的中心任务，是实施“政府主导型”战略的集中体现，政府的宏观调控主要围绕旅游产业定位、产业要素布局、发展规模、投资规模等宏观战略实施，从宏观战略角度保障旅游产业健康有序地发展，并与区域社会经济发展相协调。

1. 确定旅游产业定位

科学定位旅游产业是政府保障工作的首要任务，旅游产业定位是地方政府根据本区域社会经济条件、旅游产业所占 GDP 比例、对地方财政贡献度、对地方经济拉动作用而确定的产业发展地位。该定位因其产业贡献度的变化而具有动态可变性。各级政府应根据旅游产业规模的日趋扩大而逐步提升其产业地位，并给以必要的支持。

2. 调控旅游产业要素布局，优化产业结构

旅游产业是由旅游服务业及其直接、间接相关的行业和部门共同构成的综合性产业，是由众多行业链组成的产业群体。由行、游、住、食、购、娱组成的旅游服务业构成旅游产业的核心体系，政府的保障作用即围绕产业要素实施政府的宏观调控。各级政府应结合本区域实际，根据旅游资源空间配置、旅游市场条件以及旅游项目建设，因地制宜地发展各相关旅游产业，有效控制产业要素空间布局，实现旅游产业结构的最优化。

3. 调控产业发展规模

从宏观经济角度来看，旅游产业发展规模应与社会经济发展相协调，实施“适度超前”策略。调控旅游产业发展规模，以强化对饭店业建设规模和投资巨大的旅游开发项目的宏观调控为重点，通过审核审批制度，严格控制内资饭店、社会住宿设施、各类培训中心的开发建设规模以及近距离市场重复建设的大型旅游开发项目。根据旅游市场规模，确定合理的旅游产业发展规模。

4. 控制投资规模

控制投资规模是政府宏观调控的基本任务之一。获取经济利益，实现旅游资源价值的最大化是发展旅游产业的基本目的，根据市场需求实现有效供给是旅游经济运行的基本内容，旅游的有效供给依赖于旅游开发投资，因此旅游投资规模必须与市场规模相适应。各级政府应根据不同阶段的旅游市场规模，确定合理的旅游投资

规模和投资方向，避免投资的盲目性。

（四）旅游规划监控机制建设

实施旅游规划监控是政府保障的基本内容之一。

1. 监控目标

监控目标主要包括旅游规划制定的战略目标即总体目标、分阶段目标实现情况；旅游项目开发建设；旅游产业发展规模，建设速度；旅游资源与生态环境、社会文化环境保护及可持续发展战略实施。

2. 监控机制

监控机制建设主要包括确定各级旅游主管部门为监控实施主体，明确工作职责；制定旅游规划及产业发展监控实施细则，指导监控工作的有序实施；采用定期或不定期抽查，开展调研，编制旅游规划实施及产业发展监控报告；采用旅游管理信息系统等现代科学技术作为监控手段；政府根据监控结果，制定出台相应的政策措施。

（五）旅游项目管理机制建设

以各级政府的相关职能部门为主体，建立旅游项目的管理机制，是实现政府保障的重要举措。旅游项目管理应当贯穿旅游开发全过程。在项目策划、立项、决策、可行性研究、环境影响评估、规划设计、施工监理、验收、项目后评价、市场运营等各个环节，都必须建立健全各项管理制度。

规划区旅游项目管理应当由旅游局、计委、建委等职能部门依据国家相应规范、标准、政策、法规实施，建立严格的审批管理制度，重点搞好立项管理、投资管理、规划设计管理、施工管理、财务管理、材料管理、质量管理、安全生产管理等重要环节，确保旅游建设项目的质量。

重大旅游开发建设项目和改造项目当由旅游产业管理委员会乃至上级主管领导亲自把关，并由专家咨询机构参与调研和决策，确保旅游项目有效实施。

第二节　政策与法规保障体系规划

“依法治旅”是管理和发展旅游业的基本策略和促进旅游业健康发展的根本保障，是建设社会主义法制国家的有机组成部分。例如《文物保护法》、《土地管理法》、《环境保护法》、《水污染防治法》、《森林法》、《野生动物保护法》、《城市规划法》、《风景名胜区管理暂行条例》、《旅行社条例》、《娱乐场所管理条例》、《风景名胜区管理暂行条例实施办法》、《森林公园管理办法》等法律法规，都是各地在实践中应该认真贯彻执行的。各地在贯彻执行国家有关法律法规的同时，结合本地区的实际情况也都先后颁布实施了相应的地方旅游管理条例和其他法律法规，在旅游资源管理、旅游经营管理、旅游者的权利义务、旅游保障、法律责任等方面作了具体的规定，为促进地方旅游业快速发展奠定了良好的基础。

然而，在各地执行政策法规的过程中不同程度地存在一些问题，因此促进旅游业发展的政策与法规保障就显得尤为重要。

一、我国旅游政策法规现状

总体来看，我国各地旅游政策法规的制定、执行是比较好的，但仍处于初级阶段，还存在以下几方面的问题：

(1) 各地区间发展不平衡；

(2) 旅游执法难度较大，执法环境有待进一步改善；

(3) 政策法规的约束力较小，对不遵守的单位没有或只有很小的处罚力度，对遵守好的单位个人也缺少奖励手段；

(4) 行业缺乏诚信和遵纪守法意识；

(5) 旅游企业管理不统一，政出多门，阻碍了旅游企业的发展；

(6) 缺乏与旅游发展宏观政策相配套的具体的、具有可操作性的产业政策，如旅游发展的信贷政策、减免税政策、土地征用政策等；

(7) 面对新形式，缺乏现实性、实质性、具有针对性的政策导向和措施；

(8) 旅游政策法规建设侧重于综合性的方面，单向政策法规较少；

(9) 部分政策法规（或部分内容）已不适应加入 WTO 和旅游业的发展需求；

(10) 前后出台的部分政策法规（或部分内容）有一些不协调的表现，法规的整理与废除管理机制不健全。

二、政策与法规保障建设

旅游地旅游产业的发展需要强有力的政策支持。

(一) 政策保障建设

1. 产业政策

明确旅游业在整个地区产业结构中的地位，消除大力发展旅游业的思想障碍和政策障碍；清理相关部门文件，明确废除对旅游业的歧视性、限制性的政策法规；出台《市地县区旅游管理办法条例》；将重点市地县区的旅游业列为最优势产业，建立旅游特区；在所辖范围内，清理和旅游相关的所有政策法规，重新审查，尽量简化并同世界贸易组织（World Trade Organization，WTO）的原则相统一；出台配套改善旅游环境的政策；制定产业联动政策，建立配套的部门协作创新机制；建立适应 WTO 的产业政策。

2. 投资和财政政策

加大对旅游业的导向性投入，建立政府旅游发展专项资金，用于补助重点旅游项目和投入产出效益好的旅游经营项目，建立政府、企业、个人投入机制，调动各方面的积极性，并起到良好的导向和示范作用。

加大对旅游基础设施建设的投入（如旅游交通、旅游资源保护、重点旅游景区开发、旅游厕所建设等）。

加大对旅游宣传的投入，增加旅游促销经费，不断增强地区旅游业在目标市场上的吸引力和竞争力。建议地方财政每年提供一定数量的旅游促销经费预算，并逐年递增。

加大对重点景区旅游开发的投入，加强旅游扶贫工作，建设旅游扶贫示范区。

支持旅游业进入资本市场融资。通过股票上市、发行企业债券、项目融资、股权置换等方式，扩展旅游业的融资渠道。

大力支持旅游信息网的建设。

3. 税收政策

在招商引资及扶持政策中，按优势产业确定旅游项目的有关税率。

为调动旅游商品生产企业大力发展旅游商品、旅游纪念品的积极性，建议对这些企业（一般为小企业）减征企业所得税。

（二）立法和执法建设

贯彻中央、国务院、上级政府有关旅游发展的政策。立足本地资源产品特色的实际情况，结合新形式、新情况，开拓性地构建地区旅游发展的政策法规体系，特别是在资源的保护、开发、利用、管理和生态环境的保护方面。加强旅游行业管理，坚持依法治旅，加强旅游执法力度，严格执法。深入研究世界贸易组织原则，制定与之相对应的政策法规。这些法律法规类别主要有：地区旅游管理办法、地区旅游规划管理办法、地区旅行社联合经营管理办法、地区旅游质量监督管理办法、地区旅游广告发布规定、地区旅游商品设计开发生产管理办法、地区景区景点管理办法、地区文物开发管理办法、地区导游人员管理办法、地区旅游安全规定（或地区旅游安全事故报告与处理制度）、地区旅游环境质量整改办法、地区旅游景区摊点管理办法等。

第三节　旅游管理保障体系规划

一、旅游管理保障的现状分析

（一）现行管理体系

1. 旅游行业管理体制

分析我国旅游管理部门的职能演变，经历了外事为主、政企合一（1949—1976 年），产业运作、政企合一（1978—1980 年），政企分开、统一领导（1981—

1986年)，行业管理（1986—1997年)，大旅游、小政府（1997年以后）等几个阶段。

目前我国旅游业行政管理体系由国家，省、自治区和直辖市，地市，县市等几级构成。每一级的旅游行政管理组织下还要设立一些职能机构。我们以地市级管理机构为例，说明职能机构的构成。

地市级旅游行政管理机构名称一般为××市（县）旅游局，一般下设规划发展科、旅游促进与对外联络科、旅游质量规范与管理科、办公室（秘书科)、质检所、投诉中心、培训中心等。同时，地市级旅游行政管理中心下辖各县市旅游行政管理机构。

2. 旅游景区景点的管理

在我国，由于历史原因，旅游景区景点管理形式多样，这往往是造成旅游景区景点建设问题的根源所在。如文物保护单位由文物部门管理，森林公园由林业部门管理，风景名胜区由建设部门管理等，还有部分景区景点由政府直接管理。即使是归旅游局管理的景区景点，还往往存在着行政级别大小的区分。另外，最近几年在旅游景区景点的管理模式问题上出现了股份公司的企业管理模式，更是为景区景点管理增添了难度。

以上关于旅游管理体制和旅游景区景点管理现状的分析并不是只存在于少数地区，而是在全国的旅游管理现状中普遍存在。这种现状有其存在的合理性，但其中所暴露的问题是值得我们用旅游规划工作去纠正和改善的。

（二）现行旅游管理体制中存在的主要问题

1. 旅游管理部门权威不够，办事效率不高

旅游管理部门权威不够，本来属于其辖区内的景区景点，为了旅游业整体发展的考虑应当同属于旅游管理部门管辖。但是目前的这种旅游管理体制导致了旅游管理部门组织协调能力有限，出现了一定程度的宏观管理失控、办事效率不高的现象，集中表现在：部分景区景点建设盲目上马，没有规划，各行其是，难以控制；旅游行业管理的部分领域职责交叉，影响行业管理法规的实施；缺乏解决旅游业重大问题的宏观协调机构和机制。

2. 管理层次混乱，权责交叉，缺乏统一的行政协调管理机构

旅游管理部门、城建部门、文化部门、文物部门、园林部门、林业部门、水利部门、宗教部门等不仅纷纷参与旅游的开发建设与经营，而且直接干预旅游行业管理，不仅降低了市场运作的效率，并且妨碍了旅游管理部门的行政管理效率。

一个地区的旅游景区景点分属于不同的行政管理机构来管理，如城建部门、文物部门、园林部门、林业部门、地方行政部门等，景区景点管理体系混乱，缺乏统一的景区景点行政协调管理机构。一些景点又由多个部门涉足，旅游景点的管理关

系极其复杂，以至于经常发生一些冲突。这种现状往往会造成发展良机的错失。

3. 旅游企业发展缺乏后劲，需进一步改善经营策略

我国的旅游企业普遍存在经营上盲目性、随意性大，缺乏长远发展战略的问题，缺乏进一步发展的后劲。由于旅游竞争的发展，民办旅游在管理技术上、资金投入上、人才储备上存在较大缺口，是进一步发展和取得竞争优势的障碍。

4. 景点、景区的经营与管理问题比较突出，亟待进行规范管理与经营

景区景点隶属关系复杂、政出多门，管理混乱，经营水平参差不齐。无论是景区（点）管理、市场管理、旅游资源开发与利用，还是景区（点）管理人员、景区（点）导游讲解人员、景区（点）经营人员的服务行为，都存在不少问题。特别是农村和乡镇对景区（点）的管理、经营问题最为突出。具体表现在：旅游开发混乱、无序，对环境破坏较大，经营只注重经济效益，不注意环境保护，污染不能有效防治，造成旅游整体环境质量下降，本来旅游资源级别很高，但不能取得较大发展。由于多家开发经营，无序竞争，只注重经济效益、缺乏长远规划和合作开发意识，新的旅游项目建设，主观性、随意性较强，市场研究不充分，没有做充分的项目论证，上马后景区景点形象不突出或旅游项目水平低下，或目标市场不明确，缺乏吸引力，导致惨淡的经营结局。有些旅游景区经营管理水平低下，不注意文化内涵的挖掘，缺乏专门的旅游管理人才，旅游项目缺乏吸引力和竞争力。

二、旅游组织管理规划

（一）管理机构规划

据不完全统计，1999—2000 年，我国在省级机关机构改革过程中，旅游局升格的有 16 个，占 50%，目前，除我国台湾、香港、澳门地区以外的 31 个省、市、自治区、直辖市旅游局有 23 个为省政府直属机构（行政局），占 78%，6 个直属事业单位，上海为旅管委直属机构，天津为计委下设旅游管理办公室，其中正厅级 7 个。因此一些旅游管理机构的地位、执法和管理力度明显较差的地区应当在旅游管理机构的地位上有所改进。

一地旅游业的未来发展取决于六类组织：政府、企业、金融机构、投资者、新闻单位、学术机构以及官、产、学、民、媒互动界面组织，其中，发挥旅游局政府职能作用是极其重要的。

1. 旅游管理体制构建

(1) 旅游产业管理委员会。旅游产业管理委员会是在地区党委、政府的领导下，行使对整个地区旅游业全面领导和协调的组织机构，规格较高。旅游产业委员会主任、副主任应当分别由常务副市长和分管旅游的副市长担任。成员由市政府办公室、市计委、经委、农委、林业、水产、建委、财政、环保、工商、税务、土

地、交通、公安、外事、文化、教育、宣传、文物、旅游等市直部门负责人担任。旅游产业委员会下设办公室，负责处理日常事务，办公室设在旅游局，办公室主任由旅游局局长兼任。负责协调促进官、产、学、民、媒良性互动。

下级的旅游产业管理委员会依照上级旅游产业管理委员会模式设立。

组织职能：受党委、政府委托，领导本行政区内旅游工作，制定旅游发展政策，对旅游发展重大事项进行决策和监督；领导并实施旅游精品工程和重大旅游项目；协调旅游资源开发、利用和保护过程中各有关部门的权责利关系。

（2）旅游局。旅游局是行使旅游行业管理的行政管理单位，直接接受行政区党委、政府和旅游产业管理委员会的领导。其职责是负责旅游规划制定、旅游资源开发协调、市场综合开发和旅游市场秩序监管、服务质量的监督管理工作以及旅游项目的论证与审批等。根据各地实际情况，下设办公室、规划发展科、市场开发科、质量规范与管理科（质量监督管理所或旅游投诉中心）、财务科、人教科。但是不同地区旅游业发展的情况不同，旅游局的组成模式应根据具体情况采取不同的模式。

组织职能：编制本行政区旅游总体开发规划，并组织实施；负责本行政区内旅游行业管理；制定旅游开发、保护、建设、经营的法律与法规，并报有关部门通过并实施；监督、管理旅游资源的开发建设和业务经营；负责旅游市场研究与开发、旅游人力资源培训、旅游业的宣传与促销等工作；行使政府赋予的其他职能。

（3）旅游开发与服务集团公司。旅游开发与服务集团公司，接受行政区党委、政府以及各级旅游产业管理委员会的监督领导，具有独立法人资格，既可以采用股份制形式，也可采用非股份制形式。由原旅游企业、投资商与有关政府部门（代表国家管理旅游资源）所属企业组合而成，按企业方式、市场方式进行运行，实现“政企分开，政事分开”。

组织职能：具体实施全市的旅游开发、建设与经营；筹措、管理、使用旅游开发的建设资金；负责国有资产保值、增值，健全服务项目，提高服务水平，科学管理，争取经济效益，社会效益和环境效益的回报；按市场体制进行市场化、企业化运作；争取股票上市，实行上市经营与运作；对本单位旅游从业人员的培训与管理；国家赋予企业法人的其他职权。

（4）旅游经济开发区。为了提高旅游区的开发力度和品牌知名度，仿照高新技术开发区、经济开发区等模式，各县区组建旅游经济开发区，所有乡镇、村办旅游企业由其管辖。开发区具有政府机构的管理职能，作为县区政府的派出机构，是对乡镇、村办旅游的一种有效的行政管理。旅游经济开发区所属企业接受旅游行政管理部门的行业管理。

组织职能：接受行政区党委、政府领导，执行党委、政府赋予的行政管理职能；

实施对区内旅游企业、旅游景区、旅游游览区的行政管理；做好本区内旅游产品促销、客源市场开发、旅游企业品牌的宣传；监督旅游企业执行旅游总体发展规划；规范企业管理与运营行为，监督企业服务质量；政府赋予的其他行政管理职能。

（5）景区（游览区）管理处。旅游目的地内旅游景点数量多、分布广，开发主体从属关系复杂，包括市属、区属、镇属、村属、个体、私营等形式。面对多种形式的旅游开发与发展形式，政府在保护、鼓励支持的同时，还应进行统一规范管理。在各景区（点）、游览区设立管理处，管理处接受旅游局的行业管理，执行全县（区）统一的旅游总体发展规划，规范区内管理和服务质量。

组织职能：管理和维护区内景点景物和其他服务设施；向游客提供全面、优质的服务；维护良好的参观、游览环境；接受旅游经济开发区、旅游局等有关部门的领导。

2. 旅游发展组织实施战略系统

如图 12-1 所示，旅游发展组织实施战略系统由以下几部分构成。

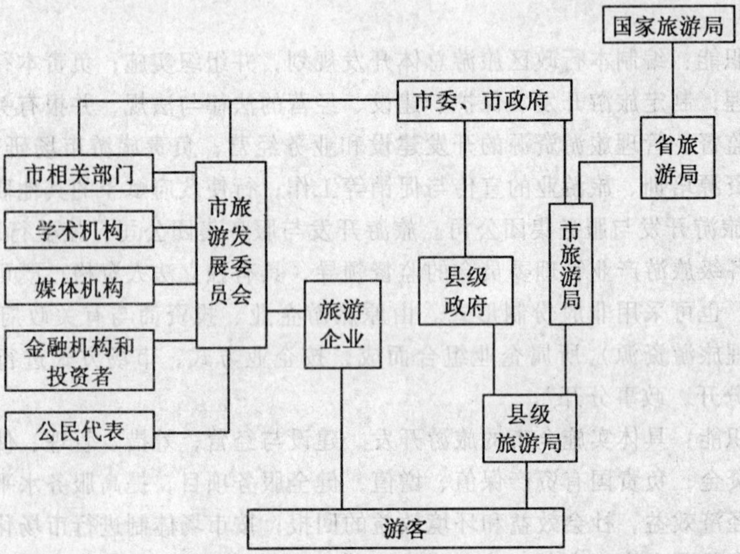

图 12-1　旅游发展组织实施战略系统

（1）政府性部门——主导作用。按第一节有关内容规划实施。

（2）企业机构——运营部门。按一般企业运作方式，市场运营。

（3）相关配合部门。

（4）学术与教育机构。做好人力资源的培训、教育工作，组织有关专家开展各种讲座，提高全社会的旅游发展意识和参与意识。

(5) 公民代表（民众积极参与）。培养、提高公众旅游文化素质和文明意识，营造良好的社会文化环境；加强旅游发展意识，保护环境生态卫生；参与到旅游发展建设中，为旅游发展出谋划策。

(6) 媒体机构。做好旅游地的宣传工作，与政府、旅游企业、旅游景点合作，进行旅游宣传工作。

(7) 金融机构。进行资金支持。

(二) 行业管理

1. 市场管理

建立旅游市场综合管理体系和市场准人、市场交易和竞争规则，依法规范和监督旅游经营者的市场经营行为，保护其合法权益，打击扰乱市场秩序的不法行为。

根据市场情况，对旅行社行业实行宏观调控，实现类别结构合理、经营规范、平等有序的竞争格局。

结合旅游地区具体情况，增订新的旅游定点管理标准，对旅游饭店、旅游车队、旅游商店、旅游餐馆、旅游景区（点）实行标准化管理，坚持旅游饭店星级评定预评，实行旅游景区（点）等级评定管理和国内旅游服务定点评定管理。

规范市场营销行为，由旅游部门审核旅游宣传广告，禁止虚假广告和欺骗消费者行为，组织指导旅游市场的整体开发，建立市场促销网络，协调旅游宣传促销工作，扩大市场，提高旅游客源市场的信誉和份额。

2. 质量管理

成立高效廉洁的旅游服务质量监督体系，依法保护旅游者和旅游经营者的利益，及时受理旅游者的投诉和建议。

实行全行业标准化管理，贯彻国家标准和旅游行业标准，指导企业建立企业标准，在全行业建立旅游服务标准体系，促使管理和服务水平进一步提高。

组织优质服务竞赛、职工服务技能大赛及特色菜评选等活动，增强全行业服务意识，提高服务质量和服务水平。

3. 安全管理

制定《旅游安全管理办法》，由旅游、公安、交通、卫生、劳动等部门共同负责，指导企业建立分级负责的安全责任制和管理制度，加强安全管理和预防工作，重点抓好防灾、防火、防盗、防暴力、防食物中毒等工作。

旅游景区（点）设立安全机构，完善安全制度和安全设施，在危险路段和区域设置明显的安全警示标志，对娱乐设施进行安全、防火论证和定期检测，禁止无安全保障的旅游和娱乐活动。谁主办，谁负责，谁经营，谁负责，在重点景区设立景区派出所。

建立旅游紧急救援中心和紧急救援网络系统，制定紧急救援预案，及时处理旅游安全突发事件。

4. 监督、协调与服务

审计监督：制定《旅游行业内部审计工作实施细则》和《旅游企业总经理任期经济责任审计工作实施细则》，更好地发挥行业审计的监督职能。

价格监督：旅游管理部门协同物价部门制定旅行社、饭店、景区（点）的收费标准、指导价格及差率限制，打击价格违法行为，建立平等竞争的市场环境。

在行业管理中，除抓好上述监督工作外，还应做好协调与服务工作。

第四节　旅游发展的资金保障体系规划

旅游作为一个产业很需要资金支持，资金使用主要是四个方面：①项目投入，特别是重点项目投入和基础设施建设；②市场促销，包括产品的推出、市场的开拓、形象的策划和对外的宣传；③行业管理，包括市场准入、市场秩序、日常管理、高峰管理、制定标准、规划统计、安全保卫、培训教育、立法执法等；④旅游者权益保护，包括投诉热线、质量监查、投诉处理等。

我国大部分地区的旅游业发展正处于大投入的阶段，即使已经有了一定的产业基础，仍然需要资金方面的持续投入。而且旅游业先期如果没有这种资金投入，就很难完成旅游产业发展的预期目标。所以，资金保障成为其他保障的必要条件。在资金保障问题上，主要是要广开财路，扩展资金来源渠道。

旅游规划中的旅游发展的资金保障体系规划内容如下：

一、政府部门的投入

政府部门的资金投入对于旅游业发展来说是一个重要的资金来源渠道。因为在旅游业发展的初期，其对地方经济、社会文化等方面的拉动作用还没有很好地体现，社会各界并没有看到旅游业带来的变化，所以社会融资渠道在旅游业发展初期很难达到畅通。这时，政府就应保证旅游业发展的基本资金，实行专项拨款，专款专用，给社会资金投资者创造一个良好的环境，应负责提供：必要的基础设施项目；可持续性规划、管理和开发方案；整体性宣传及市场营销；公共的便民设施；其他非营利性投入。一般来讲，旅游开发中的主要基础设施建设项目和公共旅游设施必须由政府提供建设资金。政府投资一般包括政府直接投资、政府筹融资和投资激励政策措施三部分内容。为了确保旅游业的发展，许多旅游目的地政府设立了旅游发展专项资金，并列入年度财政预算。该专项资金应根据旅游业发展的需要逐步增加，由旅游管理部门专项使用，主要用于国内外旅游促销、旅游发展规划制定、旅游发展战略研究、从业人员培训等费用的支出。

二、招商引资

光靠政府部门的投入是远远无法达到旅游业发展的资金需要的，因此就要善于招商引资，对资源或项目进行认真的评估与分析、策划与包装，形成项目可行性招商文件。大举招商，要积极参加各种各类的招商洽谈会，将本地的优势旅游资源推向市场，施行筑巢引凤的策略，利用别人的资金进行自己的开发，从中受益。

三、利用社会资金

一地的经济发展水平达到一定程度，企业便会寻找其他可行的投资渠道。对于这些企业来说，投资旅游业不仅回报率高，而且可以赢得一定社会声誉。因此，旅游业可以抓住这种机遇，通过一定的政策吸引社会资金持有者投资于旅游设施。

在资金的分配方面，政府部门承担大部分投入，社会投资将承担不足部分，主要是在旅游设施方面，也可承担部分培训费用等。

根据笔者多年对旅游投资渠道的观察和研究，建议以表 12-1 所示的比例进行旅游业的政府投资和社会投资划分。

表 12-1　　政府性和社会投资划分

投资成分	所需总投资	政府部门投资	社会投资
基础设施	100%	80%	20%
可持续性开发	100%	90%	10%
宣传和市场营销	100%	40%	60%
公共设施	100%	100%	0
旅游设施及服务	100%	5%	95%

四、扩大资金来源渠道

除以上三种融资渠道之外，旅游区还应该积极寻找其他投资渠道。例如可以争取政府基金，或者争取其他渠道的基金支持，如亚太银行的基金，或上级政府对旅游业支持的专项资金，从而扩大资金渠道。

地区政府可按旅游企业营业额的 3% 以内征收旅游发展建设税，或从中拨出一定数额建立旅游业发展基金，成立基金管理委员会，直接对地区政府负责。

第五节　旅游信息保障体系规划

旅游业作为一个新兴产业，由许多分支行业组成，是一个信息密集型产业，要求对旅游目的地有一个详细明了的信息介绍，并能够为各行业和游客提供迅速及时的信息沟通。因此，应将旅游信息保障体系构建作为一项重要工作。

一、旅游信息系统构建

为了更好地吸引国内外广大游客，开辟新的客源，推出新的旅游线路和项目，普遍地提高旅游服务质量，加强旅游管理，使旅游业进一步兴旺发达，需要加强旅游信息系统的建设。

（一）旅游目的地信息系统

旅游目的地信息系统（Destination Information System，DIS）是以计算机软、硬件为基础，实现目的地各种旅游资源数据和辅助信息输入、存储、更新、查询、检索、分析、应用和显示的空间信息系统。按照服务对象的不同，可分为两种：一种是面向游客的信息模式，主要是为游客展示各种旅游目的地信息，方便游客；另一种是面向旅游目的地各管理部门及旅游供应商的管理模式，实现各部门、各行业之间的信息更新与信息传递。

可以建立旅游区触摸式多媒体旅游信息查询系统，装备于各大宾馆、旅行社、主要停车场、旅游景区（点）、长途汽车站和游客信息中心，为国内外游客提供来旅游目的地旅游吃、住、行、游、购、娱等六大要素的丰富信息，借助本系统，游客可以任意查询所需信息，同时为旅游管理部门开展对外宣传、交流等活动提供新型的旅游信息产品。其系统结构如图 12-2 所示：

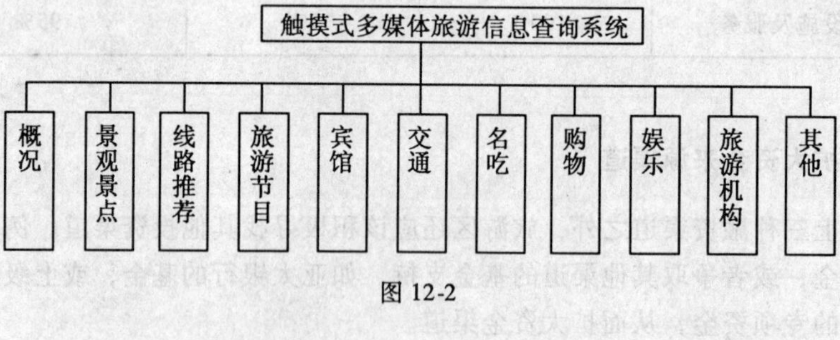

图 12-2

可以建立基于网络的旅游管理信息系统，装备于各旅游管理机构和经营单位。

其主要任务是对旅游管理所需的信息进行收集、传递、存储、加工和使用，以便旅游决策管理层充分利用现有的信息数据，系统地管理和宏观调控；同时为各行业、各部门提供一个清晰的行业信息和游客信息，以便于及时调整价格及市场战略。

（二）音像制品及其播放系统

有关旅游目的地旅游资源或旅游景观的音像制品直观性强，易于被旅游者所接受，不仅是很好的信息传播工具，同时还是旅游商品的一种。因此，规划制作旅游目的地相关景点的音像制品，包括一般的介绍和专门的说明，各景点的典故、传说、图片等，形成音像模拟展示。可以在各个景区的入口和重要景点处向游客免费循环播放，扩大影响力，同时也可以摆上柜台作为商品供游人选择购买。

（三）标牌指示系统

1. 全景标牌指示

设置于广场、游客信息中心停车场及各景区入口或内侧开阔处，内容包括该处的平面图与道路，景点服务设施（如餐厅、公厕、小卖部、门票处等）的分布，以及概要性的文字介绍。

2. 道路标牌指示

按国家有关标准，在行政区的入口处和沿市区的主要道路设置，向游客清晰标示前方道路主要景区（景点）的方向、名称、距离等。

3. 景点标牌指示

说明单个景点的名称、内容、背景等有关内容。重要景点要详细说明景点的有关情况。

4. 忠告标牌指示

告知游客各种安全注意事项，禁止游客的不良行为。包括景区各处的“游览须知”、危险地段的“小心”、“请勿前行”以及“请勿吸烟”、“禁止拍照”等安全、警告字样。

5. 服务标牌指示

服务功能建筑物的导引牌示，包括厕所、餐厅、购物地点、娱乐场所、休憩地点的牌示。

6. 科普教育标牌指示

以委婉、温和、巧妙的话语引导游客做一个文明旅游者，如“留下的只有脚印，带走的只有照片”、“小草也有生命，请君足下留情”等；并使用通俗易懂的语言向游客介绍关于景区的文物、建筑、文化、历史、植物等知识，设立于各景区（景点）步游道上。

（四）导游图、宣传册等印刷品系列

导游图的设计，应满足游客的旅行需要，从吃、住、行、游、购、娱六要素进行全方位介绍，包括旅游服务的所有涉及机构，如旅游星级饭店、非星级涉外饭店、特色饭店、旅游定点餐馆、特色餐饮机构、旅游交通车辆、旅游乘车站点及车次时间、旅游景区（景点）、旅游推荐路线、旅行社、旅游商店、旅游娱乐场所及项目，等等。另外，还应展示整个地区各旅游区的概况（如景点及交通联络）、邻近的景区（景点）及交通等，成为一个向游客全面展示旅游信息的开放导游系统。具体到各个景区（景点）要有平面图、鸟瞰图及活动等图文信息。

宣传册可以由旅游相关机构印制，如旅游局、景点（景区）、旅行社、旅游交通车辆、宾馆（饭店）、旅游商店等。通过单位或企业的全面介绍（包括单位规模、人力资源、经营范围、特色服务等），充分展示旅游区的整体形象。可以在宾馆、旅行社、车站、广场、游客信息中心、景点入口处等游客集中地免费提供，作为自助旅游的信息传递方式之一。

（五）导游员

应加强对导游人员及景点（景区）服务人员培训，使他们能通晓目的地的旅游总体情况，并能针对游客需要提供一般和专业的讲解服务；同时要加强行政管理部门工作人员及旅游有关机构工作人员对重点景区的旅游、文化知识的培训，使他们都能成为地区旅游形象代言人。

二、地区游客信息中心的建设

设立地区游客信息中心，可以增进游客对地区旅游资源及其总体情况的了解，为游客提供基本的旅游咨询、投诉服务，加强地区旅游形象的整体宣传与促销。

（一）游客信息中心的选址

游客信息中心应设于中心城市的交通便捷之处，同时在各个汽车站、景区、景点出入口等主要集散地设置游客信息服务点，以满足游客的多方面需求。

（二）信息服务方式

可以采用的信息服务方式主要有：

灯箱广告：提供吃、住、行、游、购、娱等旅游信息和旅游形象展示。

触摸式电脑、语音式电脑：建立多媒体旅游查询系统。

电子显示屏幕：显示和旅游者相关的旅游“六要素”信息。

旅行社资料：旅行社可在游客信息中心设专柜，提供旅游线路、旅游宣传资料，并可提供散客的组团服务和团队的接团服务。

咨询人员：旅游局培训专门的人员或从各旅游单位抽派专人，在游客信息中心从事地区旅游的免费咨询及本企业和单位的形象宣传。

旅游管理部门：旅游局在游客信息中心设专门机构（旅游质监所或旅游投诉

中心），以处理游客的旅游投诉。在旅游旺季、旅游黄金周、旅游高峰期对旅游人流进行监控、调度、中转、中介等管理服务。

其他服务方式：主要以免费宣传、教育、展示为主，在游客信息中心集中展示旅游地形象。

（三）服务内容

旅游整体形象、基本文字和图片资料；导游图、宾馆、饭店、旅行社、旅游交通、购物、娱乐场所分布；旅游产品、旅游线路及旅游购物品介绍；邻近地区的旅游资源及交通联络；火车、汽车、飞机、轮船时刻表；其他公共服务，如公用电话、传真、邮政服务。

第六节　旅游人力资源保障系统规划

人力资源规划既是旅游规划本身的一个组成部分，也是旅游规划得以顺利实施的必要保障。旅游业是劳动密集型和知识密集型行业，对人力资源有特殊要求。旅游从业人员总体综合素质和文化程度一定程度上代表着规划区旅游业发展的整体形象，直接影响着旅游者对旅游目的地服务水平的印象，因此，旅游目的地一定要重视旅游从业人员综合素质的培养和文化程度的提高。

旅游人力资源规划是采用系统的方法确保在适当时机由合适的人承担某个职位，它是一个涉及各级各类相关人事问题的系统规划，具体包括现状调查与问题分析、预测未来人力资源需求、人力资源评估、制订教育培训计划四个步骤。

一、旅游业人力资源保障系统建设的层次

旅游教育和培训不是单纯的技术训练问题，而首先是观念意识转变问题，旅游业人力资源保障系统的建设包括三个层次：

第一个层次：对党政领导干部（包括市、县各级主要党政领导和各有关部门领导干部）重点进行“发展旅游意识和思想”、“旅游是一个综合性产业”和“大旅游”的教育，这是近期应重点解决的问题，是最“难”的层次，也是最重要的层次。

第二个层次：对旅游管理部门领导和旅游企业高层领导的培训教育。

第三个层次：旅游从业人员的旅游服务意识和技能培训教育。

二、旅游业人力资源保障系统的规划

人力资源保障系统的规划可以从以下几个方面进行：

（一）建立和完善旅游教育培训工作的组织体系

为保证旅游教育培训工作的统一领导、统一标准、统一规范，加强旅游人才培养的计划和管理，应做到以下两个方面：

一是确立旅游教育培训的领导体制：①根据国家教育部、旅游局对旅游教育培训的相关要求，由所在地教育局、旅游局等职能部门，根据社会需求状况，协调决定旅游院校或相关旅游专业设置和学生数量规模，统筹安排，以逐步提高旅游专业人才的比例，并保证现有从业人员技术水平的稳定与提高。②旅游局或具有实力的旅游企业（集团）成立专门的培训工作机构，设立旅游培训专项经费，主要用于师资、教材建设、优秀人员奖励等方面。

二是旅游教育培训的考核评估。对于进入旅游行业的工作人员，要开展比较全面系统的岗位职务培训，然后凭证上岗。针对旅游从业人员现状及旅游发展目标、要求，加强旅行社、饭店景区景点等行业管理和服务人员持证上岗工作，实施专业技术人员职务聘任和技术等级考核制度，与分配挂钩，以利于调动他们学习的积极性，从而提高在职人员的素质。

（二）形成系统、科学的教育培训内容

为达到旅游培训提高旅游人才素质的目的，要根据教育培训对象的不同情况，进行科学、严密的计划，提出明确要求，形成系统、科学的教育培训内容。

（三）拓展广泛的教育培训渠道

高层管理人员的教育培训渠道主要包括：①充分利用本地高等院校教育培训能力，开设相关专业，如旅游管理、酒店管理、旅行社管理、旅游景区（点）管理等，进行有计划的人才培养；②充分发挥外地高校的作用，以派出进修或吸纳其毕业生的方式，积极引进、广泛网罗和造就旅游人才；③聘请知名专家学者，以讲学的形式，举办旅游知识强化班或研讨会。

专业技术人员与一般服务人员的教育渠道：①建立一所旅游学校（或学院）或在2~3所实力较强的职业中专学校中增设旅游相关专业，进行长线教育，以培养大量的骨干工作人员；②建立由当地旅游局全面或参与管理指导的旅游培训中心（可以考虑依托管理、技术水平较强的旅游企事业单位），积极开展短期培训，以解决大量的旅游急需人员的基本素质、技能的培养工作；③鼓励、指导企业自身开展人事教育培训工作。

（四）建立灵活、有效的教育培训方式

旅游教育培训的方式多种多样。根据旅游行政管理人员和旅游企业人员的现实情况，旅游行政机关管理人员以个别派出学习、大多数集中进行旅游知识强化的形式，尽快提高其行业管理综合素质和水平。条件成熟时，可考虑建立行政管理人员的考试选拔制度。旅游企业人员在旅行社行业中，要按照国家对经理人员和导游人员管理的规范要求，全部实行国家考试，持证上岗。为此，可根据需要进行考前的辅导与培训。另外，在不违反国家管理规范的前提下，面对导游员队伍急需扩大的现实，可推行地方导游证制，即由当地旅游局组织培训考试，合格者颁发“实习导游证”，以利于行业管理和整个导游工作水平的提高。对于饭店、旅游交通公司等企业，可实行岗前培训、岗位培训、技术等级考核相结合，即未经培训不得上岗。上岗后，根据具体岗位要求，进行专门的有针对性的岗位培训工作。这一工作是经常的，也是长期的。技术等级考核的实质是对岗位培训结果和实际工作能力的认定，可以利用淡季时间分阶段地集中进行。

（五）实施借脑工程

积极实施借脑或借智工程，聘请国内外旅游专家搞好决策咨询、规划设计、市场拓展、问题诊断、人才培训等工作，全面提升旅游产业的发展层次与水平。

第七节　生态环境保障体系规划

一、建立生态环境保障体系的意义

旅游开发这一人类活动难免会对土地、水体、大气环境、动植物以及自然景观、人文景观产生影响，如果规划不当，容易降低旅游地的环境质量，破坏旅游地的自然生态和人文生态的平衡。因此，旅游开发在规划中一定要注意生态环境的保护，正确处理开发与保护的关系，建立起生态环境保障体系。生态环境保护是旅游开发可持续发展的重要保障之一。

二、生态环境保障的原则

（一）可持续发展的原则

旅游地开发与旅游设施的建设既要考虑旅游发展的需要，又要充分考虑景区建设和旅游活动对自然资源、生态系统的影响，注重保护和改善生态环境，保护自然景观，使旅游资源永续利用，处理好代际关系和区际关系。

（二）生态环境保护规范性原则

将生态环境的保护以一定的法律形式规范下来，便于旅游主体参照实施。这种规范可以是国家制定的一些法律、法规、条例等，也可以是地方针对本地实际制定的环境保护规范。例如，《环境保护法》、《森林法》、《自然保护区管理条例》、《野生动物保护法》、《草原法》、《大气污染防治法》、《水污染排放许可证暂行办法》、《风景名胜区管理暂行条例》等，这些法律法规都应成为保护生态环境的重要依据。

（三）生态环境保护参与性原则

生态环境的保护并不是几个旅游企业积极参与就可以完成的，它需要大众环保意识的强化，需要旅游者及旅游目的地居民在日常生活中贯彻环境保护的思想。因此，应在社会上广泛宣传环境保护的重要性，并介绍保护生态环境的正确方法，通过宣传教育等手段，激发社会大众参与环境保护的积极性和强烈的社会责任感，使每个公民和游客都能自觉地加入到环境保护的行列中来。

（四）生态环境保护强制性原则

在对待环境生态系统的保护问题上，市场经济往往显得软弱无力。若放任自流，在市场利益的驱动下必定会形成“先破坏后保护”的恶果。因此，在旅游业发展过程中，要优先设立生态环境保护的监督机构，借助国家颁布的法律法规督促生态环境保护措施得以落实。

（五）分级保护的原则

旅游地或旅游景区的生态系统的保护，应分清主次、重点分级制定保护措施，防止破坏性和掠夺性开发。

三、生态环境保护规划措施

（一）认真分析旅游地的现状

旅游规划人员首先应进行资源环境调查，认真分析旅游地或旅游景区的环境现状，结合旅游项目的性质及其对环境的影响程度进行评估，以便制定切实有效的生态环境保护措施。

（二）采取行之有效的生态环境保护措施

1. 对水体资源及环境的保护

江河资源的保护：严禁江河两岸的工矿企业和居民生活点向江河中排放工业和生活污水。对于污染严重的小工业，应限其“关、停、并、转”，或建立工业污水处理设施；对旅游区及居民点产生的日常生活污水和废弃物要予以处理，严禁直接排入江河水体中，给环境造成严重污染。

湖泊资源的保护：一般来讲，湖泊的水是不流动的，开展旅游活动很容易造成水体质量下降甚至严重污染。所以在进行旅游规划与开发时，一定要保护好湖泊的水质不受破坏。而那些作为城镇居民生活饮用水源的湖泊水库原则上不宜开发水上旅游项目。对开展水上旅游活动项目的景区应做好以下工作：每个景区配备一定数量的环境监测专职管理人员，对水域进行重点保护与监测；建立和健全环境保护工作规章制度，建立游览区污染源、环境监测数据档案；根据游览区职能对环境质量的要求，制定污染控制指标，并付诸实施；水上游船应以人工动力船只为主。

瀑布资源的保护：瀑布的保护要从水的保护着手。首先，保证瀑布水源的涵养。瀑布的上游要栽种大面积防护林，加强水分的保护，不得砍伐林木；瀑布周围应加强绿化，防止水土流失。其次，瀑布的上游严禁开办工矿企业，以免造成瀑布水质的下降。

泉水资源的保护：泉水资源是有限的，在开发利用时要注意对其进行保护。在开采利用时应先科学测定泉水的流量，在此基础上进行适度的开发，防止过度开发而导致泉水枯竭现象的出现。

2. 对大气环境的保护与噪音的控制措施

目前大气环境的污染主要是工、农业生产和生活中燃烧所产生的碳、硫、氮的各种氧化物，这些物质对大气的构成产生影响，甚至影响地球表面的气候条件。因此，要加强对大气资源和环境的保护，调整目前的燃料结构，将污染性较大的能源替换为清洁的能源，如液化气、太阳能、水电能等。旅游交通工具也要升级为无铅汽油和天然气的清洁车辆，提高汽车尾气排放的标准，将旅游城市中大气环境质量控制在国家二级标准内，旅游区的大气环境质量要达到国家一级标准。严禁在旅游景区建设有空气污染的工矿企业。禁止排放废气和有噪声的机动车辆进入旅游核心景区污染环境。对大气质量和噪声进行监控，并采取相关措施。

3. 对生物资源的保护

在旅游过程中，要加强对游客进行生态环境保护的宣传，真正实现“游客除了留下脚印，什么也不留下；除了带走照片，什么也不带走”的目的。在生态环境脆弱的地区，出于保护动植物资源的需要划分为核心区、试验区和缓冲区。在核心区内不允许开展任何形式的旅游活动；在试验区内则可以有控制地开展一些观光、科学考察活动，但不能建立大型的永久性设施；在缓冲区内则可以将限制条件适度放宽，开展一些观光游览项目，还可将一些小型接待设施设于此处。对于珍稀的濒临灭绝的动植物，要建立自然保护区。对于森林保护，要建立防火制度，做好森林防火和消防安全工作。

4. 对自然景观的保护

对于自然景观，在开发中要注意保存其原始形态，必要时对其进行维护，但切忌留下太多的人工雕凿痕迹。自然景观保护还要注意与周围环境的协调，对于其周边地区的建设项目进行严格的审批控制，不能破坏自然景观的整体美感。

5. 环境卫生措施

应保护好旅游地或旅游景区环境卫生，采取一些得力措施，如在各景区建立一个垃圾处理站，集中回收景区垃圾。景区垃圾及时清扫，做到日产日清；在景区设置垃圾箱（桶），沿主要旅游线适当距离设垃圾桶；按景区管理人员及服务员的10%的比例配置环卫工人；公厕全部采用冲水式厕所，污水经处理达标后排放。

6. 旅游容量控制措施

对旅游景区进行游客容量的科学测算和有效控制，以减轻对环境的压力。旅游区旅游容量是旅游环境承载力的重要指标。在旅游规划中对旅游区日空间容量进行测算可采取如下计算公式：

日空间容量的测算是在给出各个空间使用密度的情况下，把游客的日周转率考虑进去，即可测算出不同空间的日空间容量，即：

$$C_i = X_i \times Z_i / Y_i$$

式中：C_i 为日空间容量；X_i 为资源规模；Z_i 为日平均周转率；Y_i 为容量标准。

7. 环境教育措施

对游客和旅游景区的工作人员以及旅游地社区居民进行经常性的环境保护教育，提高他们的生态环境保护意识。对旅游景区有关人员进行环保知识的培训。

案例

湖南福寿山旅游总体发展规划保障体系①

一、法律保障

（一）法律保障依据

为了保障福寿山旅游发展总体规划的顺利实施，必须贯彻以下法律文件：

(1) 省内的行业管理条例：《湖南省旅游管理条例》。

(2) 国家关于旅游的相关法律、法规：《旅游发展规划管理暂行办法》、《旅行社管理条例》、《旅游区（点）质量等级的划分与评定》。

(3) 国家关于自然保护的有关法律、法规：《环境保护法》、《森林法》、《水法》、《水土保护法》、《土地法》、《风景名胜区管理暂行条例》、《自然保护区条例》。

(4) 国家关于文物保护的有关法律、法规：《文物保护法》、《文物保护法实施

① 资料来源：http：//www. pingjiang. gov. cn.

条例》。

(5) 其他有关建筑物的法律、法规与有关水、空气、噪音和固体废弃物污染排放的法律文件。

(二) 法律法规的实施保障

要把福寿山旅游业的发展纳入法制保障的轨道，必须开展好以下几方面工作：

(1) 必须贯彻落实《湖南省旅游管理条例》，并制定《湖南省福寿山景区保护管理办法》。

(2) 大力推进旅游行业标准，实行行业管理标准化，设立各种管理标准化体系和行业服务标准体系。

(3) 对旅游景区景点要根据《旅游区（点）质量等级的划分与评定》及相关法规，全面规范旅游景区景点经营行为，不断提高管理水平和服务质量。

(4) 对旅游企业主要包括宾馆、酒店、社会旅馆、招待所、商店、旅游客运公司等接待旅游者的经营单位，旅游管理部门要协同治安、公安、城管、工商、卫生、技术监督、物价等部门联合开展监督检查和日常管理，以保护旅游者的合法权益不受侵犯，维护良好的旅游市场秩序。

二、人力资源保障

(1) 加强旅游从业人员在职培训，实行岗前培训、持证上岗。

(2) 直接与具有旅游专业的大中专院校合作，通过旅游院校或各类职高培养管理人员和服务人员。

(3) 采取优惠政策，从外地引进旅游管理人才和技术骨干，与劳动部门合作，建立旅游人力资源信息港，以利于旅游人才的引进。

总之，人才培养依据“系统内部培养和系统外部输入相结合，在职职工培训和学校培养相结合”的培训方针，源源不断地为福寿山旅游发展输入人才。

三、资金保障

旅游资源转换成产品是需要投入的，当今旅游开发的模式变成了“资源产品提升型”，旅游业已由“投资少、见效快、收益高”转变成为追求“高投入、高风险、高产出”的产业结构。因此，要确保旅游规划的实施，必须有足够的资金作保障。

(一) 政府投资

福寿山所在的平江县是全国贫困县，县政府、风景区管委会要积极争取国家的扶贫资金用于旅游开发，以旅游开发带动整个区域的经济发展，甚至平江县的经济发展。

（二）招商引资

招商引资是福寿山旅游区筹集旅游发展建设资金的重要途径。要抓好这项工作，必须注意以下几个方面的问题：

(1) 创造良好的投资环境。要大胆解放思想，更新观念，制定各种优惠政策，积极拓宽引资渠道，做到外资、内资并举，国资、民资并重，最大限度地招商引资，同时完善基础设施建设，提供必要的开发条件。

(2) 注重投资者地区优先和投资项目的效益。要注意有效吸收外资和海外先进技术及管理经验，同时招商引资既要保证起步资金和项目启动，又要考虑投资效益的整体发展。

（三）银行借贷

旅游业具有发展前景广阔、投资回报率高的优势，国内外银行对此早有关注并且产生浓厚兴趣，因此以资产做抵押争取银行信贷成了旅游基建投资的一个主要来源渠道。银行借贷分为两种，一种是人民币贷款，另一种是外汇贷款。本规划的基建设施建设和前期重点开发项目可考虑采用抵押产权和经营权向银行借贷的方式来筹措资金。

四、环境保护

（一）指导思想

福寿山景区的开发、建设、游人的进入和各种旅游交通工具的引入等都可能对景区的环境带来不良影响。为了维护自然生态环境的平衡，应以生态经济理论为指导，以保护为前提，坚持开发与保护相结合的原则，确保自然生态环镜的良性循环。严格执行《森林法》和《森林公园管理办法》，以保护森林、保护水体为主要目的，采用自然更新和人工更新相结合的方针，保护森林的自然景观，保护野生动植物，达到环境效益、社会效益和经济效益的统一。

（二）游客容量测算

旅游区旅游容量是旅游环境承载力的重要指标。本规划对旅游区日空间容量进行了测算。

1. 计算公式

日空间容量的测算是在给出各个空间使用密度的情况下，把游客的日周转率考虑进去，即可测算出不同空间的日空间容量，即：

$$C_i = X_i \times Z_i / Y_i$$

式中：C_i 为日空间容量；X_i 为资源规模；Z_i 为日平均周转率；Y_i 为容量标准。

2. 主要景区日空间容量测算

主要景区日空间容量表

主要景区名称	细分类别	资源规模	容量标准	资源容量	日平均周转率	日空间容量
旅游服务接待区	怡丰茶号	$1000m^2$	$3m^2$/人	333	5	2665
	特色旅游商品街	200m	1m/人	200		
水上娱乐区	垂钓	$2000m^2$	$80m^2$/人	25	3	4524
	白云寺	$1200m^2$	$30m^2$/人	40		
	吴实纪念馆	$2500m^2$	$30m^2$/人	83		
	水上游戏	$2800m^2$	$10m^2$/人	280		
	划船	$20000m^2$	$250m^2$/艘	80		
	一级步行游览道	8000m	8m/人	1000		
运动休闲度假区	祖师岩	$1000m^2$	$30m^2$/人	33	2	14486
	福桶山	$2800m^2$	$50m^2$/人	56		
	生态野果园	$28000m^2$	$100m^2$/人	280		
	植物园	$30000m^2$	$100m^2$/人	300		
	激情滑草场	$80000m^2$	$100m^2$/人	800		
	有机茶观光园	$26000m^2$	$50m^2$/人	520		
	高山马场	$80000m^2$	$30m^2$/人	2667		
	高山杜鹃园	$28000m^2$	$100m^2$/人	280		
	动感野战营	$20000m^2$	$100m^2$/人	200		
	赖毅故居	$200m^2$	$20m^2$/人	10		
	辜家洞红军村	$4000m^2$	$50m^2$/人	80		
	白水坪古道观	$2000m^2$	$30m^2$/人	67		
	紫竹观	$1000m^2$	$30m^2$/人	33		
	一级步游道	10000m	8m/人	1250		
	二级步游道	4000m	6m/人	667		

续表

主要景区名称	细分类别	资源规模	容量标准	资源容量	日平均周转率	日空间容量	
民俗体验区	科教农庄	7000m^2	50m^2/人	140	2	4172	
	芦戎村落	15000m^2	50m^2/人	300			
	瑶池仙境	2000m^2	20m^2/人	100			
	红军洞红色教育基地	1000m^2	30m^2/人	33			
	七仙殿	1000m^2	30m^2/人	33			
	一级步游道	6500m	8m/人	813			
	二级步游道	4000m	6m/人	667			
杜甫墓文化园	诗圣文化园	10000m^2	30m^2/人	333	3	5649	
	杜甫草堂	200m^2	20m^2/人	10			
	“诗圣”广场	20000m^2	20m^2/人	1000			
	中华诗词讲习院	800m^2	20m^2/人	40			
	汨罗江龙舟竞渡基地	10000m^2	20m^2/人	500			
福寿山矿泉养生园	水疗中心	10000m^2	50m^2/人	200	2	400	2899
	泉园	20000m^2	50m^2/人	400	3	2449	
	泉涌坊	10000m^2	100m^2/人	100			
	展览厅	10000m^2	30m^2/人	333			

（三）环境保护规划

1. 环境保护规划原则

(1) 以可持续发展的原则指导福寿山景区的风景资源、山体水源和生态环境的保护培育，使其科学有序地发展，逐步达到最佳的稳定状态。

(2) 合理平衡局部与整体、眼前与长久、集体与国家的关系，制定切实可行的保护培育规划。

(3) 以保护为主，美化、绿化并举，因景植树，寓合主体，体现不同景区的特色和深层次的文化内涵。工程的建设要因地制宜，避免因大规模建设破坏植被而造成水土流失。

(4) 充分利用土地，消灭林间空地，增强森林的水源涵养和水土保持作用。主要景点建筑物周围应栽植原地带植被，尽量保持景观的自然风貌，对游览线路上的林木和草本植物应加强保护。

(5) 在公园划定合理的保护分区，并确定重点保护范围，实行分级保护，分区管理。

2. 保护区划分

(1) 一级保护区。

保护范围：北至大福坪，南接祖师岩，西至白云溪，东到天子冈，以及福寿山小湖坪原始次生林和百福溪。

保护措施：区内有丰富的森林植被景观和极佳的特色生态环境，为核心保护区，应采取绝对保护方针。除少数游览道及必要的管理设施外，原则上不允许进行任何建设活动，严令禁止砍伐森林资源，一切保持其自然原始的风貌。

(2) 二级保护区。

保护范围：福寿山森林公园除一级保护区外的地段以及白水湖。

保护措施：①应加强生态林的营造，使景区整体生态环境得到进一步优化。对现有森林资源采取严格保护的方针，基本保持其原始状态。②加强旅游景点建设的环境论证，促进人工设施与自然环境的和谐统一。③在对水源、水质有效保护的前提下，进行水上项目论证，避免对水资源的污染。工程建设坚决控制在合理的强度内。

(3) 三级保护区。

保护范围：旅游服务管理接待区和民俗体验区。

保护措施：①严格按照《中华人民共和国土地管理法》、《基本农田保护条例》和国土资源部制定的有关规章对基本农田进行保护。该区内以农田的生态环境保护和农田林网化建设为重点，为进一步发展观光农业和改善旅游环境提供便利。②严格控制有碍风景观瞻和资源保护的不良建设行为，不得兴建环境污染超出自然平衡能力的产业。

复习思考题

1. 为什么要制定旅游保障体系规划？
2. 旅游保障体系规划包括哪些主要内容？
3. 说明政策与法规保障体系规划的要点。
4. 说明旅游管理保障系统规划的要点。
5. 说明旅游人力资源保障系统规划的要点。

第十三章　旅游规划图的编制

第一节　旅游规划图概述

一、旅游规划图的概念

旅游规划图是旅游地图的重要组成部分。旅游规划图是主要表示旅游规划要素的专题地图，具体来讲是反映旅游三大要素——旅游主体（旅游者的活动）、旅游客体（旅游资源与旅游产品的分布）及主体客体间的纽带（旅游产业要素）和旅游地旅游业发展的历史与现状、旅游经济要素的时空分布、旅游规划建设内容等旅游规划要素的专题地图。

由于旅游规划的不少成果要落实在图上，所以旅游规划图是旅游规划成果必不可少的部分，所占的分量非常重。无论是旅游业发展的总体规划、旅游区控制性详细规划还是旅游策划和旅游项目建设规划，旅游规划图件都是规划必要成果之一。旅游规划图制作得当，会给整个旅游规划成果增色不少。

二、旅游规划图的特性

为什么在旅游规划项目的成果中一定要有一系列的旅游规划图件呢？这主要是因为旅游规划图可以起到规划文本所无法起到的作用。其主要特性有：

（一）直观性

规划专家关于规划区旅游业发展的认识和对将来的种种规划措施都可以在旅游规划文本中找到相应的部分。然而在“浩如烟海”的文字中寻找关于某一方面的思维亮点，可能还需要较长的时间、足够的耐心和一定的理解能力。而用规划图体现出来的规划想法则可以非常直观地摆在阅读者面前，便于大家理解。以旅游功能分区为例，在旅游规划文本中，功能分区的范围界定乃至游览区中包含的景区、景点范围界定，每一旅游区等级上的一类区、二类区、三类区的划分以及旅游节点的分布等内容，都会有详细的分析。然而读者通过阅读文本，很难得到关于功能分区类别体系的确切位置。如果读完文本再看功能分区图，则会有一目了然的效果。不同的类别体系（旅游区—游览区—景区—景点）、不同的等级体系（一类旅游区、二类旅游区、三类旅游区）以及节点的位置都可以用不同的图例在图上清楚地表现出来。尤其是对于委托方的官员或者投资方来说，可能他们没有那么多时间去阅读十几万字乃至几十万字的文本与说明书，但是只要把几张旅游规划图放在他们面前，关于未来旅游业发展的大体框架就能“了如指掌”。

（二）表意性

旅游规划图不同于正式出版的地图有严格的规定，其内容和表达的信息只是对旅游规划想法的一种表意性体现。对于总体规划来说，旅游规划图件起到的是示意作用。由于涉及的地域范围非常广阔，表现的要素内容繁多，并且由于底图、资料等种种原因的限制，旅游总体规划图无法做到很准确、无误差，而总体规划图的示意作用也决定了没有必要做到毫无误差；对于控制性详细规划或修建性详细规划来说，旅游规划图件所起的作用就远远不止示意作用那么简单。因为旅游详细规划或建设规划的图件不仅是旅游规划的成果之一，其中的各地块控制性详细规划图、各项工程管线规划图等都是以后工程建设项目详细设计和施工时的主要依据。因此，控制性详细规划或修建性详细规划中的图件，不仅起到一个示意作用，还应当做到科学、客观、精确、细化。

综上所述，不论是“大而化之”起示意作用的旅游总体规划图件，还是“精确细化”要做项目详细设计和施工依据的控制性详细规划或修建性详细规划图件，都要将旅游规划文本中的要素体现到规划图件中，即要具有表意性。

（三）科学性

虽然旅游规划图具有表意性的特点，但是旅游规划图与其他旅游地图一样，具有严肃的科学性。这里的科学性、严肃性主要指的是那些公共信息部分的内容不能有丝毫的谬误。例如行政区划的边界尤其是涉及国家的边界时不能有丝毫的误差。

（四）艺术性

旅游规划图虽然是专业性较强的专题地图，但是也要做到通俗易懂。其表现形式不拘一格，可以运用如象形符号、照片以及形象的色彩等多种艺术手法以提高其可读性。好的旅游规划图，在体现文本思想、符号运用、色彩搭配、信息量、打印效果等方面都能让人产生美感。因此，旅游规划图应具有较强的艺术性。

三、旅游规划图的体系

由国家质量监督检验检疫总局发布、2003 年 5 月 1 日开始实施的《旅游规划通则》中对旅游规划图的组成有明确的要求：旅游区总体规划的图件要包括旅游区区位图、综合现状图、旅游市场分析图、旅游资源评价图、总体规划图、道路交通规划图、功能分区图以及其他专业规划图、近期建设规划图等；旅游区控制性详细规划的图件要包括旅游区综合现状图、各地块的控制性详细规划图、各项工程管线规划图等；旅游区修建性详细规划要包括综合现状图、修建性详细规划总图、道路及绿地系统规划图、工程管网综合规划图、竖向规划图、鸟瞰或透视效果图等。并且通则中对每一种旅游规划图件的比例都有相应的规定，例如控制性详细规划的图纸比例一般为1：1000～1：2000，修建性详细规划的图纸比例一般是1：500～1：1000。

（一）旅游区区位图

旅游区区位图表现出的区位有两层含义：其一，表现旅游规划区真实的地理区位，即在世界、全国、全省或全市中的地理位置如何；其二，表现旅游规划区与主要客源地之间的相对位置。第一层含义的表现，可以使评审人员、委托方或其他相关人员清楚明了地看到本规划区所处的地理位置，便于他们从地理宏观角度重新审视规划区；第二层含义则是从旅游区位的角度评价旅游规划区，要能够从图上明确了解旅游规划区与主要客源地之间的距离。

旅游区区位图可以用若干个子图来表现。一般来说，至少应该包括两个子图，即国内区位图和国际区位图。省一级的旅游规划区位图必须包括国内区位图和国际区位图两张规划图；地市一级的旅游规划区位图也要包括国内区位图和国际区位图两张规划图；县市一级的旅游规划图一般来说国内区位图是必不可少的，国内区位图既可以表现其与周边省市的区位关系，也可以表现其在全国范围内的区位。

（二）旅游资源评价图

旅游资源评价图要体现旅游区旅游资源的数量、类型、分布、等级，是旅游规划图件中一张不可缺少的非常重要的图件。其表现内容主要有：

旅游资源的数量多少：在整个规划区内将旅游资源普查的结果表现到图上。

旅游资源的类型划分：将所有的旅游资源分类，并用不同的图例表现形式将这个分类结果体现到图件上。根据国家旅游局颁布的《旅游资源分类、调查与评价》的规定，旅游资源可以分为地文景观、水域风光、生物景观、天象与气候景观、遗址遗迹、建筑与设施、旅游商品、人文活动等八个主类。在旅游资源分布图上用不同的图例将这八种旅游资源逐一分别体现。

旅游资源的空间分布：按照旅游资源所在的真实地理位置将每一个旅游资源体现在确切的空间上，由此可以从空间层面上分析旅游规划区旅游资源的分布状况。

旅游资源的等级划分：在规划文本中，旅游资源经过多种评价方法之后会划分出不同的等级。旅游资源分布图也要将这个等级划分结果体现出来。

（三）旅游业发展现状图

旅游业发展现状图主要体现规划区在旅游规划实施之前旅游业发展的整体情

况。整体情况的表现可以通过若干产业要素的分布、经营规模等因子来体现。这些因子主要有：不同星级旅游饭店的多少、规模大小、分布位置及营业水平；不同类别旅行社的数量、分布位置、规模大小及营业水平；已开发的景点景区分等级表现，如世界遗产地、不同等级的风景名胜区、国家地质公园、森林公园、文物保护单位等；旅游车船公司的位置、规模、营业水平等。

通过旅游业发展现状图，我们可以很清楚地了解本规划区旅游业发展水平，明确本身发展的“起跑线”。

（四）旅游功能分区图

地图的最强大功能是体现空间分布，旅游功能分区图就能很好地体现旅游地图的这个功能。功能分区图要将旅游规划文本中有关旅游功能分区的主要信息体现在图上，这些信息包括旅游功能分区的大体界限和旅游功能。若可能的话，还应该把功能分区内部的景区中最主要的旅游景点标注出来，使读图者从功能分区图上就可以了解整个规划区的主要内容，同时了解景点与功能的对应关系。

（五）目标市场规划图

旅游规划文本中一般将旅游目标市场划分为一级、二级、三级市场，且有国内市场和国际市场之分。因此，旅游目标市场规划图要将这几方面的内容体现出来。一般来说也应当包括若干子图，如国内目标市场规划图和国际目标市场规划图。

目标市场规划图的基本要素有本规划区的位置、不同等级目标市场的范围、目标市场距离规划区的大体距离、不同等级目标市场中最主要的客源地等。

（六）旅游交通规划图

旅游交通规划图的主要任务是表现旅游规划文本中关于旅游交通设施规划的主要内容。这些信息主要包括：原有旅游交通线路（包括区内交通和区间交通）的等级、疏密程度、起止地点；规划后的旅游交通线路（包括区内交通和区间交通）等级、疏密程度和起止地点；原有停车场的位置和容量大小；规划后停车场的位置和容量大小；原有交通港站的位置和交通集散能力；规划后的交通港站位置和交通集散能力。其中，交通线路的规划前后信息的体现内容要求全面和立体：全面是指交通线路的表现既要有大交通即联系规划区与外界的区间交通，也要有小交通即联系区内景区景点之间的区内交通；立体是指包括航空运输、铁路运输、公路运输、水路运输等多种运输方式的立体体现。

（七）旅游线路组织图

旅游线路组织图与旅游区位图、旅游目标市场规划图类似，有条件的话要由若干个子图组成。这些子图要有不同的主题，分别表示区内旅游线路组织、区间旅游线路组织等。

（八）旅游环境保护图

在旅游业可持续发展呼声越来越高的今天，人们对旅游开发中生态环境的保护问题越来越重视。因此，一般的旅游规划文本中都要对旅游开发所引发的环境问题有所涉及。一般的解决办法就是将整个规划区按照环境保护的重要程度划分成特级保护区、一级保护区、二级保护区、缓冲区、旅游设施建设区等。或者可以按照生态保护的划分方法，将规划区划分成核心区、缓冲区、试验区，并且在环境保护图上将这些分区的范围严格地表示出来。

（九）旅游规划总图

可以说前面所介绍的旅游规划图都是针对某一个主题而做的专题规划图。一般来说在规划图件中还应该包括一张规划总图。规划总图并不是将前面所述及的八张地图进行简单的叠加得到的，而是对每一张主题图的信息进行有原则的筛选，将其中重要的信息提炼出来放到规划总图中。规划总图的内容应包括主要旅游资源的分布、旅游功能分区的划分结果、主要交通线路的规划、旅游线路的组织和环境保护的界限等。可以说旅游规划总图是体现旅游规划设计思想的总平面图。

（十）重点景区规划图

重点景区的规划图是否编制，要根据旅游规划合同中的相应规定而定。这些重点景区的规划图包含的内容是自成体系的，包括景区内旅游资源的分布、功能分区、交通线路与旅游线路的规划、接待设施的建设、环境保护等内容。

四、旅游规划图的要素

旅游规划图与其他地图一样，除了图的内容外还必须包括几个必不可少的要素。这些要素主要有：

（一）图名

旅游规划图的图名一般有两个：主图名与副图名。一般来说，主图名就是某某地区旅游业发展规划图，而副图名就是真正反映该图主题的名字，例如旅游区位图、旅游资源分布图、旅游功能分区图等。

（二）比例尺

比例尺视规划区的面积和表现内容的大小来确定。较大面积的规划区一般用的比例尺为1∶50000～1∶200000，较小面积的规划区为1∶5000～1∶25000，如果是控制性详细规划或建设规划以及一些重点景区的旅游规划则需要更大的比例尺。

（三）图例

图例的选取有一定的规律可循。如果是一些已经比较固定的图例，如不同等级居民点的标志、交通线路的标志、各种行政区间界限的标志、水文及地形标志等都已经有相关规定，那么图例就应该按照这些规定来使用。如果一些图例没有相关规定，则可以寻找既简洁明了又形象的图例来表示。

（四）指向标

旅游规划图上的指向标虽然方向指针比较小、不容易被发现，但却是地图上不可缺少的一个要素，一定要采用合适的形式进行标示。

（五）相关文字说明

大部分的旅游规划图要有一定的文字说明。这些文字在图中的位置不能喧宾夺主，但也不能过小，要选择适当的字体和字号，以起到“画龙点睛”的作用。

第二节　旅游规划图的编制程序与制作方法①

旅游规划图的编制工作可以划分为三个程序或阶段：设计阶段、编制阶段和打印装订阶段。

一、设计阶段

设计阶段非常重要，是因为它直接关系到规划图的整体效果和质量。在进行设计时，首先要明确编图的目的，明确编图的主题，并根据这个主题研究与所编地图有关的文件。这些相关的文件主要就是规划文本中与地图主题相关的部分。从大量的规划文本文字中找到与编图相关的文字，选择采用何种编图软件和编图手段进行内容体现，用何种颜色做底色，小面状用何种颜色，面状与面状之间如何区分，用何种图例，比例尺要求多大等一系列与主题图相关的内容的确定都要在设计阶段完成。如果可能，最好能够进行科学的试验，进行可行性的评价。在此基础上，补充、修改、制定出详细的编图大纲。编图大纲的主要内容包括：地图的图名（包括主图名和副图名）、制图所需的资料及寻找途径、地图所要表达的内容（要详细到每一点）、地图的表达方式、图例设计、制图综合原则和图面整饰，制图工艺等。

二、编制阶段

编制阶段就是按照编图大纲的要求编绘规划图，先编绘基础内容，再编绘专题内容。具体的编制阶段工序非常复杂，包括以下步骤：

（一）选择底图

旅游规划图上存在着两种内容，一种是底图内容，即基础内容；另一种是专题内容，即底图主题所规定的内容。专题内容是根据主题所规定的内容重新设计编制

① 本节编写参考陶犁的《旅游地理学》（云南大学出版社 2001 年版）。

出来的，而底图内容则是地图上应该表现的最基本的信息。底图选择得当与否会直接关系到旅游规划图的效果如何。

做旅游规划图必不可少的有两种底图：一是规划区等高线地形图，二是规划区行政区划图。这两幅地图相辅相成，一般就可以提供制图的全部基础内容。等高线地形图可以提供给地图编制者规划区的地形走势、高差变化等，为分析某些项目建设的可能性提供依据；行政区划图则对整个规划区管辖的下级行政区有全面体现，便于在功能分区时有所借鉴。

对于一些特殊的旅游规划底图，有时候还需要一些专题地图，如森林公园、自然保护区、地质公园等规划区的底图，就需要规划方提供相应的专题地图。

（二）处理底图

等高线地形图和行政区划图这两幅底图所提供的信息很多，这些信息对于规划图的编制有些是有用的，有些是无用的，而且底图的信息都是无法编辑的，因此处理底图这一步骤工作量很大，但非常重要。

处理底图有两个步骤。一是将底图中的大量信息进行筛选，即将那些有用的信息从大量的信息中挑选出来；二是将这些有用的信息矢量化，使得这些信息都可以编辑。经过处理后的底图将形成新的可以编辑的图，从而为下一步编绘专题要素打下基础。

（三）编绘专题要素

旅游规划图的专题要素很多，包括景区、景点、交通、服务设施等。不同种类的规划图，其专题要素也不同。编绘专题要素的过程其实就是一个将主题内容用不同图例编绘到地图上的过程。因此，对图例的了解和掌握是非常必要的。

图例是编图的依据和使用时的参考，所以图例必须完备。它包括地图上所有设计和所采用的标记；图例中的符号、颜色必须与图中代表的相应内容一致；图例中的符号、标记、颜色应体现出艺术性、明确性和逻辑性。

从图例的要求中可以知道，图例要包括图上所表示的所有基础内容和专题要素，也就是说，图例是图上采用的符号、标记和颜色的说明。在设计图例时，首先要理清图上采用的符号、标记和颜色以及它们所代表的要素，然后依据对图例的要求进行归类编排，同时还要注意内容编排上要具有逻辑性。

（四）色彩选配

色彩在地图设计中的作用非常重要，是体现旅游规划图的艺术性的重要因素。旅游规划图的色彩选配要遵循色彩学的原理。主要应注意以下几点：

1. 相似原则

根据主题和类型选配色彩，选配的色彩要与自然景色有一定的相似性，如森林用绿色、水体用蓝色、居民点用棕褐色等。

2. 突出专题原则

如何突出专题呢？地图要素、公共要素要用浅淡的色彩，专题要素的色彩要鲜明突出。例如交通规划图中原有交通线路可以用浅红、浅绿、浅蓝色，而规划设计的交通线路则用大红、深绿和深蓝色。

3. 习惯原则

规划图做好之后是给大家阅读的，因此色彩的选择要用习惯用色。例如，公路用红色，铁路用墨色，水系用蓝色，这些色彩已经被大多数人接受，因此要符合人们的识图习惯。

4. 层次原则

旅游规划图要比其他专题地图更活泼生动，在色彩选配时也应该注意这一点。一张图上色彩要有层次，对比色和协调色同时使用，有起伏感，而且色彩要鲜明、亮丽一些，不能灰暗。

5. 统一原则

统一原则主要针对类似要素来说的，即类似的要素尽量采用同一色调。各种自然风景点要尽可能都采用不同程度的绿色，人文旅游景点则可以选择不同程度的棕色等。

色彩的选配是规划图编制过程中一项非常重要的工作。色彩搭配得当会给旅游规划图增光添彩。

前四步工作基本完成之后，旅游规划图的“初稿”已经基本完成。但是制图者有时并不是规划组的核心成员，因此在规划思路、主要规划内容的理解上也许会有偏差。因此，征求意见阶段是对“初图”进行审核的重要阶段。这个工作主要是由规划组的成员们来完成的，根据每个人负责的规划部分审核相应的专题图，提出意见后交由制图人员修改，最终定稿。

三、打印装订阶段

打印装订阶段并不是没有任何技术含量的工作。事实上，一套旅游规划图是否效果完美，很大程度上是由打印装订的品质来决定的。因此打印机的选择、像素的选择、装订形式的选择也很重要。

旅游规划图的最终打印一般是由专门的打印部门来完成的。因为规划图都是彩色图，不同的打印机色彩的纯净度不同，要求有高品质图纸的规划图需要的打印设备品质也比较高。一般的单位很少有这样的打印机，需要由专门的打印部门来完成。

旅游规划图最终要打印出两套：一套是大图，一般都是 A0 号图，用于规划项目评审时讲解以及委托方收藏；一套是小图，一般用 A3 号纸，用于在规划文本后作附录。由于计算机的普及和电子文档保存的长久性，近期越来越多的旅游规划项目要求相关内容的电子文档制作成光盘，用于长久保存。

根据规划图用途的不同，其装订过程也有所不同。大图的装订是跟随打印过程的，一般要加光膜，可以选择高光和哑光两种，要求更高的可以制作成图板。制作成图板的大图寿命更长，不易损坏。小图的装订是与规划文本的装订同时完成的，作为文本的一部分。小图也可以是黑白的，用彩色小图复印即可。但是要注意，如果复印后效果不好的话，则最好用彩色小图做附录。这样虽然成本会较高，但效果会更好。

复习思考题

1. 旅游规划图有哪些特性？
2. 说明旅游规划图的体系内容。
3. 简述旅游规划图的要素。
4. 试说明旅游规划图的编制程序与制作方法。

参考文献

1. 孙文昌．现代旅游开发学．青岛：青岛出版社，1999.

2. 吴必虎，俞曦．旅游规划原理．北京：中国旅游出版社，2010.

3. 马勇，周霄．WTO与中国旅游产业发展新论．北京：科学出版社，2003.

4. 马勇，李玺．旅游规划与开发．北京：高等教育出版社，2002.

5. 马勇，李玺，李娟文．旅游规划与开发．北京：科学出版社，2004.

6. 全华，王丽华．旅游规划学．大连：东北财经大学出版社，2003.

7. 明庆忠，李庆雷．旅游规划教程．天津：南开大学出版社，2006.

8. 杨正泰，张帆．旅游景点景区开发与管理．福州：福建人民出版社，2000.

9. 保继刚，楚义芳，彭华．旅游地理学（修订版）．北京：高等教育出版社，1999.

10. 李永文．旅游地理学．北京：科学出版社，2004.

11. 刘振礼，王兵．新编中国旅游地理．天津：南开大学出版社，2001.

12. 蒋三庚．旅游策划．北京：首都经济贸易大学出版社，2002.

13. Edward Inskeep著，张凌云译．旅游规划——一种综合性的可持续的开发方法．北京：旅游教育出版社，2004.

14. 张广瑞．旅游规划的理论与实践．北京：社会科学文献出版社，2004.

15. 陶犁．旅游地理学．昆明：云南大学出版社，2001.

16. 王衍用，宋子千．旅游景区项目策划．北京：中国旅游出版社，2007.

17. 王衍用，曹诗图．旅游策划理论与实务．北京：中国林业出版社、北京大学出版社，2008.

18. 王衍用，殷平．旅游规划与开发．北京：北京大学出版社，2007.

19. 王衍用，王旭科．区域旅游发展与管理研究．北京：中国旅游出版社，2011.

20. 曹诗图．旅游哲学引论．天津：南开大学出版社，2008.

21. 陈从周．惟有园林．天津：百花文艺出版社，2007.

22. 吴承照．现代旅游规划设计原理与方法．青岛：青岛出版社，2002.

23. 赵黎明，黄安民．旅游规划教程．北京：科学出版社，2006.

24. 高峻．旅游资源规划与开发．北京：清华大学出版社，2007.

25. 魏敏等. 旅游规划理论·实践·方法. 大连：东北财经大学出版社，2010.

26. 张勇. 旅游资源、旅游吸引物、旅游产品、旅游商品的概念及关系辨析. 重庆文理学院学报（社会科学版），2010（4）.

27. 何雨等. 旅游规划概论. 北京：中国旅游出版社，2004.

28. 谢凝高. 国家重点风景名胜区若干问题探讨. 规划师，2003（7）.

29. 刘晓明. 对旅游规划热的冷思考. 特区经济，2005（6）.

30. 李振新. 对旅游产品开发的探讨. 河南理工大学学报（社会科学版），2005（1）.

31. 周玲强等. 旅游景区活动的市场化运作模式探析. 商业经济与管理，2004（6）.

32. 吴人韦. 旅游规划的发展历程与发展趋势，农村生态环境，2000（1）.

33. 曹新向等. 论旅游的体验化设计. 郑州航空工业管理学院学报（社会科学版），2005（3）.

34. 范业正. 国外旅游地规划的理论与技术方法. 城市规划，2000（3）.

35. 魏小安，魏诗华. 旅游情景规划与项目体验设计. 旅游学刊，2004（4）.

36. 肖星等. 兰州黄河文化园规划构思与项目创意. 人文地理，2001（6）.

37. 肇博，梁华红. 尼亚加拉瀑布的全方位开发对我国景区开发的启示. 社会科学家，2004（3）.

38. 陈南江. 从“百艺盛会”、“欧洲之夜”谈旅游景区娱乐走向. 旅游学刊，1997（2）.

39. 赵黎明，辛长爽. 旅游商品开发探讨. 北京第二外国语学院学报，2001（3）.

40. 徐舟. 旅游节庆活动的策划规划方法初探. 平原大学学报，2005（1）.

41. 李力，崔卫华. 城市旅游节庆的构成要素及牵动效应. 桂林旅游高等专科学校学报，1999（2）.

42. 唐鸣镝. 景区旅游解说系统的构建. 旅游学刊，2006（1）.

43. 贾玉成. 风景区旅游线路的创新与设计. 发展战略，2004（10）.

44. 梁春阁. 旅游环境容量测算在旅游规划中的应用. 城市问题，2005（3）.

45. 王学峰. 景点产业化与景点业. 岱宗学刊，2002（1）.

46. 肖歌. 旅游规划备忘录. 中国旅游报，2002-11-22（15）.

47. 曹诗图，袁本华. 论文化与旅游开发. 经济地理，2003（3）.

48. 曹诗图，曹君，王燕. 试论湖北旅游形象的定位与塑造. 旅游论坛，2010（6）.

49. 孙天胜，曹诗图. 对当代旅游功利主义倾向的检视与批判. 旅游科学，2006（3）.

50. 彭华. 关于旅游地文化开发的探讨. 旅游学刊，1998（1）.

21世纪旅游管理专业系列教材

书目

旅游资源学（第二版）
旅游法规（第四版）
导游业务

饭店概论
饭店管理实务
客源地概况（第二版）
世界遗产概论

实用礼仪教程（第二版）
旅游文化与审美（第三版）
新编旅游开发与规划
旅游营销策划理论与实务

新编旅游英语（第二版）
新编导游英语（第二版）
新编饭店英语（第二版）
导游英语阅读

旅游心理学
旅游学概论
游船实务与管理

旅行社管理（第二版）